梦山书系

课程力
成就卓越教师

钟发全 谢芝玥◎著

海峡出版发行集团 | 福建教育出版社

图书在版编目（CIP）数据

课程力：成就卓越教师/钟发全，谢芝玥著.—福州:福建教育出版社，2017.11（2019.10重印）
ISBN 978-7-5334-7857-5

Ⅰ.①课… Ⅱ.①钟… ②谢… Ⅲ.①课程–研究 Ⅳ.①G423.04

中国版本图书馆CIP数据核字（2017）第217680号

Kechengli：Chengjiu Zhuoyue Jiaoshi

课程力：成就卓越教师

钟发全 谢芝玥 著

出版发行	福建教育出版社
	（福州市梦山路27号 邮编：350025 网址：www.fep.com.cn
	编辑部电话：010-62027445
	发行部电话：010-62024258　0591-87115073）
出 版 人	江金辉
印　　刷	福州华彩印务有限公司
	（福州市福兴投资区后屿路6号 邮编：350014）
开　　本	710毫米×1000毫米　1/16
印　　张	17.75
字　　数	254千字
插　　页	2
版　　次	2017年11月第1版　2019年10月第3次印刷
书　　号	ISBN 978-7-5334-7857-5
定　　价	39.80元

如发现本书印装质量问题，请向本社出版科（电话：0591-83726019）调换。

目 录

前言：为课程力协同提升而努力……………………………………001

第一章 对课程及课程力的说明
——兼谈卓越教师的"教育思想"……………………001
第一节 永远行走在修行路上 002
第二节 完美，因为更有主张 011
第三节 完善，因为更讲究方法 022
第四节 在彰显艺术中超越 030

第二章 课程效能意识
——兼谈学生需求……………………………………045
第一节 效能总是反映在需要上 046
第二节 教主要是为了学生发展 053
第三节 精心预设等于教师先行先学 062
第四节 让学与导同行 073

第三章 课程发展意识
——兼谈教师行为……………………………………090
第一节 教师的行为素养 091
第二节 教师的课程管理能力 103
第三节 教师的课程研修技能 116
第四节 教师的生命观 123

第四章 课程精品意识
——兼谈教材教法 …………………………………………… 134
第一节 课程才是产品　135
第二节 打造精品教法　146
第三节 打造精品媒体　159
第四节 打造精品课堂　172

第五章 课程责任意识
——兼谈课堂信息 …………………………………………… 184
第一节 课程四大信息源的支撑　186
第二节 科学呵护信息　200
第三节 有用信息成为常态　215

第六章 课程合作意识
——兼谈课堂生态 …………………………………………… 227
第一节 "动""静"与生态课堂　229
第二节 关于"动"的节奏　241
第三节 自然而生"静"美　252
第四节 演绎理性之美　260

参考文献 ……………………………………………………………… 270

后　记 ………………………………………………………………… 273

前　言

为课程力协同提升而努力

身在教育，却游离于课堂的边缘；身在课堂，却不识课程的真面目，这是无数教师的真实写照。很多教师由于专业素养之一的课程力没有得到提升而让自己缺乏底气。更痛心的是，很多人在二十几岁就"死"了，到七十几岁才被埋。置身教育这一职业，来自课堂的人们，找不到能证明自我价值认定的缘由，虽然人们不太愿意看到并被提及这样的现状，可现实就是这样。

教师的成败源于课堂的成败，全因为意识决定你是否成功或是否失败。亲爱的老师，课程力大小是一位教师立足于课堂是否有成就的佐证。翻开这本书前，我想问问你，你感觉到课堂的成功了吗？你对自己的课堂感到满意吗？如果你是满意的，是否还在追求更有高度的课堂呢？我想，现在不管你处于何种状态，能拿起这本书，就已说明你从没停止对专业素养的追求。这里定能给你的课堂添上最精彩的一笔。因为作为教师，你的提升行动已经证明：拥有课程力，会让你在课堂中感觉到自我的存在，感觉到存在有无限的价值。

教不能带给教师的发展，学才能促进教师发展

课堂是教师耕耘的田园，也是教师专业素养提升的殿堂。谁不想让自己的田园满是翠绿与硕果？谁不希望自己的田园充满芬芳和清香？当田园的枝头挂满了累累果实时，那会是一幅怎样喜人的风景啊！但是，摆在我们面前的事实却往往让我们感到现实的苦涩，感到耕耘的辛苦和收获的失落。自己的辛勤为什么没有相应的收获？自己的辛苦为什么没有预想的结果？本人在著作《为自己的教师》一书中，对此问题做出了明确的回答，指出:"教主要是为学生的发展,研主要是为教师的发展。无数中国教师只'教'不'研',除了见证学生的发展,又怎能见证到自我的发展呢?"

课堂是彰显教师职业生命力的地方,教师置身于课堂如果没有学习的呈现,定然就不会有自我专业的体现和素养的发展。"教师"这个光荣的称号,在课堂中没有发展,离开了课堂更难以发展,自然不会再有为师的底气。教师在课堂里的成功才是最真实、最朴实、最扎实的,也才最有说服力。毋庸置疑,教师离开课堂谈成功,则"成"无根基,"功"不长久,最终会被教育的大浪淘汰出局。我们期望每个教师在课堂中得到专业的提升,能从课堂里感受成功,获得成功,享受成功。

我们必须明确,从课堂获得成功需要专业素养的修炼。课堂像我们的地球一样,是教育者和受教育者共同生长的地方,需要有一个良好的"课堂生态环境"。唯有像呵护地球一样呵护课堂,课堂才能给我们(教师和学生)的成长提供充足的"养料"。呵护不是一句空洞的话语,而是一步步艰难地提升专业素养的过程;呵护不能仅仅停留在口头上,而应该落实在平时的教学实践之中;呵护不是一个挂在口头不能落实的理念,更应该是一个能把自己的教学梦想与教学实际完美结合的结晶体。我们将此书命名为《课程力,成就卓越教师》,实是希望大家以课堂为切入点,让课堂不只是学生的学习与发展的田园,同时更是教师进行学习与提高的舞台,在课堂教学中实现成为一个伟大教师的梦想。

从教学相长到"双学目标"的落实

为师,审视自我的成就与价值,更应该审视自我来自哪里,采用何种方式而来。教师从课堂中来,到课堂中去,课堂是教师播种希望与理想的地方,课堂是教师收获与成长的地方。课堂这块沃土是教师的立身之根、生长之源。没有了课堂,就没有教师教育教学愿望实现的"根";没有了课堂,就没有教育生命的繁花硕果。

全书共六章,围绕"人不是教育教学的产品,课程才是教育教学的产品"这一核心理念,基于"教学相长",细化"双主体教学",践行"双学目标"(即教师之学和学生之学),分别从效能意识提升、发展意识提升、精品意识提升、责任意识提升、合作意识提升等展开讲述，同时兼对学生需求、教师行为、教材教法、课堂信息、生态课堂等展开审查。我们带着梦想出发，从教学相长到"双学目标"的落实，力求打造卓越课堂，生成精品课程。

我们常常叩问：我的课堂为什么总不能在学生的心中激起哪怕丁点儿的涟漪？为什么品自己的课总味同嚼蜡？一个很重要的原因，教只带给了学生的发展（甚至还可能是"伪发展"），缺失自己的发展。课堂是脚踏实地的地方。任何一飞冲天的梦想，浮肿式的发展，最终只能让课堂变得虚假，破坏课堂生态，不但自我没有成就，相反却给课堂带来灾难。立足课堂，建构自我的思想，铸就课堂的脊梁，只有思想滋养的课堂才更有价值。落实"双学目标"，全面提升教师的课程力，就必须在自己的课堂里打造专属自己的教学思想。落实"双学目标"，要知道只有思想才能呵护思想，只有思想才能成就梦想，也只有思想才能挺起课堂的脊梁。建议人们努力建构自己的教学思想，信心满满地从课堂中来——拥有课程力，才会拥有精彩的课堂！

在此书中，我们直面当今的教育，以落实"双学目标"为着力点，围绕教师课程力建构，开展全方位的课堂观察。从"双学"课堂获取第一手资料，我们扎实开展了最真实的实证研究。在研究的过程中，全体成员精诚合作，深入剖析当今教学现状。尽管大家走在新课程的路上，围绕"双学目标"，全力探索课程的新理念，但我们仍旧感到一些教学阴影。我们试图通过我们的研究，让一些阴影尽量消除，还教育一个健康的课堂生态。

一个教师在课堂中如果没有课程力的提升，注定他为师的价值因为课堂价值打折而下降。至今仍有不少人认为，教师来自于课堂，课堂是属于教师的。有这种说法，只能证明他的教师身份。不可否认，课堂离不开教师。但从全方位来看，课堂既不专属于教师，也不专属于学生，它共同隶属于教师和学生，更属于具有高素养的教师。教师不能带给课堂高效，学生只能低效学习。学生占满课堂，教师不能在课堂中潇洒信步，那必定是一盘散沙。所以我们提出呵护课堂，即是倡导教师以课程力提升为前提，自信地站立于课堂之上。

建议我们（教师）先唤醒自我的发展意识，而后再从学生学习实际出发，精心引导学生，唤醒学生的学习意识，激发学生的学习兴趣，让学生主动学习，主动收获。作为教师离不开课堂这片净土，因为这里不只是学生成长的摇篮，还是他们走向未来的起点。在这里，教师可以丰满成长与发展的羽翼；可以获得专业知识与专业能力的双重武装；可以开展合作与探究；可以获取成功与成才的机遇和希望。在这里，双学目标的达成，学生的学为基本目标，教师的学为保障目标，二者和谐统一，师生共同学习、共同发展，才能真正达成"教学相长""学学相进"的目标。

从这个意义上说，课堂不只是学生收获知识的阵地，不只是学生提升能力的殿堂，更是师生生命得以体现和精神得以成长的乐园。所以，落实"双学目标"才算得上是真正拥有课堂。这也是我们这本书的要旨所在。

"双学目标"达成的重点，在于课程力的提升

崔峦老师针对语文学科曾说过这样一句话："一个转向，一个中心，两个基本点，四点评课标准"。"一个转向"是说我们的语文教学应当从学会知识转向教会学习。"一个中心"是指我们的阅读教学要以语言学习为中心。"两个基本点"是指要着重培养语文能力和语文素养。"四点评课标准"用十六个字来概括就是"吃准目标、夯实基础，指导学习，鼓励创新"。所以，呵护课堂，无论是语文还是其他学科，无论从教学环节、教学设计，还是教学方法、教学认识都必须着眼学生和自我的成长，以"有效"为出发点，凸显课堂真实的价值。但我们必须看到，课程力是实现这一切的保障。

课程力，是教师基于课程（产品）生产方法及生产方式的总和。希望是易逝的，唯有呵护课程力才能让希望延续，才能使课堂更苗壮，让教师更具有活力。特级教师王崧舟曾说：一堂好课，存在三种境界：人在课中，课在人中，这是第一重佳境；人如其课，课如其人，这是第二重佳境；人即是课，课即是人，这是第三重佳境。境界越高，课的痕迹越淡，终至无痕。王老师所说的好课三境界，实是教师在专业修炼的过程中，对基于课程（产品）生产方法及生产方式的习得过程的描绘，是对课程力提升与发展的追求。追求无极限，专业成长才始终如溪流一般奋勇向前。

"双学目标"达成的重点在于课程力的提升。其实，立足于课堂促进"双学"目标的达成，不只是语文学科，其他学科也一样，其中课程力的提升尤其重要。不需雕琢，无需修饰，需要的是不断修炼，一切讲求朴实和有用；课程力提升以学生观建构为出发点，重引导的朴实；课程力提升以教材观为载体，重二度三度开发的朴实；课程力提升以方法观为基点，切中学生之法贵在朴实；课程力提升重教学建设，课堂无需修饰，简单才能彰显朴实。只有脚踏实地地提升课程力，真正达成"双学目标"，才会拥有精品课堂，才能使更具活力的课程产品得以开发。

为师的五大意识，是课程力建构的核心

从高效课堂中来是一种习惯，唯有让课程力建构成为常态，我们的课堂才能在呵护中更加精彩。课堂是一个智慧的"场"，自信满满的课程力从课堂中来，就是使"场"和谐，使课堂时时有"在场"之感，教师也真正有"入场"之感。

为师，课程五大意识协同发展是课程力建构的核心。《课程力，成就卓越教师》一书，也是我们继《卓越教师的专业修炼》之后，又一本研讨教师专业修炼的书稿。在这一本书中，我们探讨课堂教学的提档升级，探讨课程力提升的核心点——加强五大课程意识的建构，即效能意识提升、发展意识提升、精品意识提升、责任意识提升和合作意识提升等。我们以为，源于意识层面的"思想"是第一位的，唯有思想才能让课程力在课堂彰显更强大的力量，促进教师专业素养的成熟，促进自己为师风格的形成。

教师之学必然能促进学生之学。从课堂中来，到课程中去，学生要发展，教师也要发展，教师必须走在学习的前面，得先让自己课程力"活"起来，得先让自我拥有强大的课程（产品）、生产方法及生产方式。反之，教师只教不学，重复几十年，课程力不进反退，结果只能是既苦了自己（得不到价值认定），又害了学生（没有学业的提升）。

全面促进五大课程意识协同提升，走好课程力提升的每一步，成为拥有强大课程力的教师，是每一位教师永恒的追求。我们完成此书稿表面上看不足一年，实则是多年的积淀。从立意、策划到结束，整个书稿的写作始终围绕"现今的课堂应该是怎样的状态""教师在课堂中应该是怎样的状态""怎样提升教师的专业素养，方向在哪""怎样实现课程力提升与发展""怎样落实'双学'目标"等众多问题展开探讨。

此书作为我们"课程力协同提升"课题研究理念建构阶段的主张，呈现在你眼前的这些并非成熟的思考，很多观点依旧不成熟，甚至值得商榷。在接下来的时间中，我们还将全面进入一线课堂，到一线教师中去，通过指导教师的专业发展，进一步完善理念促进其成熟。此时此刻，我们的辛劳虽然落笔，但我们的思考并没有告一段落。因为我们深知，我们只是刚刚站在"想什么"阶段，后续的"要什么""有什么"等逻辑认证，还有很长的路需要我们去走。可以说，后续的路更不平坦，处处是荆棘。

钟发全
二〇一六年国庆期间
于石柱寓所

第一章　对课程及课程力的说明
——兼谈卓越教师的"教育思想"

题记：课堂其实是思想的田园。没有课程力支撑，没有思想的课堂，为师人生哪怕充满了绿意，也像未耕种的田野一样，更多的是繁茂的杂草。

课堂上什么最重要？课堂上什么最引人注目？课堂上什么最扣人心弦，能让人感受到生命的激情和跃动？

首先是课程。**课程（本质属性），是教育教学的产品。人不是教育教学或任何人的产品，课程才是教育教学的产品。**课程（产品）是证明教师社会价值最直接的佐证。

其次是课程力提升。**课程力，是教师基于课程（产品）的生产力的总和，以及基于课程（产品）的生产方法和生产方式的总和。**课程力的大小直接决定课程（产品）的品质。

再者是思想。**思想是带有倾向性的生产意识和行为。**教育思想是解决教育问题的意识和行为，是为师"我，我的"思想的灵动，是为师"我，我的"思想的激活，是师生双方意志的脉动和智慧的撞击，是师生双方生命的延伸和对接。

课堂是思想的阵地，是思想伴随课程力提升与发展的地方，是为人师者的人生以无限精彩的方式呈现出来的优美的华尔兹，是师生思想撞击而激活之后，绽放的一条条多彩的弧线所构成的一道道美丽的彩虹。

十公里的坦途谁都可以信步徜徉，而十公里矗立起来却是一座胜于珠穆朗玛的高峰。思想的神通在于能让自我畅游于课堂，让一维变多维，前行的路上更多坦途。从课堂中来，没有课程力的支撑，就没有思想，就没有高峰，如此的课堂，只能是一潭沉沉的死水，没有丝毫的灵动与生机，处处散发着让人窒息的腐臭气息。相反，如果一位教师拥有较强的课程力，有丰富的教育教学思想，课堂就有了源头活水，课堂就会泛起层层生命的涟漪，就会催生生命的活力。

教师课程力的大小直接影响课堂教学的质量。课程力的提升因思想意识高度而铸就。高效的课堂，不只是因为拥有思想，而是同时相伴行动，因为行动，因为实践，思想才有"根"，行动和实践也才更有力有为有果。现实是，有多少教师在课程力提升方面加强锤炼？有多少教师在课堂中有锤炼自我的思想呢？无数人对课程力建设的忽略，对思想建构的忽略致使课程力缺乏应有的高度和精神，从而导致思想不纯（或无思想）。呵护思想，其课堂才会带来对应的专业提升，从而让课堂受到精心的呵护。

第一节　永远行走在修行路上

人之所以不同于自然界的其他生物，重要的原因在于人有自己的思想，有一种改变实践的原始冲动，改造自然的强大的生产力。正是因为有思想、有生产力，才让人脱离了低级行列，成为万物之灵长。巴尔扎克说："一个有思想的人，才是一个力量无边的人。"对我们教师而言就是："你得有自己的思想，你得有自己的课程生产力，你才能成为真正的教师"。

思考是思想的起点，思想是实践的产物。成就卓越教师，我们必须行走在修行路上，才会有"我，我的"教育思想，才会因为拥有丰富的教育思想而改变教育和课堂的生产力。教师的思想体现在课堂上，体现在课程建设中，用拥有生产课程的生产力（在全书中，我们简化为课程力）铸就。其实，换句话说，拥有课程力的教师才可称是能改变教育拥有思想的教师！

教师都期盼拥有强大的课程力，铸就富有无限价值的课程（产品），从而改变我们的课堂。永远行走在路上的师者，不能缺乏课程力的修炼，就像武者不能缺乏意志和行动，否则难以给出证明自身价值的缘由。为此，我们高呼，必须全面提高自我的课程力。

我们必须明白现实存在的一切原因。平庸只因为缺乏课程力，缺乏基于课程（产品）生产的生产力，缺乏对自我潜力的挖掘，缺乏修行的勇气，其结果只能是在课堂上丢失自我，丢失灵魂，丢失灵性，如课奴一样蹒跚。优秀只因为我们充满勇气，敢于努力提升自我的专业素养，敢于向高峰冲刺，咬着牙似的向着目标前行。

我们必须全面认知自我，哪怕认识自我再困难，不能任性似的采取抛弃自我的态度，不能再让自我的课堂丢魂，不能再让自我丢魂，不能再让自我因找不到证明自我的价值，游离于教育的边缘。全面提升自我的课程力，我们必须在踏上征程的路上全面开启自我的主观能动性，全面提升自我的专业师德与理念、知识和专业技能。试想，一个拥有强大的教育思想的教师，一个拥有强大的课程（产品）生产力的教师，又岂能没有丰厚的价值呢？

呵护自我的课堂，打造自我的课程力，永远行走在修行的路上，我们的思想才会更加的纯洁和强大，我们才会获得真正的满足与自豪。我们收锚起航吧！

对课程及课程力的说明

阅读此书前，必须对课程及课程力等概念说明，方才更利于后面的阅读。

课程改革十余载，而今已进入"深水区"。呈现大量成果的同时，也已显露出诸多乱象。人们近乎达成共识，课程改革遇到的最大阻力来自于教师（师资水平），最大动力来自于教师（师资水平）。换言之，课程改革的核心直指课程建设，课程改革的关键直指教师专业素养提升。

我们在前期研究中，特别是在最近理念建构中，围绕"课程力"这一关键词进行整体感知时发现一怪象：课程力的存在不可置疑，它作为课程建设的核心能力虽然普遍存在，但并不等于它是清楚的概念。

我们通过文献研究已基本清楚，课程力不仅是课程建设的核心能力，而且还是教师专业发展的核心素养，深入推进课程改革的突破口。我们在研究中发现，当前人们习惯性着力于课程力外延"有什么"进行归纳概述，遗憾的是对其内涵"是什么"阐述乏力，甚是欠缺。种种原因导致大量的教师不知课程建设的目标和方向，甚至不知何为课程建设，我们在与教师交流时提及"课程力"概念，普遍存在陌生感（如此景况，何谈课程力得以提升与发展）。当前，立足课程建设，围绕教师专业发展角度，全面促进课程力提升与发展，针对"课程力协同提升"展开应用研究，非常具有现实意义。

何谓课程？查阅所有资料，发现人们基于"有什么"的逻辑认证方式，采用演绎推理法，围绕课程外延进行了广义与狭义的解释。课程到底是什么？似乎人们依旧迷茫。为此，在本书中，我们基于课程"是什么"的逻辑认证方式，采用质性归纳法，对课程基本概念予以理性界定：**"课程（本质属性），是教育教学的产品。"** 我们还针对"人不是教育教学或任何人的产品，**课程才是教育教学的产品**"展开多层次比较与论述。

何谓课程力？广义上指教师的教育教学能力；狭义上指教师的课程建设能力。通过大量的文献查询，发现人们基于"有什么"的逻辑认证方式，采用演绎推理法，对课程力外延进行解读，指出课程力包括课程组织力、实施能力、评鉴能力、选择能力、设计能力和开发能力等。很明显，这样的界定依旧没有包含课程力的所有外延。为此，我们基于课程"是什么"的逻辑认证方式，试着进行质性概念界定，通过理性分析得出：**"课程力，是教师基于课程（产品）的生产力的总和，以及基于课程（产品）的生产方法和生产方式的总和"** 的结论。

全书用大量的篇幅围绕"人不是教育教学的产品，课程才是教育教学的产品"这一核心理念，基于传统课堂中"教学相长"原则细化"学本式教学"，拓展"学生发展为本、学生学习为本"的理念，倡导在我们课堂中应践行"双学目标"（教师之学和学生之学），全面达成**"教师学习为本**

和教师发展为本"与"学生学习为本和学生发展为本"的"左手+右手"协同理念，基于课堂达成培育一切人（即教师和学生）的目标。

此书的很多观点，是基于《为自己的教师——对职后发展的审查》《职后发展性格的形成——对为师命运的审查》两本新著中所论观点的基础上，所进行的深入思考与探讨。在那两本书中，我们指出："**教，主要是为学生的发展；研，主要是为教师的发展。无数中国教师只教不研，除了见证学生发展，很难见证自我的发展……**"为此，在本书中，我们才着力于"教学相长"的具体化：全面践行"双学目标"的主张。在那两本书中，我们指出"是什么""为什么""怎么做"等常规逻辑思维方式的不足，认为专业修炼需要全面找到适合自我发展的秩序，**倡导用"要什么""想什么"和"有什么"串联起新的逻辑认知思维模式，以促进教师内驱动力的持续增长**。为此，在本书中，我们基于全面提升课程力，通过课程力发展促成精品课程的生产，从教师所拥有的课程（产品）给予教师职场价值的认定。

没有课程力支撑，难以形成"我，我的"教育思想

当下教育，因为教师课程力低下，非常难以推行先进的教育理念。其实，可以试问谁才是代表先进教育理念的代表？答案直指具有先进课程生产力的人师。他们用强大的课程力，代表了先进的教育理念，代表了先进的教育教学方法，代表了先进的教育教学方式。

反之，没有思想，课程力自然就低下。没有课程力的提升与发展，即使是现时优秀，也会很快落伍，也会随着时间推移被淘汰。课程力提升的过程中，没有思想，人就成为了傀儡，就是土偶木梗，就会失去了生活的鲜活和力量。

课程力得到提升，折射的思想往往就会像太阳一样，照亮他人温暖自己。教师课程力提升与发展，是教育发展的需要，是受教育者发展的需要。人们应该看到，没有课程力的提升，没有应时而铸就的教育思想，一定办不好教育，一定培养不出有抱负的学子。作为教育者，应永远行动在修行的路上。

其实，教育思想实质是理性的，课程力的实质是反映课程（产品）生产力的大小。当下的人们知道思想存在，却不知道思想的表达方式"是什么"，在全面提及教师自我的教育思想，谈其思想的修炼，直指课程力的提升。

没有课程力支撑，难以形成"我，我的"教育思想。教育思想并不空洞，它必然相伴明确的意志和表象的存在。课程力作为它的载体，有着自身以外存在的根据，那就是动机中的根据。

形成自己的教育思想，必须遵循着意志客体化产生的原则和规律。我们必须明确，一位教师没有课程力所铸就的教育思想，就会像未耕种的田园一样杂草丛生，其责任田里只能是荒芜和荒凉，严重缺失教育的契机和生机，最终只能是低效的课堂。

拥有课程力，铸就教育思想，方才可能成为人师。也许大家应该知道这所学校：这是一所大学，存在前后不过九年，却成为中国教育史上爱国、进步、奉献精神的丰碑。这是一座文化中心，身处边陲，却引领思想、服务社会，开启了中国近代文化史上绚烂的一页。

这就是战火中的西南联合大学。也许我们还记得，当时在这所学校任教的一些老师：华罗庚、吴大猷、赵九章、冯友兰、闻一多、陈寅恪……这些人，一座座丰碑。

岁月如梭，人间岁换。一切都可以改变，但是，唯有思想，唯有大师们用强大的课程力生产的课程（产品），至今一代代薪火相传。

大量的事实证明，一位教师没有课程力，就难以拥有强大的思想武器，定然不会有大成就。尽管我们不能与大师比地位和光环，但是，作为教育者，就要有人师的风格、人师的气度、人师的思想，就应有人师的才情与智慧，才能引领学生，呼唤教育，让教育焕发光彩。

为了提升课程力，为了拥有现代教育思想，我们应永远行走在修行的路上。我们应努力向大师学习，积极吸纳，勇于实践，全面提升自我的课程生产能力。只要静心观察，便能发现那些来自高效课堂拥有课程力的教师，总在不断地提升自我的课程效能意识、发展意识、精品意识、责任意识和合作意识，并且有着明显的客体。

在教育的道路上，我们应努力地提升自我的课程生产力，向人师看齐。修行中用课程力铸就"我，我的"教育思想，促成专业发展达到理想的高度，在课堂上获得人生价值，不再平庸。

课堂里铸就"我，我的"教育思想

谈教育思想，有必要明白什么是教育思想。**教育思想更多时直指带有倾向性的生产意识和行为，即解决教育问题的意识和行为。**

课堂是课程力提升的地方，更是教育思想产生的地方，就像灵魂需要有安顿的地方一样。教师离开课堂，没有课程力提升，难以生成富有生产性的教育思想。思想并非都是带有生产性和正能量。在课堂集中于课程力提升练就自我思想的过程，软弱的带有破坏性的思想并不能轻易消失，只有让自我带着强大的意识和力量，才会在对抗中将一些负面的东西加以抑制甚至消除。就像田地一样，种上庄稼就会少长杂草或不长杂草。其实，高效课堂的形成之理就在于此，课程力的提升之理在于此。

回归课堂教学，我们得有自己课程力铸就的教育思想，让课堂教学因有自己的教学思想从而远离平庸，从而精彩纷呈，达成"双学"目标，创生富有无限价值的"课程产品"。用课程力提升的行动，捍卫自我的课堂，是一种实实在在的教学思想：课堂因为高效，最终形成了教师生存的意志，课堂因呵护而备感珍贵（参与者在其中尽情地满足自我的欲望），课堂因完美而生机顿生，课堂因认识到位和理性增加而有了另一番风景。

课程力铸就教育思想，最大的作用在于给予他人或自我帮助，让人下决心去做，从而抑制薄弱意志时体现出教育的艺术性。对于课堂，过去我们常以为课前经过精心设计，教学过程中逢山开道、遇水架桥，做到畅行无碍便是好课，其实那样的课往往掩藏内在问题——没有发挥帮助作用。我们知道，任何人接触新知、探索新问题时都难免经历误区，只有在反复思考、跨越障碍之后，只有真正寻求到准确性和形象性后，方能下决心抵达正确认知的彼岸。教育思想不是抹灭障碍，课堂固然如水银泻地，极具观赏性，但真正的认知过程却被扭曲了。向往高效课堂，往往体现在让该发生的发生，让该困惑的困惑，让该曲折的曲折，让师生的心灵敞开，将彼此的表达系统和接收系统都启动起来，师生双学目标都能达成。其实，这样的课堂才是真实自然的，才是美的。

让我们来看一看李镇西老师的课堂实录，你就会发现正是因为他拥有着强大的课程力，其课方才质朴无华、浑然天成，其课堂节奏方才极为自然流畅，不像有些低效的教学总是有着太多的持续不断的伪装。

链接1—1

课堂节奏　美在自然
——李镇西老师的课堂实录

讲《荷塘月色》一课，李老师用了两个课时，这两个课时的安排看起来似乎有些漫不经心。第一节，李老师抓住单元特点，重点引导学生"整体感知、揣摩语言"。顺着这条思路，他撇开作者介绍，紧扣"揣摩语言而进入作者心灵"这一主题任务顺流而下。于是，学生开始进行"把自己放进去"的朗读。朗读中发现学生读得太快，掉字换字，李老师马上停下来，针对问题，及时解决。他一边范读，一边讲解，不厌其烦地鼓励学生以自言自语的话语方式，把自己当做朱自清，把文章的语言变成自己的心声自然而然地流淌出来，直至与作者产生共鸣。

对朱自清的介绍，李老师放到了诵读和字词学习之后，而这一介绍又甚为详尽，导致第一节下课还未介绍完毕。李老师不慌不忙，留了个"下回分解式"的悬念。

第二节课，李老师从介绍朱自清的人格魅力入手，顺势发动学生交流文中最打动自己的文字，大家一边赏析，一边互抛问题……课近尾声，李老师借用王国维《人间词话》中的名句总结朱自清"出淤不染，皎洁无瑕"的人格，使学生陷入深沉与庄严的思考之中。课堂之舟一路飘行而来，其艺术魅力已深深吸引学生。

任何一位名师，课程力的强大，都使其教育思想更具有生产性。在李老师的课堂上，恰似一江春水悄然东流，没有精心预设的痕迹，只有一次次朋友似的交流，一次次轻舟快桨般的点拨，而学生怀着"纵一苇之所如，凌万顷之茫然"的痴迷，欣然领略着新知、新思带来的广阔美景，这尽是教师主观能动性的发挥，尽是知性呈现时给予学生直观的帮助。

这不正是梦寐以求的课堂之美吗?

课程力铸就教育思想，带着强烈因果判断而存在于课堂之中。来自高效课堂，教育思想无不带着教师的思考与引导，通过其自身的认知能力彰显出优美旋律。它让课堂平添亮色，平添温暖，平添课堂教学的温馨和眷恋。这样的课堂之中，既有教师对于学生情感体验的呵护，又有教师对于教材文本的体贴；既有教师不露声色的引领，又有师生、生生深入的交流和体会。师生双方同行同止、共同双学，学生在教师的引领下学习，教师在与学生的互动中增知长能，课堂之舟一路飘行而来。情，不自禁，课堂定然会产生魅力。

用课程力铸就自我的教育思想，将课堂中最现实的需求尽可能满足，用其带有强大内驱动力的教育思想去正确地判断和推理，正确的行动之下一定会让自己的课堂增色，让自己的课堂离成功更近。因为，铸就课堂的教育思想会指引我们的实践，会让我们的课堂变得更加细腻，更加有课堂的本色和个性，而这正是成就课堂的一个核心因素。

任何事物都是一样，只要拥有正确的方向与价值认定，便会产生积极向前的力量，会产生鼓励鞭策和积极的效果。我们的课堂也是一样，有了课程力和教育思想，有了我们的用心呵护，就会让我们的课堂走出平庸，渐有起色，就会让平时看起来觉得琐碎的教学环节变得格外有意义，甚至就连平时听起来刺耳的孩子的叫声，也会变得动听而悦耳，也会充满了教育的希望和契机。

在课堂中磨炼自我，需要把心放在课堂。对于我们这些普通的教育者来说，也许看惯了名师们精彩的课堂教学，总会觉得自己离名师很远很远，总觉得那些美丽的光环对于自己而言是可望而不可即的彼岸。其实，这些名师当初踏上讲台的第一步和我们的第一步并没有什么根本的区别，如果说有区别的话，可能更多的是对课堂教学的尊重，对课堂教学的认识和研究，对呵护课堂的充分理解和落实。也许就是因为我们少了一颗呵护课堂的心，少了从一开始便对课程力加以关注并一路落实和提升，才让我们的教学人生沦为一般的人生，而无以演绎出我们教育舞台上的精彩与美丽。

朝高效课堂的方向奔去，从最基础的方面做起，深深植根于课堂，从课堂教学最基本的需要做起。只要我们拥有了正确的行为与充满活力的意志，孜孜以求地探索和实践，相信我们就有可能有真正意义上的课堂教学，就有可能走出自己的教育之路，就有可能书写出自己的教育神话。

人师的伟大教育思想

人与人的不同在于课程力大小和用其铸就的思想，在于其思想的有无而最终成就伟大或变得普通。人人都有课程力铸就的思想，但伟大的思想并非专利品，但也并非廉价。对于更多的教师而言，我们并不缺乏意志，我们也有用不完的力气，最期盼的是通过努力，真能实现自我价值的提升——来自课堂带给的成就。

有想法不等于有思想。想发展成为拥有强大课程力铸就的思想，这之间还有相对长的一段距离。作为一名普普通通的教育工作者，作为身处三尺讲台的教师，我们不能把普通的职业作为普通的借口，抛却积极向上的思想意识和追求，而应该立足于自己的岗位，用伟大的思想武装自己，让自己在这片土地上尽快成长起来。

想一想，就我们所知道的名师，有几个是一开始就能够站在人师的高度引领课堂的呢？看一看，我们周围成功的教师们，有几个是走向讲台之时就有了大家风度，形成大家的教学风格的呢？但是，就在不为人所注意的一天天普普通通的日子里，名师与大家终有一天站在了我们所不敢企及的高度，站上了我们所不敢想象的舞台。究其原因，是他们有着伟大的追求，有一颗不甘平庸的心，有着课程力提升的梦想，有着对"双学目标"的追求，才推动他们最终成名成家成功。

人，不在于地位的高低，而在于有没有一颗伟大的心；不在于能操控课堂，而在于能达到目的。俗话说得好，心有多大，舞台就有多大。尽管我们都是普普通通的一线教师，但并不妨碍我们用课程力铸就伟大的思想。

在这一方面，著名的"新语文教育"代表人韩军先生就是这样的一个典型。我们不妨透过他的文章发表历程，看一看他在自己的教育事业上，在对语文教育这一天空里，那自我挑战、追求卓越的精神。1993年他发表《限制科学主义，张扬人文精神》一文，在中国语文教育界第一次呼唤

"人文精神"。1999年他参与语文教育大讨论,发表《反对伪圣化》《中国语文教育的十大偏失》《中国语文教育的两大痼疾》等著名文章,激起热烈反响;2000年在语文课程标准出世前,他发表《新语文教育论纲》,第一次系统阐述了"新语文教育";2004年他发表《没有文言,我们找不到回家的路》,引发了百年来又一场"文言与白话"的热烈争论。从上面的文字中,我们不难看出韩军老师对新语文教育的不断追求,由表象到实质,从零散到系统,日臻完善。特别值得一提的是,为了使自己的新语文教育更具有理论性,韩军老师在40多岁的时候,在外人看来已然是功成名就,没有必要再去做什么努力的时候,在人们不太理解的目光中,毅然再次走入大学的校园,师从朱永新先生,踏上了博士生的学习征途。如果没有对教育事业的忠诚,没有追求卓越的执着,没有自我超越的精神,又怎能有新语文思想的诞生?

前一段时间,有幸通过一视频再次聆听韩军先生谈新语文教育。韩军先生对新语文教育充满了热情,精神饱满,神采飞扬,激动时甚至拍案而起,其冷峻的反思、愤激的批判、热情的呐喊,无不体现了他对教育事业的拳拳真情。正如他自己所说:"我是为语文教育寻根求本,呼唤中国语文教育返本归根。"

一个人可以身份低微,但谁也不能阻碍他拥有伟大课程力铸就的教育思想。也许我们永远是一名普普通通的教师,也许我们永远只能站在三尺讲台之上。但是,这并不妨碍我们拥有一颗伟大的心,并不妨碍我们拥有不甘平庸的追求。

生活俭朴、心灵高贵、追求高远,也许这就是我们身为人师者所应该追求的一个境界。

第二节 完美,因为更有主张

课程力是基于课程(产品)的生产力。提升课程力能使个人素养更加趋于完美,使课堂更趋于高效。也许有人会问,是课堂决定了"我,我的"人生价值，还是"我，我的"课程力决定了课堂的高度？其实综合起来看，这两者之间似乎是一个彼此包容的话题。

课堂对于一位教师课程力提升来说意义重大，有长久的影响，也有短时间的影响。短时间内能提高学生的学业成绩，长久来看，能使师生有着强大的发展后劲。现实是无数人站立于课堂前，不由自主地让自我显得渺小。生活在尘世之间，我们都是普通的一分子，是芸芸众生中的一员，就如同黄土地上的一粒尘沙，卑微而又平凡。似乎没有什么能让我们想到在这样的世界上还能做点什么，可以显示着自己的存在，显示自己存在的价值。但是，若不想放弃自我，不想放弃课堂，就会像捏紧拳头一样，瞬间便会产生无穷的力量——课堂会让一个人更有主张。

来自高效课堂，全面提升课程力，高度永远是"我，我的"能力决定的，而它所需要的是拥有坚实的意识、意志与品质。立足于课堂之上的时候，我们知道我们所肩负的义务和责任，我们不再平凡，我们不再普通，皆因为我们是拥有课程力的为人师者的人。当然，行走在课堂与课堂之间，需要的是禅定自明，需要的是超凡脱俗，需要的是创新自我，需要的是创造性的实践。

课堂是我们立足的根本，通过课程力提升站稳了课堂，才能让我们站得更好，站出价值。当下，需要我们有站稳课堂的主张——能将源于课堂中呈现出来的空间和时间的杂多用意（提升课程力的主张与行动、先行先学的融入、双学目标的达成、在课堂中生成课程产品等）去替代，并将一切还原成一种促进人自体不断上进的内驱动力，让自我体验到来自课堂的进步。因为课堂，我们通过课程力提升有了自己生存的空间；因为课堂，我们有了自己生存的价值；因为课堂，我们有了自己生活的方向和主张，最终一切杂多的客体不但形成不了阻碍，反而会形成合力朝着一个方向，体现出超凡的合目的性。

没有理念就是没有思想

高效课堂需要理念的支撑。理念是什么？对于这一抽象的概念的解释，源于康德在解释先验与后验时，将理念与概念加以浓缩。随着实践的推演，理念逐渐发展到今天，成为了介于定理与操作之间的经验的形成。

很明显，课堂教学理念带有更多的个性化，是教师专业知识与专业能力的综合体现，是教师课程（产品）生产力的提升，是带有个体标识的后验，甚至具有专属于"我，我的"独有、特有的倾向。

源于课堂中杂多的时间与空间，课程力提升虽然是教师个体意志的客体，但这些并非都是理念的表象。教学理念在课堂中的表现形式，正如神秘主义者安琪路斯·席勒治乌斯说："我知道，没有我，上帝一会儿也不存在，我若化为乌有，他也必然丢掉精神。"其实，正是因为"我，我的"存在，才带给课堂智慧和力量。

正如魏书生所说："同样是课堂，有的教师视为畏途，有的教师视为乐园。同样一篇文章，一位老师讲，学生学得兴趣盎然，忽而眉飞色舞，忽而屏息凝神，觉得上课是一种享受；换另一位老师讲，学生学得索然无味，忽而闭目养神，忽而惊觉欠伸，上课简直成了受罪。课堂效果不同，原因是多方面的，但主要原因在于教师的功底和教育思想的差异。"

的确，很多课堂教学似乎缺乏应有的东西———一种源于"我，我的"自然力（被人们称之为理念或课程力提升）。没有强大的课程力提升给予课堂行动上的指导，我们行走在课堂之间，就不可能有精彩的展现，课堂便没有灵魂。我因课堂而有主张，在课程力提升的过程中，课堂也因我的主张而更加精彩。相反，没有主张，没有课程力提升，没有理念的课堂，其实就是一场皮影戏，无论教师的表演是多么投入，也逃脱不了影子的宿命。

链接1—2

魏书生课堂片断

"同学们，老师和你们商量一件事：我想请你们做一篇口头记叙文——我的一天，描写2020年的一天，你从早到晚做了些什么？"

"我知道一定会有同学反对，为了公平起见，现在请同学们闭上眼睛，然后举手表决。首先请不愿做口头作文的同学举手。"有15名同学举起了手，"放下，再请愿意做口头作文的同学举手。"共有49人举手赞同做口头作文。

"请同学们睁开眼睛，看一看举手表决的结果。"那些不同意的同学看到这么多同学愿意做口头作文时也表示不反对了。

"既然大家都同意做口头作文，那我们商量一下怎么做这篇作文呢。可能有一些同学不好意思，干脆大家一起说，把自己的'我的一天'想法各自大声念出来，怎么样？"

"好啊。"这时开始反对的同学也高兴得拍手赞同。于是，在魏老师的双手指挥下，64名同学一起大声做了一篇口头作文，整个课堂像开了一场交响乐，虽然同学们只能听清自己的作文，但看着同学们个个自我陶醉的样子，我们相信每位同学做这篇作文时一定都用了心。

（摘自长沙晚报《抛开粉笔教学生——"当代孔子"魏书生授课实录》）

课堂理念是课堂之魂，课堂理念决定课堂教学的方向，指引着课堂教学的实践。课程力提升反映课程理念的取向，正如魏书生老师提倡"民主与科学"的教育理念，决定了他的"民主与科学"的教育方法和教育实践一样。在他的课堂上，老师没有凌驾于学生这一学习的主体之上，而是通过协商的方式，在征得了学生们同意的前提下，进行课堂教学。整个课堂轻松愉快，老师不是高高在上，学生学习也融入了他们自己的主观能动性。教师教得轻松，学生们学得愉快和满足，学生与教师和谐愉快地解决了教学中生发的问题，达成教学目标。在这样的课堂上，师生共同学习，共同收获，共同成长，可谓真正的"双学受益"。魏老师之所以不用书本，不用粉笔就能上出这么优秀的课，就在于他课程力提升，拥有自己的课堂理念，把他的教学教育理念——"民主与科学"融入呵护课堂的教学之中，收放自如。

没有理念也是一种理念，只不过这样的课堂只会误打误撞、随心所欲、平淡平庸。许多名家大师，因为他们拥有专属于自我的课堂教学理念，并把自己的教学理念和自己的课堂实践有机结合，才真正达成了课堂的高效。课堂是教师投入精力与激情的地方，有课程力提升，有回报，有双学收益，是拥有理念最明显的特征。拥有先进的课程力及课堂教学理念，是课堂还魂的丹药，是还课堂生命与精彩的妙方。

用先进的教学理念把控课堂

理念是教师在课堂中的讲究。课程力提升铸就理念形成。一位教师拥有的教学理念反映着自身专业素养的品质，它也必然对应着教师的成熟与稚嫩，必然对应着教师的沉稳与浮躁，必然对应着教师课堂的高效与落后。但这些都是暂时性的，因为课堂教学需要与时俱进，课程力提升需要不断地进行扬弃，任何一位教师不具有开放的学识，不能对自我的知识推陈出新，自然便会落伍。这同时也给我们一个启示，先进的理念并非经验所组成，课程力提升往往是教师认定的目标在经过扎实的实践之后的结晶，它决定着课堂教学最终的高度，体现了教师敢于尝试的勇气，并承载着教师的理性。如此，课堂自然就会成为提升自我的有利条件和发展时空。

不可否认，谁拥有成熟的教学理念，就能更好地促进课程力提升，谁就拥有了课堂。成功的课堂教学往往是一种顺其自然的表现，方法也好，策略也罢，都是一种水到渠成的流畅，给人展示的是多姿多彩的生命与活力，没有矫揉造作，没有生硬和机械。其实，很多课堂的最高境界，就是在理念的指导下对"教学"所进行的一种简单而又自然的处理，一种"无意于法则而合乎法则"的体现，并非一日之功，但也绝非少一日便成。

▲教学理念决定课堂教学的高度

教学理念是刻意追求的结果，只是很多人没有这样的经历，课程力没有得到专项提升，不明白其生成的机理罢了。也许很多教师心底都有这样一种怪异的想法，总是把那些将课堂变作自我名片的教师当作高人，无形中将自己与他们隔离开来。其实，我们每一位教师都可以通过课程力提升成为这样的高人。在我看来，我们之所以与他们不同，就在于我们课程（产品）生产力低下，其教学功夫还差一些火候，我们缺少他们的深度，缺少他们的明智，缺少他们的经验，总的来说，就在于我们没有高人的课堂理念，自然就没有他们一样的教学高度。

平时我们经常会说这样一句话：态度决定高度。其实，课程力提升，向课堂要质量，让课堂体现出高效，教学中的态度不就是教学中的理念吗？没有先进的教学理念，又怎会有更高的教学要求与目标以及创造性的实践，又怎会赢得课堂的高效，又怎会成就课堂及课堂的高效？有效课堂应该是师生"双学"的课堂，是师生互赢共生的课堂。课堂应是双学目标达成的基地，因为双学目标共生、双学共赢才可称高效。在课堂上，我们所说的"双学"一是学生之学，二是教师之学。但这二者必须和谐才可谈高效。在这样的课堂上，学生学得轻松，学得有实效，成绩自然也就突出；在这样的课堂上，师生关系和谐融洽，教师教得开心，教得舒心，教有所获。这样高效的课堂，一定得有教师意志的反映作为支撑，才能出现在公众视界里，才能有"双学"目标实现的可能。

课程力提升，铸就教学理念，是睿智的反映。拥有先进的教学理念，提升课程力是老师们走向成功的第一步，也是我们的课堂走向精彩、高效的第一步，是培养学生的基本素养及核心素养、提升学生学业修养的第一步，是一所学校要走向成功的第一步。通过课程力提升拥有先进的理念，必须学习前人的教育理念，把握时代脉搏，结合教学实践，提炼自己的教育主张。我们很多教师所缺乏的恰恰就是这个方面。今天，我们许许多多的教师走进课堂，除了让学生有所收获外，少有让"我，我的"主张得到实践的检验，也更是少有自我对应课堂的谋划与行动。

▲落后的教学理念后患无穷

与先进理念相对的就是落后的理念。落后理念是课程力低下的反映，是没有经过提炼的原石，带来的危害是人人都知道的。但是，可怕的是，面对自己的积习，面对自己常常自以为是的教学理念，我们从没有意识到这就是落后的表现。

链接1—3

如此评价

课堂上正在讨论问题，其中一位学生已作了回答，教师也许不满意，又叫另一名学生回答。教师未料到这位学生也答不到点子上，教师马上训斥道："这么简单的问题都不懂，讲了多少遍都记不住，你真牛！坐下。"

学生练习时，一位学生，拿出一份课外练习题向这位教师请教，得到的答复是："这种题你不必考虑，这是重点班学生做的题。"

缺乏课程力的提升是非常可怕的。课程力专属于教师课堂建设中特有的生产力，包括课程组织力、实施能力、课程评鉴力、选择能力和课程的设计与开发能力等。

很显然，这位教师还停留在传统的甚至是错误的教学评价中，这样的评价是不合适的，它实则是课程评价力低下的体现。传统的教学评价有一个基本假设，即只有极个别的学生学习优胜，而大多数学生都属中等。如此的评价，只能把优异的成绩给予极少数学生，其余的只能获得一般或者较低的成绩。这样无形之中评价就变成了一种甄别与选拔的过程。大多数学生成了失败者，成了上述假设的殉葬品。

在这样的课堂上，教师漠视学生生命主体的尊严，忽视学生主体性的发挥、创造性的培育。这种教学理念往往导致教师和学生之间形成一种壁垒，学生对教师多了一分敬畏，更多了一分恐惧；教师对学生更多了一分厌烦，多了一分唠叨，多了一分愤懑；如此的课堂，如此的师生关系又怎么可能达成课堂的高效？又怎能奢谈培养出充满阳光、活力、民主的全面发展的学生？

"思想观念能控制人的生理机能。落后的观念能压抑、腐蚀人强健的生理机能，当然也包括大脑的生理机能。先进的观念能使病弱的生理机能强健起来，能使愚钝的大脑生理机能变得聪明起来。"确实，因为课程力没有得到提升，落后的观念必然让老师们大脑变得愚钝，不思进取，不求上进，老一套教学经验一年又一年，周而复始。这样的教学起不到教育本身应有的效果，反而更多地带给学生一种对教育的逆反。

没有课程力提升，对于落后理念的反思，不仅仅是口头说说而已，更应该和自己的教学实践结合起来，去陈革新，推陈出新。面对现实，面对落后，不再听之任之，而是付诸感情和自尊，引入活水，"洗心革面"，才可能真正得到改变。

谁拥有先进的课堂理念谁就拥有了真正的课堂建设生产力，无数的事实为此作了最好的诠释和见证。对于教师而言，课堂是离教师价值认定最近的地方，谁对课程力提升采用随意的行动，谁的行动中没有讲究，结果只能是离课堂很远，恍若隔座大山。

因呵护课堂而更有主张

课堂是教师的影子，课程力是其折射。这里存在着杂多的意志和客体，想改变具有惯性的常规，必须从心底里愿意去改变，去提升，并拥有源于内心的一种力，才可能真正提升课程力，改变课堂的方向。对课堂的呵护需要来自内心最直接的意识，才可能防止自我随意的行为对课堂产生破坏性。

呵护课堂从而提升课程力，这其中带有非常复杂的动机和刺激。克服盲目的冲动，提升课程力，让课堂教学理念先行，这是我们年轻教师和需要不断进步的教师快速提升自我专业素养，让课堂精彩的法宝与捷径。其实，呵护课堂的过程中，更多的主张会相伴而生，并为课堂奠基。相反，没有理念的提升，没有课程力提升，就不会有实践的推进和提高，没有理念的指导，教育教学的实践就会行而不远，就会半途而废，就会中道搁浅，就会成为空中楼阁。

尊重课堂，提升课程力，以此呵护课堂，从而让呵护课堂为自己的成功奠基，当下，最需要的是能在有限的时间和空间里创造出打造高效课堂的条件。

▲呵护课堂离不开理念的刻意构建

刻意构建理念，提升课程力，往往是课堂成功的开端。刻意建构的过程中，需要教师有一种研究的精神，有研究先进、科学教学理念的行动，能通过提升自我解决课堂中的现实问题，而不是置若罔闻。呵护的过程是一个融汇教师理念的过程，诸如把自我的"想什么""要什么"以及"想教什么""实际在教什么""学生实际在学什么"渗透进教学的具体流程中，能把握住课堂的主体意识，把握住高效课堂需要的教学规律和方法，并能够将思想、方法和自己的课堂教学的实际联系起来，不断完善自己的课堂教学思想，完善自己的课堂教学实践，构建符合自己实际的课堂教学理念，增添自我智慧，为成功奠基。

▲呵护课堂离不开教育理想

教师理想关系着教师的职业道德。甚至可以说，课程力提升与否，关系着教师的职业道德的高低。虽然不能说因其课堂效率的低下，而认为其职业道德也低下，但缺乏理想的课程生产力是致使低效教学的直接原因，其职业道德肯定不可能是高尚。呵护课堂，离不开教师的教育理想，课程力提升关系着教师的人格，我们只有孜孜以求，才可能真正有所提高。

链接1—4

优秀教师的教育理想或成长格言

以下是多位教师的教育理想或行动方向：

魏智渊——让教育变得更加朴素。

黄利锋——只要行动就有收获。

张曼凌——绝不放弃。今后努力方向：做个快乐教书人。

万玮——以无为的心态做有为的事情。努力目标：成为学者型的教师。

衣奎伟——在成长中思考，在思考中成长。

朱一花——没有追求的生活是暗淡的，只有向上，才能发展。

陈慧芳——感受教育的芬芳，享受教育的美丽。

常作印——计划每一天！新鲜每一天！思考每一天！收获每一天！快乐每一天！

周永清——善待他人，善待自己，永远保持一颗善良的心。

徐慧林——让我把信带给加西亚。

鲍成中——尽人事，听天命。奋斗目标：学者型教师、作家。

彭荣辉——人，只和自己比！人的一生，应该是这样走过来的：肯定自己，创造自己，超越自己！

陈胜——因山外有山，故精益求精。

侯长缨——说到不如做到，要做就做最好。成长路漫漫，我将以百倍的努力迎接明天的曙光！

于建宏——安于平凡，不甘平庸，追求卓越。

田祥彪——谁笑到最后，谁笑得更美。

朱雅芳——失败是成功之母，成功是成功之父。

曹丽玉——学会一笑而过。努力方向：滋润乡村的田野，染灌灿烂的花朵。

张志愿——生命与善待为友，情感与执着为友。今后方向：守望教育，与孩子们携手同行，呵护灵性，一起织就成功之路。

焦照锋——借助网络平台，不断提高充实自己，说我想说的话，做我想做的事。人生目标：做最好的教师，做一流的写手。人生格言：有脚就有路。

教育理想是点燃教育激情的熊熊烈火，当教师拥有了自己的教育理想时，就会主动去提升课程力，就会主动去提升自己的修养，以学为乐，以教为乐，以苦为乐。在不断的追求、充实中自觉不自觉地接触新思想，学习新见解，更新教学理念。著名的特级教师高万祥老师在《优秀教师的九堂必修课》里提到："上帝赐给人类两样东西——希望和梦想，来减轻人类的苦难遭遇。"我们要说，上帝赐给教师两样东西——希望和梦想，来点燃教育的希望之光。

案例中那些优秀教师的教育理想，既折射出他们对有效教学的追求，也给予了他们前行的目标。正是因为有这样的教育理想，他们才在教育之路上踏实进取，积极探索。肯定地说，前行的路上，他们也遇到过挫折和困难，也有来自他人的非议。但他们坚信自己的教育理想，并且为实现自己的理想而先行先学，而扎实提升自己的课程力，并在此过程中，实现自己的理想。

所以，有了教育的理想，就会有解决教学困惑的方法和行动，就会有真正意义上呵护课堂的行为。来自高效课堂"双学"的教育理想是人们前行的准则和方向。从这个意义上说，任何一位教师的理想都是一个沿着既定方向，不断调整的过程，这其间包含着教育的智慧，来源于教师对教育教学实践的深刻省察，来源于教师不懈的探索，来源于教师对经验的理性评判。

▲呵护课堂离不开科学研究

高效课堂往往是教学研究的产物，是教师课程力提升之后，带着目的并相伴教学实践的结晶体。正如我在《为自己的教师》一书中表达的主要观点"教的主要目的为的是学生的发展，研的主要目的才是为了教师的发展。"高效课堂里，学生要发展，教师也要发展，学生要学，教师也要学。课堂应该是学生之学与教师之学的和谐与共生。学生之学为基本目标，教师之学为保障目标，教师学成后必然促进学生之学，而后共学共生共赢。毋庸置疑，课堂教学应有双学目标的达成才可称高效。

呵护课堂离不开课程力提升。"一个优秀的教师和普通教师最大的区别应该是有没有科研的追求和能力。"在呵护课堂的过程中，通过教育科研的方式，抓住课堂而开展教学研究，促进课程力提升，教师才能在教学中不只是完成培养学生的目标，同时让自己的教学素养有质的提升和飞跃，才能让自己的教学理念上一个新的台阶。

不知大家发现没有，课堂教学中若只有单一的目标很难高效。高效往往源于多维的立体目标的设置，唯如此，才更能促进教学的高效，促进教师课程力提升，同时达成教育实践既定的目标。呵护课堂有更多的行动，诸如通过对课堂教学的观察，对它的分析研究，发现自己的课堂教学存在的问题，探究产生问题的根源，找到解决问题的措施与方法，让自己的课堂教学在自己的研究中不断进步和提升。

▲呵护课堂离不开积极吸纳

"水之积也不厚，则其负大舟也无力；风之积也不厚，则其负大翼也无力。"专业素养的提升，课程力提升，离不开积极吸纳先进的教育教学理念，这其实是思想的吸纳，是教学技巧的吸纳，是教学艺术的吸纳。这其实是一个渐进浸透的过程，在这个过程中，让自我因为向他人学习开始脱离低效，从而发生嬗变，实现跨越式发展。

浅薄的根基负载不起坚实的大厦。要想让自己的课堂教学愈行愈远，让我们的思想之树生长得更为高大，更为青翠，更为茂盛，则必须有源头活水，必须积极吸纳积累：书籍阅读、教学培训、访师结友、切磋琢磨，开阔自己的视野，增长自己的见识，扩充自己的胸襟，提升自己的才干，让自己的课堂教学随着自己的吸纳而活水自来，而丰厚起来，成熟起来。名师博客、微信公众号、网络群研习、网易公开课等，将是你不断吸收专业养分，实现课程力提升的平台。

▲呵护课堂离不开实践的检验

"实践是检验真理的唯一标准。"教育理念的终极目的是为了教学实践，促进教学相长。教学理念是先进还是落后，是成功还是失败，判断的唯一标准是将其运用到实际教学中，看课堂是否有实效并达成高效。呵护课堂，提升课程力，做到教学理念与实践的结合，在实践中找到自己的成功与失败之处，在实践中让自己的课堂教学的天空愈来愈高，愈来愈远。

为此，要求我们不断给自我设立一些针对检验教育理念的教育教学行动，诸如课程组织力、实施能力、课程评鉴力、选择能力和课程的设计与开发能力等的提升。这其实也是优秀教师和普通教师之间的分界线。我们完全可以得出结论：因为教育教学的行动不同，因为课程力提升的方式不同，呈现出不同专业发展层级。当下，需要我们更有主张、更有主见、勇于开启属于自我的专业行动。

第三节　完善，因为更讲究方法

课程力是基于课程（产品）的生产方法的总和。来自高效课堂，除了能让人感知到课程力给予教师教育思想作为底蕴的支撑，也更能让人感知到带有个人倾向性的教学方法的支撑。可真要让"他，他的"转化成为"我，我的"，其间还有很长一段路程，当然，这需要自我吸纳与实践。换言之，虽然感知到来自高效课堂的完美，但是真正要让自我不断完善，却总会受到多种因素的制约，如他人独特的个人魅力气场，他人教育教学过程中独特的教学方法的运用，流畅的教学思路，以及更多属于元认知策略的对于课堂信息的调控手段等。

自我的课堂向高效课堂靠近的过程，便是一个主张课程力提升向着课程产品转化的实践过程。但有一点，不得不承认，那便是来自高效课堂的权威性。我们对于权威性态度非常明朗，除了尊重并有向其靠近的行动，对课程力提升还必须有更精细的审视。但因为"他者"与"自我"之间存在着权威性和一道沟壑，课程力提升真要向着同一方向前行，超越之艰难是很明显的。为此，在我们不断地向着高效课堂迈进的过程中，需要的不仅仅是模仿，更需要不断提升课程力，带着融入自我的主张与思想，在不丢失自我个性的基础上，借鉴"他者"的经验，我们生产的课程产品才会朝向不断完善的过程，才会有序地推进。那么，不断完善的过程才不会漫长。

向他人学习需要智慧，课程力提升需要坚持。高效课堂中很多东西都值得我们学习。任何一位大师级教师，他们的权威更多地表现在课程力提升，表现在自身素养的提升和方法的掌握，这是他依靠课堂教学提升自我所作的一生的追求。

"我的"教学方法是赢得课堂的有力保证，课程力提升是重要的技术因素。没有课程力铸就"我的"方法，呵护课堂就是一句空话。正如达·芬奇所说："热爱实践而又不讲求科学的人，就好像一个水手进了一只没有舵或罗盘的船，他从来不肯定他往哪里走。"走向高效课堂，一个由"他者"向"自身"转化的过程，良好的实践方向和方法是课程产品生产力提升的重要条件。同样，课堂教学中课程力提升离不开科学方法的有力保障，促进课堂教学的完美，必然离不开课程力对其不断完善过程的保驾护航。没有课程力提升，自我的实践就只能是纸上谈兵，没有科学的生产力作支撑也就难有用武之地。

方法源于"自我"对规律的遵循

齐白石曾有句名言，"学我者生，似我者死。"美国思想家爱默生也说过："羡慕就是无知，模仿就是自杀。"模仿永远成不了经典，做不了大师。课程力提升，向着高效课堂迈进的过程中，"模仿"得了他人的人生轨迹，却永远不可能超越别人，相反还可能迷失方向。

走向高效课堂，不是一句言而无行的许诺，不是一句无以实践的空言，而是对课程力提升的扎扎实实的落实。我们必须认识到，课程力低下时，任何复制他人的课堂，可能在最初的层级里能感知到带给课堂少许的变化，但真要走向更高层级时便会感觉到行进的艰难。其实，复制"他者"的课堂本身就有困难，为何不建构属于自我的高效课堂呢？专属于自我的课堂定然有着自我的属性，更多的灵性有着自己的规律和方法，需要我们在平时的教学实际中提升课程力，而后去探寻、去摸索、去反思、去发现、去践行。

链接1—5

陶行知先生一次到武汉大学去演讲，未曾开讲，却从皮包里抓出一只公鸡。全场观众顿感莫名其妙，陶先生从容不迫地喂起鸡来。先生掏出一把米，按住大公鸡的头让它吃，它偏不吃；再掰开它的嘴喂它，它还是挣扎着不肯就范；直到先生松开手，并退后几步，大公鸡才旁若无人地吃起来。这时候陶先生才开始了他的演讲："教育就跟喂鸡一样！先生强迫学生学，把知识灌给他，是不情愿学的，即使学也是食而不化，还会把知识还给先生的，如果让他自由地学习，充分发挥他的主观能动性，那效果完全会好得多！"

课程力提升是有讲究的。陶行知先生通过喂鸡吃米的方式，把"灌输式教育"与"宽松自由的学习"两种教育方式进行了鲜明的对比。学习他人的课堂教学像强制喂鸡吃米一样，如果一味采用灌输式的强制手段，是收不到什么效果的。要想让学生能自愿、主动去学习，在课程力得以提升时，结合当今的教学场景想方设法引导，变"要我学"为"我要学"，而不是模仿陶行知先生喂鸡吃米来说理。

打造高效课堂，促进课程力提升，遵循课堂教学的方法和规律，让学习者在课堂中充分发挥自己的积极主动性、能动性，让课堂在呵护中彰显无限的动力，显现无限的生机，从而焕发出课堂教学的生命力和光彩，但这一切，如果没有"自我"的讲究，一切只能是空谈与妄想。

▲让无效教学方法在预设中消除

反省我们自己的课堂，为什么难以提高，为什么学生总是喜欢吵闹、说话、睡觉、分心？在现实中，哪怕很多教师在课堂中引入了多媒体，可没有教学的新方法，没有教学的新特色，更没有自我的教学风格，所以依旧习惯于"一言堂""满堂灌"，甚至照本宣科。没有强大课程力的支撑，这样的课只能是老师表演的舞台，学生们就如观众一样既不参与也不发表任何评价，最要命的是，很多老师的表演技术并不出色，就像做学术报告一样索然无味。试想，如此课堂，又怎能有课堂教学高效的实现？又怎么会有课堂教学生机的出现？又怎么会有课堂教学生命本真的精彩？

遵循高效课堂形成的规律，提升课程力，让这些无效的方法在自己的预设中消失，让这些常见的平庸的教学方法消失，就得让这些没有个性、没有风格的挫伤学生学习积极性的习惯消失，如此，才能让课堂教学备受呵护，才能让课堂走向高效变成一种现实。

▲以高效方法的预设做保障

我们应该清醒地看到,课程力提升才有高效方法给课堂作保障。现实中,我们的课堂常常因课程力低下,缺失方法的预设,缺乏朝向高效课堂目标迈进的过程预设。有的甚至漫无目的,随意发挥,以完成一堂课所谓的任务为目标。在课堂出现问题时,不主动去反省自己,只会一味去埋怨学生。有些教师不懂教学方法,不知教学方法、教学技术为何物,依靠自己的蛮力和经验来组织教学。这种课程力低下,缺乏方法预设的课堂,往往像脚踩西瓜皮,滑到哪算哪,自然难以让课堂高效起来,也就难以完成课程生产的使命。

我们必须清楚地知道,要想使课堂教学得到呵护,必须有强大的课程力做后援,有高效的方法作为预设的保障,如此,才能有高效的教学效果,才可能有高效课堂的产生。在每节课前,建议教师们能进行充分的预设,反复思考和认证,广泛地查找资料,充分考虑学生的学情,在此基础之上,确定哪些方法更为合理,更为接近自己的课堂实际需求。所以,在每一堂课中我们都应该问进步在哪里,应该用什么教学方法和策略去达成教学目标。只有循着课程力提升的规律,拾级而上,才能顺利达到高效课堂这一高地。

▲注重教和学的结合点

打造高效课堂,抓住课堂中的人,才可能真正达成目标。对人的重视才能真正上出课堂的高效来。正如我们曾提出"人不是产品,课程才是教育教学的产品"一样,只有真正通过对课堂中教的主体"教师自我"的尊重,对学习主体"学生自我"的尊重,才可能通过"双学目标"的达成,使教师和学生共同发展,使课堂变得有作为起来,而不是只有"高效课堂"这一产品。

课堂教学毫无疑问是教师的"教"和学生的"学"两个因素相互作用的结果,课程力提升必须对其主体意识发挥作用的规律进行卓有成效的探寻。但是,囿于"教"和"学"的主体不同,经验、见识和阅历的不同,对于同样的教材,教师和学生的认识高度、理解角度和程度肯定也不会相同。那么,教师的"教"如何才能转化为学生的"学",教师的"教"如何才能为学生的"学"服务？肯定地说，其中课程力提升尤为重要，也才能在此过程中找到教和学的结合点。所以，进入课堂，定然要在"教"和"学"的结合点上多下功夫，只有找到最佳的结合之处，让教师"教"得自然，学生"学"得自然，课堂节奏流畅从容，课堂效果才会不同寻常。

由此可看出，教师在"教"之前的"学"就显得格外重要。只有教师的"学"达成了目标，才能促进学生的"学"，教师之学保障了学生之学，教师的课前之"学"与课中之"学"才能真正促进学生之"学"，从而最终达成双学目标的实现，即师生共同提高，共同发展，共同成长。

方法创新才可能称思想

时常与人说：当下的教育不缺少方法，缺乏的是教育哲学基础。我们在教育教学的实践过程中，所采用的教育教学方式，缺乏源于自我的底蕴。可以说，底蕴的问题才是其产生问题的真正根源。纵观当今的课堂教学，人们做事的目的并非单纯，并非为了课堂而做选择，才最终导致前行的路上总是存在着危险。面对课堂，杂多的目的并非是教育教学思想的体现，更多是想搭便车或不劳而获，这并不是为自我课程力提升增添底蕴或底气。

来自高效课堂，必然涉及专业修炼，涉及课程力提升，体现权威性。只有打破学科壁垒，来自高效课堂的努力才可能平添我们的认可度，才可能平添我们的话语权。课程力修炼的过程并非那么容易，关键在于有勇气，有毅力，敢于打破壁垒，敢于超越自我，突破习惯性行为和思维，才可能真有作为。特别是对于课堂教学更是如此。"教师的教、学生的学"永远是课堂中必须存在的两大共同体；"教师的教法、学生的学法"永远是支撑课堂的两大主干力量，真要让其形成一股持续发展的内驱动力，若没有强大的牵引力注定难以改变原来的轨迹。解决课堂教学中最现实的问题，从而提升课程力，但如果没有方法的创新，没有给予新问题解决的强大动力，是难有新的超越的。

方法的创新通过课程力提升去实现，在很多时候便可称思想。思想在很多时候便是解决问题的方法，只是这种方法带有更强的元认知策略的成分。课堂教学过程中提升课程力，形成自我的教育教学思想，若面对低效的问题，没有形成自我独有的解决办法，那只能是空谈。我们应明白，给予课堂动力的教学方法是落实教师的使命，形成教育教学思想、丰润教育理念、成就课堂的重要保证。

▲深入了解现代课堂的组织结构

课堂组织结构是指课的组成部分、各组成部分之间的关系，以及推进的秩序和时间的分配。

现今很多课堂教学中，依旧采用的是苏联凯洛夫提出的五个环节课堂结构，即：组织上课，检查复习，讲授新教材，巩固新教材，布置课外作业。虽说万变不离其宗，但并非一种课堂结构或教学模式便可放之四海而皆准，适合所有学科和所有课型。因此，课堂结构与教学模式只有在具体的情境中作适度的调整与创新，才可能达到课堂教学的高效与优化。特别是现代信息及大数据背景对课堂的影响，对其组织结构的改良越来越深，每一位教师若没有创新的思想，其课堂注定难有新的发展。

课程力提升，走向高效课堂，面对不同学情的学生，面对接受程度不一的学生，如何才能最好地组织课堂教学，如何才能最大化地让课堂教学得到优化，都需要找到应对之策。教师深入了解课堂的组织结构，结合课堂的实际进行随机的组合，如若没有可行的方法作支撑，是很难突破学科权威性的约束，从而让自我更有信心，让自我源于课堂有建树的。

强化课程改革，提升课程力从课堂的组织结构着手，无不是省力的最强大的支点之一。为此，要求教师能加强学科课程论的学习，能有效地对课堂结构进行大胆的改革，能够依据自己的教学实际，制定切实可行的教学方法与教学手段，达到教学效果的最大化。

高效课堂追求过程最优化是其重要的特征之一，特别是课堂教学结构的变化定会带给教学过程更大的影响。一节课中，教师通过问题的设置可以全面检查学生的学习效果，通过手段的更新可以让学生更乐于接受新的知识，通过方案的设计可以让师生课堂主体地位更得以凸显，只有教师认真领会课程力提升的策略，科学落实，才可能真正带给课堂最真实的变化。

课程力提升的过程中，课堂是在不断发展的，课堂的发展有赖于结合课堂组织结构运用和落实具体的教学手段，认真了解课堂组织结构，积极探索课堂教学的有效方法。教师应在准确把握课堂理念，摸准时代脉搏的基础上，创新课堂教学结构，设计适合自己教学风格与特色的教学模式。

▲整合——课堂教学方法调整的重要思路

当下的高效课堂并非再是单一知识维度的集合，若没有现代信息技术、人本化的管理策略、现代课堂教育教学理念，以及教师形成的带有倾向性的风格的影响等，注定扁平的课堂教学是难以与高效课堂有直接关联的。

整合是课程力提升的有效策略，是课堂教学方法调整的重要思路。课堂是教师和学生组成的共同体，是一个具有极大可塑造力的生命体，是师生双学的过程，教法与学法是相互依存的，教师的教法必须依附于学生的学法，因学法而存在，学生的学法又要服从教师的教法，将这一切变成"我，我的"才能建构自己的思想。当前，我国中小学课堂中常用的教学方法有：讲授式教学法，包括讲解法、谈话法、讨论法、讲读法、讲演法等；问题探究式教学法，包括问题法、探究法、发现法等；训练与实践性教学法，包括练习法、实验法、社会实践法、研究性学习法等。在课堂教学中教师提升课程力，需要能根据学生和授课的需要加以综合运用，让这些有效的教学方法融入自我的智慧，才能为我们的课堂教学带来新的气象。

链接1—6

2008年网络上出现了一位被网友称为"最牛历史老师"的袁腾飞，他的几段充满幽默感的中学历史课视频受到网友的热捧，仅3个月内点击率就逾千万。2009年，他应邀参加了央视的《百家讲坛》主讲《两宋风云》，整体收视率超过易中天。

袁老师作为一位年轻的历史老师，为什么会有如此大的魅力呢？看过他的讲课视频之后，你会发现，袁老师的走红是必然的，因为他强大的课程力确实吸引人，在他的课堂中有专属于"我，我的"思想。他能利用生动机智的话语和平实通俗的语句把历史事件的来龙去脉说得妙趣横生，这是很多教师所不具有的。他的成功在于拥有强大的课程力，通过方法的整合，形成了自我的教育教学思想（一种解决问题的方法）。

有人一定会认为，按照传统的标准来评价，袁老师的课不能算是一堂成功的课，他没有逃离"一言堂""满堂灌"的俗套，并没有做到"以学生为主体，教师为主导"。然而我们要说，一堂好课，因为他拥有自己的制胜法宝——因为课程力提升让课堂充满笑容，让课堂的结构发生了变化，他让课堂有了他的智慧。在他的课堂时时会听到学生们笑声阵阵，这种笑是在对知识的理解、学习的领悟中的笑，是对袁老师充满风趣的解释，是对创新的思维方式的肯定的会心的笑。袁老师综合运用了常规的讲演法、讲述法、讲解法，又运用了他的"独门武器"——"幽默+朴实"吸引住学生的心，这就是因为他在课程力提升时，将这些方法运用整合技术所表现出来的效果。教师强大的课程力才促使学生们听他的课感觉是一种享受，绝对不存在分心的可能，这更利于把握住所学知识。这也属于课程力提升到一个非常高的层级后，逐渐形成的教学风格的体现。

很多高效课堂的形成，源于课程力的提升，源于没有墨守成规，能将很多方式方法进行有机整合，从而带给课堂清新，带给课堂生气。我们更应明白，课堂高效有其存在的原因，课堂低效也自有其低效的原因，这一切都源于教师敢于在课堂实践中切实提升自己的课程力，有所行动、有所作为，甚至是打破常规。正如：备受呵护的课堂，教学技术（课程评鉴力）的正确运用永远是成功的法宝，当学生把听课当作是一种享受时，不让他学他都不愿意；相反，教师课程评价力不当，学生把听课当作是一种痛苦和煎熬时，你怎么强迫他学他也不愿意学。

在课堂教学中全面提升自我的专业素养，促使课程力向完美靠近，不断完善自我的课程产品，让自我在课堂中因生产力的强大而更有讲究，让课堂因我而存在，让我因课堂而存在，如此，定能在实践过程中把握课堂教学的规律，落实课堂教学的方法，还课堂教学的特色与本真，还课堂教学的精彩和生机。

第四节 在彰显艺术中超越

在一位教师专业发展的过程中,课程力提升最需要的是能经历理性的跨越式发展,让自我快速地达到一个非常高的层级。人们都在努力寻找着促进自我发生嬗变的路径,可无数的人都因没有找到对应的路子,最终只能是不甘心地再次回到最初的原点。在我们现实的生活中,存在着为数不多的年轻人拥有超凡的成就和过人的课程力,用我们的发展过程与他们进行对比,我们会怀疑,甚至得出我们"不可能"到达的结论。

由于课堂里的能力提升和专业素养的形成,我们不能以自我的发展经历去作为评判的标准。发展有发展的原因,不发展有不发展的原因。只知道存在的意义却不知道为什么存在,是无数教师游离于课堂之外,总是处于高原期的主要原因。一个人课程力的高低,不能以年龄以及入职时间的长短而论。看看我们的课堂,便会发现只要涉及教学艺术,它几乎是属于年轻人的天下。其实,这恰恰是人们可以快速提升的捷径,只是很多人在课程力提升时缺乏胆量去尝试,缺乏勇气去执行,总是在徘徊中让自我丢掉专业素养发展的最佳时间。

从研讨高效课堂着手,期盼在课堂中获得课程力提升与发展,特别是获得跨越式发展的捷径,是完全有可能的。我们要明白,跨越式发展不等于是跳跃式发展。跳跃式发展,短期内可以解决很多问题,但由于没有经历夯实基础的过程,最终依旧会再次回落。跨越式发展主要体现在用最短的时间走完应该走的路,并达到专业修炼的最优化效果。

跨越式发展主要体现三个层级的努力:第一层级是技术层面的努力,习惯性将教育目标的实现看作能力标准,关注焦点式行为、教学内容和技能;第二层级是情境层面的努力,习惯性考虑多种方案,依据知识和价值观作决定,根据情境以及学生的需要安排教学内容,通过分析、澄清,对原则、原理进行确认;第三层级是辩证层面的努力(这是最高层面的努力),能处理道德、伦理、社会政治问题,能进行学术性的探究,能独立自主,了解自我。

纵观当下的课堂,整个跨越式发展的过程大有教学技巧定成就的趋势。夸美纽斯在《大教学论》中指出:"近来有几位有能力的人,因为怜惜一般学校的徒劳无功,想找出这样一种艺术,不过他们的技巧不一样,所以成就也不相等。"其实,很多教师借用教学艺术在课堂上的体现,来促成跨越式发展的印象形成,但事实上,他们还不是真正的跨越式发展,仅仅是跳跃式发展。人们只有真正夯实发展的每一步,才可能真让自我在课堂教学中彰显出自信。

不可否认,高效课堂从讲究艺术开始,课程力提升不但能让我们获得成就感,同时也能为课堂充满激情提供长期的源泉。但也不可否认,很多误解也是从高效课堂讲究艺术开始的,因为艺术成了伪装,最终让很多教师的课程力没有真正提升,没有获得真正的跨越式发展,也就没有获得真正的发展。追求高效课堂要讲艺术,试问是什么原因会让我们对教育产生无限激情?是什么原因让学生对我们的教学终生难忘?在我们看来,教学艺术是让课堂产生魅力的关键所在,其决定因素依旧在于教师课程力的提升,良好教学习惯及行为的形成,而不是那些只在某一特定时间所致的带有表演成分的课堂艺术体现。向高效课堂迈进,当然少不了对课堂教学艺术的研究,少不了一步一个脚印踏踏实实地走。

教学艺术带有非常强的批判性。我们应该了解何谓"艺术"?"艺术指富有创造性的方式。"源于高效课堂的教学本身就是一个创造性活动。课堂本是一个生命体,任何预设都只能是一种初步的、大体的可能,其中许多突发性的随机现象是不能预计的,这就是我们所说的动态课堂的生成过程。绝不能把教学看作一种机械的活动,而应是一门富有创造性的艺术。如果只是把教学当成方法与流程来看,没有课程力提升,那只能算是一个教书匠;相反,如果把教学当成艺术品来塑造、雕凿,当成给予专业修炼的机会,则往往会有另外一番领悟和超越。

教学艺术是课程力的直接表现形式

对教学艺术的追求,完全可以成为课程力提升、超越自我的基点。在每一个发展的层级中,都可以将教学艺术作为课堂教学的要求,并细化在课程力提升的行动上。杜威曾说:"与帮助教师获得技能相比,使教师有思想性更为重要。"不可否认,技能使教师成就有高有低,但思想性才决定了教师的纵深发展。我们在专业提升的过程中提升课程力，抓住教学艺术予以突破，追求跨越式发展才有可能。这一切全因为教学艺术是思想的直接表现形式，它是沟通教学技能与教育思想之间的桥梁。

教学艺术的表现形式非常丰富，但它遵循课程力提升的基本规律。伟大的教育家孔子非常讲究教育的艺术，"因材施教"就是他教学的重要原则之一。乌申斯基也说："教学艺术是一切技艺中最博大精深，最高级，最必要的艺术。"美国学者斯金纳认为学习是一门科学，而教学是一种艺术，是如何把学生和教学大纲结合起来的艺术。苏联教育家苏霍姆林斯基在《教育的艺术》专著中也认为："教学和教育过程有三个源泉，科学、技巧和艺术。"从这些教育家对教学艺术的实践和论述中可以看到，教学既是一门科学，又是一门艺术。它是教师娴熟地综合运用教学技能技巧，按照美的规律而进行的创造性教学活动，是规律性与灵活性的高度统一，是科学性与艺术性的统一。

课程力提升，我们反对通过表演的方式呈现课堂教学艺术，但并不与倡导习惯性的在课堂教学中体现教学艺术相矛盾。事实是，教学艺术更像是课堂教学中产生美的一条高速路，能让教学在创造性、新颖性、灵活性中独具魅力，它既能提高教学质量，又使教学具有审美的价值。正如朱永新教授在《我的教育理想》中提到理想的智育应该是"超越知识，走向智慧，激发创造"的课堂，而要做到这一点，课程力提升时融入教学的艺术是关键。

在雷玲主编《名师教学机智例谈》中，收录了杭州市特级数学教师刘松老师这样一则案例：

链接1—7

老师，送您一朵花

上课过程中，我发现小姑娘姗姗的手总在桌子下面摆弄东西，正想严厉地批评她……

姗姗含着眼泪说："刘老师，我非常喜欢您给我们上数学课，过两天就是教师节了，我想剪朵花送给您。"说完迅速地把桌上的白纸片一拼，一朵花栩栩如生地呈现在我面前，五片花瓣，一根细细的花茎，还有两片小叶子。

我一下子怔住了，我怎么也想不到，这么小的孩子会说出如此感人的话，原来她是在为我剪花。想想我刚才的凶样，后悔、自责和感动一下子涌上心头。而对如此纯洁的感情、如此质朴的童真，我羞愧难当，深深地向小姑娘鞠了一躬，双手从姗姗手里接过白纸花，满含深情地说："谢谢你！对不起，刚才老师误会你了，请坐下。"

那天刚好上课的课题是"5的认识"，刘老师把姗姗的花放到展示台上，让孩子们数花瓣以此练习数5，并且以给花涂颜色为契机，顺利解决了5的全部分解和组成。

姗姗是那天听课最认真的一个，她的眼睛始终没离开过那朵花。快要下课了，我说："今天我首先要感谢姗姗同学，她送给了老师一朵自己制作的小花，老师很高兴。我也要谢谢大家，你们送给了老师一朵五颜六色的花，这朵小花不仅让我感到了做老师的幸福，还帮我们大家学会了5的分解和组成，让我们一起把感谢的掌声送给它及它的制作者姗姗同学吧！"我看到小姗姗在掌声中灿烂地笑了。

课堂是活的生命体，时常会随着课堂的推进而不断发生变化，教师则是雕琢课堂的艺术家，通过课堂艺术的运用，发挥其聪明才智，从而达成高效课堂的生成，促进课程力提升。可以说，课堂艺术是提高课堂效率，赢得课堂质量，呵护课堂的催化剂。案例中刘老师看到姗姗在桌子下面做小动作时，并没有像很多老师那样厉声斥责，而是先耐心听取姗姗的申辩，并为自己的鲁莽而道歉，这就是一种教学的艺术，充分体现了刘老师课程力的强大。当姗姗道明原因，递给刘老师她所做的花时，他不仅没有训斥姗姗，也没有把她的花放到一边，而是把姗姗的花巧妙地运用到课堂教学中，这对维护姗姗的尊严，提升姗姗的自信力、自豪感具有重大的作用，由此可见，姗姗在这堂课上能做到格外认真也就不足为奇了。刘老师把姗姗所做的花作为教具，创造性地运用到课堂教学中，不仅对全班同学在道德上进行了一次思想的洗礼，而且就势发挥临时性资源的作用，通过形象、情景教学，对降低教学难度，提高教学质量也起到了重要作用。化平庸为神奇，化尴尬为机遇，刘老师这种做法充分展示了教学过程中的艺术之美，同时也体现出了课程力提升后的魅力。这种对课堂观察到的信息加工过渡到问题的解决，以及找到解决问题的方案并正确决策，其实就是教师专业素养修炼及提升的过程体现。

▲教学艺术在润物细无声中滋润着学生的心田

教学艺术是教师思想的直接体现方式，很多教师的教学无艺术性的体现，实则是他缺乏教育教学思想，课程力低下的体现，表现在课堂教学中仿佛就像"缺少心眼"一样。教育名家的教学艺术往往在润物无声中滋润着学生的心田，他们的修为早已超越教学方法、技术的层面。所以，当我们听他们的课时，总是感到轻松愉快、荡气回肠，可以说，课程力就是一种境界的修炼，是对教学艺术的修炼。如果给课程力进行一次能力等级的划分，那么教学方法只是初级阶段，教学技术则属中级阶段，教学艺术才属于高级阶段，是教学进入自由王国的体现。教学艺术是教学方法、技术升华的必然，是课堂教学高层次的反映，它以"课堂美"的方式来得以呈现。迈向高效的课堂，教学艺术可谓是课程力强大后魅力无穷的具体化，但这也是一个不断提升的过程，只有积极地表述"想什么""要什么"，最后才可能真正地达成"有什么"。

▲教学艺术是一项情感投入的创造性工作

教学绝非简单的体力劳动，正如列宁所说："没有'人的情感'，就从来没有也不可能有人对真理的追求。"事实上，不仅是追求真理的活动要有情感投入，人类的任何活动都需要有情感的投入。对于教育来说，情感的投入显得尤为重要，因为教育本身就是一种情感的投入和产出。教师必须正确认识情感因素的作用，重视培养自身积极的情感因素，始终保持良好的情感投入，积极有效地暗示、渲染、激励与制约学生在课堂上的心理状态和学习行为，与学生之间形成良好的情感互动，从而获得理想的教学效果。

通过教学艺术促进课程力提升，同时促进自我的教育教学思想提升，这里必然包括我们对自身情感投入的要求，同时善于自省，思想开明，富有理性的责任感。教学中相关的教学计划、教学实施中的道德、伦理方面的问题能予以妥善地解决，从而使整个课堂用自我的课程生成力来支撑。

教学细节决定教学艺术

课程力提升包括细节力的提升。教学艺术体现思想性，必讲究策略。人们应该发现，那些决心追求高效课堂的教师，课程力提升始终致力于研究整个教与学中各种实践的过程，从而开启全程的行动研究，并艺术性地体现于探究导向时的自我监控，在我们的调研和实践中发现，它更多体现于对细节的处理艺术上；在对教学进行相关的部署时，根据自我的课程力提供系统化的经验；在行动研究的过程中，教师的思想反映在教学细节上，可以说，教学细节最终决定着教师教学艺术的高低。

人们应该知晓，所谓教学细节就是教学中的细小环节，课程力提升包含着教师思想的具体化，它呈现出强烈的艺术性。对一堂课而言，课题如何导入，如何激发学生学习兴趣，课堂提问的设计，板书的设计，如何就学生的回答因势利导作出相应的评价或回答，教师在讲某一知识时所做出的肢体语言和眼神，都属于细节。细节虽小，却能透射出教育的大理念、大智慧。所以，成功的教学必定离不开精彩的教学细节。

关注教学细节，教师将注意力从教学技能转向思考教学实践以及它的替代方案，不再是只关注课堂中的知识点，而是关注课堂中的后果和问题情境，其间必然包含增强对教学的思考，深化对自我的角色认识，更加关注策略、方法及模式的恰当运用等。为此，好的教学细节会成为好课的闪光点，是教学智慧和教学能力的体现。关注教学细节，关注学生的学习、生活、知识、情感、体验和生命发展的过程，在这个过程中，舒展智慧、落实理念、改变行为、提升教育品质的过程，就定能促进教师对理念、理论与实践之间差距的认识，使教师对教学过程的认知更加敏锐，促进课程力提升。

关注教学细节，体现思想性，实则是通过行动研究，让处于技术层面的教师致力于分析并改进教学。在具体的教学实践中，课程力提升从落实课堂教学的细节开始，切入点是很多的。诸如：

▲**课题导入的细节**

在平常上课中，许多教师往往直奔主题，并没有注重对导入的精心设计，尽管授课的内容不会产生什么变化，但是授课的效果势必会受到一定的影响。"良好的开端是成功的一半。"好的导入往往能起到先声夺人的效果。课题导入需要讲究细节，只要深入观察便可发现不同的导入方式反映着教师不同层级的专业发展。

这里就初中思想品德课导入的一些方法为例进行说明。

○ 故事导入法

在讲《诚实守信》这一课时，有教师通过《城门立木》的故事导入。

链接 1—8

商鞅在秦国大刀阔斧地实施变法时，人们都不相信他。于是，他在南城门竖了一根三丈长的大木头，并张榜说：如果有人能将木头搬到北城门，我奖赏他五十两黄金。许多人都心存疑虑，但还是有一个人这样做了。商鞅马上兑现承诺，百姓都叹服不止。商鞅借城门立木，先立信而后变法，最终使秦国逐渐强大了起来。

师：同学们，商鞅为什么要城门立木？

生：（略）。

师：由此可见，人无诚信不立，国无诚信不昌。

由此非常自然地导入课题《诚实守信》。

学生喜欢听故事，教师选择与教学内容紧密相关的故事来导入新课，不但能将学生引入到学习中，而且能集中学生的注意力，提高学习的效果。诸如此类的行动研究发现，教师如何在课堂导入中将讨论点确定成有研究价值的问题，并致力于分析及改进教学，非常关键。这是教师先行先学的体现。

○ 视频音乐导入法

链接 1—9

在讲《我和父母》这一课时，可以播放《可怜天下父母心》等Flash。通过观看 Flash 中的图片给予学生视觉上的强烈冲击，并通过听音乐，认真品味歌词，让学生感悟父母深沉的爱，再引导学生进入课题。

师：优美的旋律余音袅袅，朴实的画面催人泪下，同学们，请说说你们的感受。

生：（略）。

师：可怜天下父母心，父母给了我们生命，让我们长大成人，为我们操心劳累。我们又对他们了解多少，为他们做了些什么，下面让我们一起来学习《我和父母》。

视频音乐导入法意在通过播放视频、音乐等方式触动学生心底里的那根弦，激发学生的兴趣，推动情感的升华。

这一案例中呈现的问题实则成为了一个需要解决的困境或疑惑，教师是一个处于情境层面的学习者，在具体的教学过程中，需要教师更加注重决策能力的提高。

○游戏导入法

链接1—10

有一教师在讲《情绪万花筒》这一课时，先教学生玩有关情绪方面的游戏，课前搞一个《小鸡与母鸡》的游戏，让同学们扮演母鸡和小鸡，分组进行，采用淘汰制，最后给优胜者颁奖，奖品要有特别性，给学生以惊喜。当游戏完成之后，让同学们谈谈自己的体会，老师通过同学们的反映和对游戏的点评轻松自然地导入课题。

除了以上提到的三种方法之外，还有格言导入法、小品导入法、拉家常导入法（结合自身上下学路上所见所闻，或者身边的事、人导入），等等。导入的方法千万种，教师根据授课的需要运用好各种导入法，并彰显导入的特色，让学生们尽快进入课堂角色，这点是十分重要的。若能通过行动研究寻求相关的变革，定能实现由技术层面、情境层面至辩证层面的跨越式发展，从而提升课程力，就定能达成课堂高效之目标。

▲**重点、难点讲授的细节**

课堂教学中教学艺术是思想的具体体现，课程力提升在行动研究中更是经验的直接呈现。

一节课中，重点、难点是讲授的关键，学生能否把握住并理解透重难点是课堂成功与否的关键所在。对于重难点讲授的方法有很多，比如讲述法、引导法、讲演法、讲解法……对于重难点的细节，我们觉得不能简单归结为哪一种方法，而是要多管齐下，综合运用各种方法，能根据课堂情况进行适当调试，而且要注意语言、形态的点拨、暗示，从而提升课程力，以在以后的教学中更加强化对重点难点的讲授。

比如，在讲到重难点时，可以加重语气，可以利用语言的提醒，我们经常看到有些老师在讲课时会说到"注意了，这里特别重要！""一定要记得！""认真了，这是我们常考的考点！"……诸如此类的话语对警醒同学们认真听课很重要。但注意不能滥用，如果整堂课都充斥着这些语言，那就是无效语言，会让学生厌烦甚至麻木，起不到警醒的作用。

对于重点、难点知识点要注重引导学生进行分析梳理，比如，把课本原理口语化，让学生经过思维再加工而后进行自我表述，让学生编试题互考，进行小知识竞赛活动等，多种形式的展现，关键是能让学生充分理解，以达到运用的目的。

▲教学过程的细节

课堂永远是教师和学生的天空，教学过程的艺术性需要教师去书写，教师书写的水平高低往往决定教师和学生之间的和谐关系程度，决定课堂是否高效。在教学过程中教师课程力提升，需从教学语言、教学仪态、教学互动、教学调控等方面入手加以修炼，才可能展示出教师的风采、素养。

○教学语言美

有人说，教师靠嘴巴吃饭，确实，教师要和学生打交道，就离不开语言，语言美是课堂成功的重要组成部分。教学语言艺术的运用第一步就要做到语言美。要做到语言美就要杜绝粗口，爆粗口是课堂绝对禁止的不文明行为；要做到语言美就要注意语言的简洁，诸如口头禅、无效提问尽量不要出现。曾记得有个数学老师在上课总喜欢讲"所以"，几乎每讲两句话就要带上这两个字，有一天，这个老师正在上课，有个老师来找他，他说："……这个一元二次方程……所以，郑老师找我有点事……"同学们哄堂大笑。再比如有些老师总喜欢问"是吗？""对吗？""明白了吗？""懂了吗？"……这些无效提问既大量占用课堂时间，又不利于彰显课堂的语言美。课程力提升需要做到语言美，就要注意课堂语言和书面语言的区分，让理论性语言口语化、通俗化，让学生在通俗易懂的语言中领悟到课本原理的内涵,并引导学生们用自己的话去总结、归纳;做到语言美就要不断丰富自己的语言,以幽默的语言让学生在轻松快乐中度过,幽默往往是语言的润滑剂,幽默的语言往往能收到神奇的效果。

○**教学仪态美**

课程力提升,教学仪态美首先就要表现在教师的仪表美,诸如个人衣着的整洁,朴实,不花哨,男老师不穿奇装异服,不理古怪发型,女老师不穿超短裙,不穿吊带服等。注重个人卫生,给人一种清爽的感觉,在讲课时注意和学生的距离,不要唾沫纷飞令学生反感。不要到处走动令学生眼花缭乱。教学仪态美并不排除适当的"另类"表现,比如时下流行的"麻辣老师",老师时不时呈现出夸张、时尚、幽默的仪态,则更能让学生们喜欢,当然这种麻辣必须是建立在健康向上的基础上的。下面是《新侨报》王颖燕写的《麻辣老师》中的一段话,值得大家深思。

"什么样的老师,最让学生难忘?翻翻我们学生时代的记忆,听听现在学生的说法,那些让人记忆深刻的老师,他们往往有童心,说的话能把人逗乐,他们和学生打成一片,能读懂学生的心……特别是现在的90后、00后学生,见多识广、主张个性自我,老师要没点麻辣劲儿、知识结构'out'、不受学生欢迎,还真难驾驭好他们。"

○**教学互动美**

教学是师生双边的活动,教学互动是课堂的主旋律,教学互动美是优质课堂的重要保证,许多名师大家课程力强大,都是教学互动美的能手。

链接1—11

全国著名特级教师孙双金一次在杭大借班上课。地点在大礼堂,学生坐在舞台上上课,下面听课的老师有上千人,看得出学生心情有些紧张。

上课伊始,孙老师笑容可掬地走上了讲台,同学们以惊奇的眼光看着教师。孙老师扫视一周,宣布"上课",师生互致问好。礼堂顿时鸦雀无声,包括听课的老师在内,人人都屏住了呼吸,学生当然就更加紧张了。

师:同学们,你们知道我姓什么吗?

生:不知道。

师:我和齐天大圣孙悟空一个姓,姓孙,你们知道孙悟空有什么本事吗?

生：会七十二变，会翻筋斗……

师：孙老师有孙悟空本事那么大吗？你们想有孙悟空那么大本事吗？

生：想。

师：谁来介绍一下自己？（请三位同学上黑板写名字）为什么叫这个名字？

生：（答）。

师：你们的名字都蕴含了父母对你们的期望，多好的名字，老师这儿也写个名字。

板书：落花生。

案例中孙老师巧妙运用结合自己的姓进行谈话，和学生拉近了距离，缓解了学生的紧张情绪，而且顺势引出课题，收到一箭双雕的效果。这实是教学互动的艺术，实是课程力强大的体现。课程力提升，教学互动艺术体现方式还有很多，诸如教师能巧妙运用教学思维，创造性地开拓学生的发散性思维，积极引导学生在趣味性问题中提高积极性。

链接1—12

在《小马过河》第二课时，我先列了几个数学算式：1+11=1，4+3=1，1+29=1，9+4=1。同学们很是好奇，语文课怎么讲起了数学还是怪式子？我提示学生这些式子成立么？在什么时候成立？我们转换一下思维，在时间上……学生们很快就得出了一个月加十一个月等于一年，四天加三天等于一星期，一天加二十九天等于一个月，九点过四小时就是下午一点，我因势利导，如果你是那小马，听到老黄牛和小松鼠的话后，应该怎么想呢？它们有什么不同呢？学生们就积极地发表自己的见解了。

（摘自王东升《素质教育论坛》）

案例中王老师巧妙运用数字在不同环境下的不同含义，引发学生的探究兴趣，充分调动学生的积极性，这就是课程力强大后的表现。

教学调控细节

在课堂上，总会发现许多意想不到的事情，诸如电脑、投影等突然故障，授课过程中来自学生的偶然性问题等。毕竟，课堂是一个动态生成过程，如何应对这些问题，只要教师在课程力提升中加强教学调控艺术修炼便能予以解决。

链接1—13

特级教师杨丽娜在一节口语交际课《师生情》的教学中，请学生们谈生活中的一件事来体现师生情，杨老师以记者采访的形式请同学说。正当同学们争先恐后畅谈自己生活中经历的那段感人的师生情时，一位学生突然站起来要反过来采访杨老师。杨老师沉着、冷静，欣然接受这位同学的采访，将计就计，声情并茂地为同学们呈上一篇优秀的"下水文"，激起了又一个教学高潮，大家深受感染，发言更加踊跃了。

（摘自刘显国、孙春成《初中语文课堂教学艺术》）

杨老师在课堂预设中肯定没有预计到学生会突然来这一招，这时杨老师发挥她极强的教学调控能力，将计就计，反而把课堂推向又一个高潮。可见课程力提升是何等重要，课堂调控艺术是何其重要。面对突发性问题，没有课程力的修炼是很难沉着与冷静的，只有拥有强大的课程组织力才可能化腐朽为神奇，把学生、课堂向好的方向引导，通过实用性和艺术性的有机结合，让课堂有效并高效。

教学细节的处理，反映出教师课程力水准，折射出教师的追求，处处是教师思想的具体化。对细节加以处理，让课堂每一个细节都充满教师的艺术，这应是教师课程力提升过程中的永恒追求，也是不同层级、不同维度上的追求。值得注意的是，对于通过细节体现艺术性的要求，不只是反映在某一教学的某一时间点上，在课程力提升的过程中应是一个循环的能被感觉到的过程。

教学风格所至的最高层级

教学艺术本身就有层级性。来自高效课堂的艺术性也是如此。不知人们发现没有，当一个教师课程力提升后，他的教学艺术自然会达到较高水准，也自然便会呈现出一些带有个性化、倾向性的有代表性的面貌。

课程力提升，形成独具特色的教学艺术风格是每个教师应有的自觉追求，教师要有"乐教"的积极精神，把教学作为一种艺术性的事业来认识和追求，是每一位普通教师所应有的观念。把课堂教学上升为教学艺术追求,教师每每能享受到创造性的乐趣,这种乐趣能更加强化教师对教学艺术事业的追求,教学审美需求带给的感染力,更会带给专业素养修炼中的良性循环,反映自我特有的思想、情感、审美理念等。

教学风格的形成需要经历长时间的修炼。虽然教学风格形成后带有一定同一性特征,但这并不妨碍一位教师教育教学思想的形成达到较高层级。如特级教师斯霞的教学质朴、亲切、貌似平淡而用心颇深,形成了"于质朴中见真功夫"的教学风格,是与她强烈的乐教爱生的事业心分不开的。她为了孩子们精心设计每一课教案,求教内行,查找资料,找标本、家庭访问……这样才形成自己独特的风格和艺术。有一次,仅仅为了让孩子们形象理解"格外鲜艳"这个词,在课堂上她就设计了如此精心动人的演示:将一支事先准备好的红蝴蝶结在讲台上拿出,与黑板做了映衬后,迈着轻捷的步子,走到沐浴着阳光的窗前,将红蝴蝶结戴在自己头上,然后笑盈盈地用清晰可亲的普通话问全体孩子:"现在,这红蝴蝶结的颜色怎样?""格—外—鲜—艳!"孩子们齐声回答。斯霞老师笑了,她收到了预期效果。许多年过去,斯霞去外地讲学,一位曾听过她讲课的青年教师,紧紧握着她的手说:"斯老师,您讲的'格外鲜艳',使我至今难忘!"这是多么高超的教学艺术啊!

教学艺术风格的形成标志着一个教师教学艺术的高度成熟,或者说教学艺术的理想境界乃在于形成个人独特的卓有成效的教学艺术风格。那么,如何促使课程力提升,让每个教师在不懈追求教学艺术的过程中,逐步形成自己的教学风格呢?

▲勤于向高效课堂学习

"方法来自智慧,智慧来自学习",课程力提升是永远的内功修炼,是提升自我素养最重要的方式之一。学得多了,看得多了,自然地,我们便会厚积薄发。

一是多读书。读书有助于培养教师对课程(产品)品味和鉴赏力,培养出具有伟大的课程力。当人们在努力提升自我的课程力的过程中,如果能够与历史上伟大的人物对话,则会产生时间和空间上的"穿越感",激发内心对课程创生的向往和崇敬,并确认自己已有的直觉和洞察力,促进自我获得更多的课程生产体验。

提升课程力需要读多方面的书,包括阅读专业理论、专业知识、通识知识等多方面的书籍。人们在借鉴阅读提升自我课程力的过程中,一定要阅读经典才行。选择经典的标准往往需要根据自我课程需求而选择,看前人在探讨类似问题时形成了什么著名的有新意的理论,哪些课程建设对自我课程力提升具有借鉴作用,对自我的课程建设起到"探照灯"和"脚手架"的作用。前人的课程建设往往会为我们后续的践行提供必需的"前见",帮助我们在形成课程产品的概念框架,找到有价值的视角和方向,以增添我们对课程生成的独特理解和领悟。

二是多请教。"三人行,必有我师焉。"每个人既有优点也有缺点,课程力提升,如果我们能够主动地走向高效课堂,学习到每个老师的操刀技巧,并结合自己的实际学习体会,向优秀靠近,自然便会成为一位优秀的教师。我们可以向同科组老师学习,从备课到上课,细心观察他们的言行,择其善者而从之。一般来说,一学期可以选听几节课,并参照自己的授课予以改进。还可以向不同科组老师请教,可以学习他们备课的态度,上课的特点,汲取他们在组织课堂等方面的优点。甚至利用一切机会向高等院校靠近,以获得他们信息与理念的支持。

三是多利用网络。在网络如此发达的今天,课程力提升完全可以通过网络把很多的高效课堂找出来。网络是一个开放的世界,我们通过网络,一则可以整合优质的教学资源;二则可以通过论坛、博客学习大量优秀教师的心得体会,教学经验。三则可以通过网络,加入一些专门的研究群进行专门的网络学习。通过网络,我们既可以和一线老师自由组织研讨学习,又可以和名师近距离接触学习,这对提高我们自身素质能起着极大的作用。

▲**勇于教学实践**

走向高效课堂,实现自我的超越,提升课程力,因"我"在课堂上彰显艺术。"纸上得来终觉浅,绝知此事要躬行。"陆游这句名言流传至今,依然振聋发聩。

"实践是检验真理的唯一标准。"艺术来自智慧,智慧来自学习,同样也来自实践。一个只会纸上谈兵却不愿意付诸实践的老师是难以成功的。提升课程力，需要我们不断通过教学实践，把学到的充满艺术性的方法技术运用到自己的课堂上，并通过检验，结合自身的实际不断完善和改进，才有可能走出属于自己的教学之路，才有可能达到成功的彼岸。

▲善于教学反思

"没有反思的教育是失败的教育，没有反思的人生是苍白的人生。"勤于教学反思、善于教学反思，是赢在课堂的一大法宝。国际流行的教师成长公式：成长=经验+反思。波斯纳说："20年的教学经验也许只是一年工作的20次重复；除非善于从经验和反思中吸取教益，否则就不可能有什么改进"。叶澜教授曾指出："一个教师写一辈子教案不可能成为名师，如果一个教师写三年教学反思，就有可能成为名师。"可见，课程力提升中，教学反思对教师的成长何其重要。

课程力提升中，通过教学反思我们可以找到教学的不足，总结出优秀的教学方法，可以沉淀我们的教学经验，锤炼我们的教学艺术，不断完善课堂，提升课堂，让自己的课堂高效起来。杜郎口中学作为一所曾经没落甚至可能被淘汰的学校，今天之所以能声名鹊起，为世人所瞩目，其中一个重要原因就在于他们富有反思精神，不仅教师善于反思，学生也善于反思。走进这个校园，你将会随处发现反思的踪影，老师对课堂教学的反思，学生对课堂学习效率的反思，做得非常到位。毋庸置疑，这样的学校，不成为名校也难，这样学校的老师，不成为名师也难。

教师是一种职业，教学可以成就我们的事业。用自己的心去呵护自我的课程力，用心去铸就自我的思想，才能让课堂因"我"课程力的强大充满美的享受，才能让课堂因"我"充满幸福和欢乐，才能让自己的教学事业青春永葆，才能因课程力而让精品课程生成。

第二章　课程效能意识
——兼谈学生需求

题记：高效课堂如果没有融入课程力提升后的效能意识，永远不可称其为高效课堂。高效课堂的课程力提升必须包括教师之学和学生之学"双学目标"的达成，才可称具有效能意识。

教的目的是什么？有人认为可以有两个答案：为了教师的发展，或是为了学生的发展。事实上，课堂教学的目的可以有多个，而不少教师教的目的只有一个——教是为了学生的发展（教师没有指望从教中得以发展）。但来自高效课堂的目的，如果说还有为了教师专业素养的提高，则必须有专属于自我的"教师之学"，所以必须是带有"研"这一出发点的教学，"研"中"备"，"研"中"教"，"研"中"学"，"研"中"思"（教中反思和教后反思），如此，才可能在"学生之学"的基础上和过程中达成"教师之学"，从而切实促进教师的发展。

目前，不少课堂教学目标不明，教与研虽然可以异曲同工，然则往往偏废，忘记了根本——促进师生协同发展。在不少课堂中，有人宣称自己的教学属于高效课堂，然而，其表演艺术的展示、策略的选择和方法的运用全站在教师的角度来考虑。这就是本末倒置、脱离真正的教育教学对象的做法，是收效甚微的，是表面繁荣的假课。肯定地说，这样的课堂没有课程力提升，没有教学效能可讲，或者说，上这样的课堂，教师课程产品的生产力低下，课程力不可能得到真正的提高。这不仅会让宝贵的课堂时间在不经意的折腾中白白流逝，还会因无所获而让学习热情渐行渐远，教学的生机消失殆尽。

"学"植根于"教"，"教"服务于"学"，是课堂中提升课程力的基本途径。高效课堂中，有师生双学的同时存在，绝对不会出现有了教师的学却忽视学生的学的存在，更不会因有教师的学严重影响学生的学的现象发生。师生之学能否在课堂中得到检验，是判断其专业发展的直接办法。满足师生学习之需的课堂才是心仪的课堂，才是生机灵动的课堂，才是收获累累的课堂。

我们教学应增添效能意识，呵护学生的同时，呵护授课中的教师自我，让课堂成为师生的需要。在课堂教学中拥有课程力提升的效能意识，是新时代教师永远的责任，也应该是我们永远的追求。

第一节　效能总是反映在需要上

高效课堂中，不管有多少目的，学的目的应该是专一的，包括教师的学，包括学生的学，包括这里提出的"效能总是反映在学生的需要上"，以及后面小结中提出的"效能总反映在教师的学的需要上"，两者都不矛盾。就像人有双手一样并不矛盾与冲突，并且只有专一和协同，才可能真正通过课程力提升达成课堂高效。

因材施教是一个古老而经典的话题。因材施教只是一个教育原则，一个教育理念，在课堂中教学能将其细化到具体的流程上，能将其细化到具体的学习上，才可能真正达到对每一个学生教得有效。通过对大量高效课堂的观察发现，只有关注学生学情的课堂，才会让课堂中的学生学得专一，才称得上是还课堂于学生，才称得上是因材施教的课堂，才可能佐证课程力提升达到教学相长，通过课程力提升为学生发展做好保障。

兵法云："知己知彼，百战不殆。"也有语云："物以稀为贵。"其实，对教学来说，有需求的东西才是最值钱的东西，是"教以需为贵"，课堂教学是没有硝烟的战场，学生所学如何，从了解学生的学情开始，从了解学生的内心需要开始，从给予高峰体验开始，只有教师课程力提升才可能真正给课堂把脉。在此，我们将从研究学生之学开始，以课程力提升为前提，全面阐述教师之学与学生之学的协同之理。

学情是课堂教学的出发点

无论是何种学科的教学，也无论是哪种方式的课堂，教师之学如果没有建立在学生的学情之上，没有让学生学得专一，都不可能取得很好的效果。反观那些成功的课堂教学，往往在于课程力提升才让学生学得专一，往往脱离不了建立在学生具体的学情基础之上这个事实。

双学目标的达成可从关注学情开始。学情，是高效课堂教学的晴雨表，是高效课堂效能的温度计。脱离了学生的学情，教师的教学将无以达成春风化雨，无法收获累累硕果。课堂，教为了学生的学，是为了让他们学得专一，它是学生的课堂，学生是课堂的主人，是学习的主体。如果没有学生学情这一基石，课堂教学将成为空中楼阁，赢在课堂的宣言也将成为一纸空文。实践告诉我们，在课堂教学中提升课程力，教师要做到深入了解学生的现有知识水平、学习兴趣、学习要求、学习意见、学习态度、学习能力、学习效果以及年龄特点、生活经历、活动范围等。教师建立效能意识，只有在这种基础之上展开的教学，才有可能做到有针对性，才有可能做到因材施教，才有可能让有效教学在课堂之中得到落实，才有可能真正赢得课堂。

链接2—1

一节课的两种教法

有一位老师的一节数学课是这样上的：

教师首先通过课件向学生展示了生活中的平移现象，又组织了一个平面移图的游戏活动，然后对学生强调："像这样的平行移动，简称平移，它是由移动的方向和距离所决定的。"下面的学生就忙着在书上做记号或记笔记。

随后，教师带领学生对平移的定义进行分析，分析出方向和距离是平移的两个要素，进而通过具体问题寻找和识别平移中的对应点、对应线段、对应角、平移方向、平移距离，并且解决了一些平移的作图问题。

这节由教师精心设计的数学课里蕴含了许多新课程元素，如从生活实例出发、动手操作活动，等等。

教师也采用多种途径帮助学生理解平移，使知识点得到了落实。

然而，在这节课上，学生究竟得到了怎样的发展？带着这样的疑惑，反观这节课学生要解决的最后一个综合性题目——用授课教师的话说是"本节课的能力题"：如下图，一艘小船经过平移到了新的位置，你发现缺少了什么吗？请补上。

课后，有听课者问授课教师："如果没有这节课，学生们能完成这道题吗？"授课教师给出了肯定的答案。而在另一个班的调研也表明，班上的所有学生都能顺利完成这一问题，并且采用了多种不同的方法。

正如《学记》上所说："知其心然后能救其失也。教也者，长善而救其失者也。"这节课应该说是一节没有达成高效的课堂，既没有"长善"，也没有"救失"，课堂教学中暴露了这样的问题：

一是，不了解学情。从本课的教学效果看，老师在上课之前没有很好地了解学生具体的学情，没有对知识的产生过程进行深入思考，没有了解学生的已有知识、能力、方法和态度等。

二是，教学重点不突出。正因为不了解学情，所以教学往往没有真正的重点。很多时候，教师教的内容学生本身就明白，而恰恰是学生不明白的需要老师讲解的地方，教师又没有讲到。这样的课堂基本上就是无效课堂。这样的课堂在我们现实中还普遍存在着。

同样一节课，教师课程力水平的不同，其效果就会截然不同。诸如，要是在进入课堂之前便已经了解学情，定然会有不同的教学思路和角度，其教学效果也会不同。下面，还是以"平移"概念为例，来分析另一教师是如何处理"教什么"和"怎么教"这一问题。

首先，教师会避免从概念本身出发，而是先从对平移现象规律的总结，即图形与图形、线段与线段、点与点、距离与距离、方向与方向之间的关系出发，帮助学生更加科学、全面地认识平移。

其次，对于有的学生来说，他们理解平移主要是从直觉出发，但无法进行从图形到点、到线、到距离、再到方向的有条理的、更细致的分析。他们需要获得的是细致的分析思路和方法，即逐渐明确分析几何现象和问题的关键点。

再次，对于另一些学生来说，分析也不是难事。他们需要思考的是：如何将自己的认识用比较精炼的语言表达出来？数学中的概念是怎么产生的，如何给概念下定义？通过这一思考过程，学生对知识的产生过程会有全面的认识，能获得"数学知识的产生是朴素的，我也能创造数学知识"的感受。

有了这样的分析，再来思考教学活动的设计，教师可以先从解决具体的问题开始，让学生结合自己所做的图以及生活中的认识思考：在数学中"什么是平移"？当"平移"成为数学的研究对象后，它的数学本质是什么？如何用数学的方法对平移的概念进行组织？这些问题承载了数学学科的基本结构，蕴含了概念以及原理赖以产生的机理，也包含了概念的探究程序和方法，能够给学生以"产生知识"的愿望、冲动和方法上的启示，因而也会让学生比较深入地理解学习的内容，并为今后继续深入学习打下基础。

走向高效课堂，双学目标的达成，学情是教师课程力提升后建立效能意识的基础，是建立在教师之学的拓展之上的，是进入高效课堂的出发点。从上面的案例可以知道，只有建立在课程力提升、学生的学情基础之上的课堂，才能真正呵护学生，才是真正有效能意识的课堂。提升课程力，我们建议：

一是落实学情，教有所需。只有落实了学生学情的课堂，才可能真正了解学生所需，然后针对学生的需要进行有针对性的教学，让学生学得有趣，学得积极主动，且充满能动性。

二是因材施教，学有所得。为学所需而教，教为学服务。如果课堂教学做到了落实学情，教有所需，就能够真正实现因材施教，这样的课堂教学就能够真正让学生从知识到方法到能力等都能学有所得，学有所长，学有提升，学有发展。这样的课堂教学也就能真正实现优化和高效。

学会看学情，为课堂高效探路

进入高效课堂，通过课程力提升提高效能意识，既注重教师之学，也呵护学生，让学生在课堂上得到关照，让学生这一主体地位在课堂教学中得以显现出来，特别是让教师所有的行动都为了学生的学。学会看学情是课程力提升的体现，是课堂达成高效的关键。其实，在我们的课堂教学中，如果用心呵护学生，如果教师的教学能够真正从学生这一角度出发，真正以学生的学习为教学的中心，我们所说的因材施教就会切实得到落实；也只有真正做到提升课程力，真正做到因材施教，我们的课堂才能真正实现"为了一切学生，为了学生的一切"的教育宗旨。因此，我们可以这样说，适合学情的教学才能达成高效课堂的目标，学会看学情，就是在课堂教学中学会看路。

走向高效课堂，我们发现提升课程力、关注学情、全面提高效能意识，可以从以下几个方面入手：

▲通过行为观察了解学生的学情

行为观察是指教师在课堂讲授或指导学生学习的同时，有目的、有计划地对学生进行观察、了解和研究，以获取教学反馈信息的一种方法。这是了解学生学情的一个很重要的途径和方法。提升课程力，关注学情，学会与学生打交道，需要学会练就一双慧眼，洞察幽微，学会在具体的教学活动中了解学生的学情。能根据学生在学习过程中的每一举动，每一言行，判断他们在学习进程中的得失和困惑，然后根据具体情况对自己的教学进行调整。

在具体的观察过程中，教师要重点关注自己的教法是否适应学生的需要，组织形式是否最大限度地调动起了学生学习的积极性和主动性，学习内容的难易度是否适合学生的接受能力，学生对教师的教学态度有无反感等，并根据这些信息，综合归纳，及时对自己的教学行为和方法作出调整，以减少无效劳动，提高教学效率，优化教学效果，确保教学活动的有序有效。

▲通过对学生发言情况的观察了解学生的学情

学生在学习的过程中，思维、精力的投入程度和对所学内容的理解程度，会通过他们自己的语言反映出来：学生兴趣高涨时会激昂陈词，积极参与课堂讨论，积极思考回答问题，大脑始终处于兴奋状态，遇到异议时会提出质疑；学生如果听不懂所学内容，或对教学活动不感兴趣，就会表现得沉默不语，或者在下面窃窃私语。教师可根据学生回答问题的语言反馈，及时了解学情，判断学生对于所学内容的掌握及理解情况，再根据这些判断，及时调整教学，调整标高，从而提高课堂效率。

▲**通过对学生动作情况的观察了解学生的学情**

处于学习状态中的学生，有很多的体态动作可以折射出他们的学习状况。有些学生对所学内容听不明白的时候，就会表现出眉头紧皱的痛苦劲儿，个别学生甚至还会有坐立不安、抓耳挠腮的动作；如若不在学习状态，思想开了小差，就会时不时地东张西望，目光游移；如果对所学内容根本没有兴趣，或者根本听不懂、不想听时，就往往会顺势趴在课桌上，无精打采或进入睡眠状态；相反，如果他们进入了积极的学习状态，而且对老师的教学很感兴趣的话，就会表现出很亢奋的样子，一些学生甚至会手舞足蹈，目光灼灼，显示出盎然的思维激情。

▲**通过对学生表情的观察来了解学生的学情**

表情、情绪是学生学习的晴雨表。若学生对所学内容听得懂、有兴趣、学得轻松，就会面带会意的笑容；若学生对老师教学不感兴趣，学得吃力，或是有不明白的地方，就会表情呆滞，目光无神，情绪低落等。

教师在具体的教学过程中，如果能够根据学生的这些表情，及时准确地作出判断，及时采取调控措施，调整自己教学方式、教学进度以及教学态度，就比不理不闻学生而单凭自己一厢情愿地唱"独角戏"的效果要好得多。而且能够在促进双学目标达成的同时，让课程力得以提升，让课堂呈现高效的态势。

▲**通过作业反馈了解学生的学情**

作业是检查学生学习效果的一种有效方式，教师可以通过对学生的作业批改发现学生学习中存在的问题，了解学生的学情——学习态度、学习效果和思维误区等，并针对这些信息，及时调整教学思路，调整后面的教学内容、方法和策略，因材施教，弥补教学不足。如有的学生的作业整洁规范，方法得当，解题思路流畅，步骤清楚，这就显示出学生对所学内容掌握较好，落实到位；有的学生的作业涂改较多，说明对内容掌握不好，或者熟练程度不够；还有个别学生的作业马虎潦草，敷衍了事，甚至有抄袭他人的嫌疑，这可以反映出学生对所学内容掌握不好，思想懒惰，学习和作业状态不好等。

▲通过问卷调查了解学生的学情

问卷调查也是了解学生学情的一种形式。教师定期、不定期地开展有目的、有针对性的课堂效果调查，也是一个目的非常明确，操作方法极为简单的了解学情的好途径。教师可提前设计一些具体明确的问题，这些问题尽量做到详细、全面，既有广度，又有深度，让学生围绕这些问题，结合个人实际情况，如实反馈自己的学习状况、学习态度、学习效果以及对教师希望及建议等，如：

你对老师课堂教学方式有何看法？

你对教学目标有何建议？

你在学习过程中还存在哪些疑问？

你对目前的考练形式有何要求？

……

这些问题既可以用问答题的形式出现，可以列出若干的选择项让学生选择，还可以给学生留出足够补充的地方，让学生畅所欲言，以达到更好的了解效果。教师对于这些调查问卷，要认真分类归纳，尤其是要注意学习程度不同的学生对于同一问题的答案以及学习程度相同的学生对于不同问题的答案，这些都是极为宝贵的第一手材料，对于学生学情的了解、对于自身教学情况的调整，都有着极为重要的参考价值。

▲通过师生交流了解学生的学情

学生待在学校里的时间都要比待在家中的时间长。作为与学生朝夕相处的教师来说，有很多与学生沟通交流的时间和机会。所以教师要尽量和学生建立朋友式的关系，对学生的学习和生活给予更多的关心和关怀。教师要放下高高在上的架子，俯下身来多和学生进行思想交流、感情沟通，以和谐师生关系，及时了解学生的学习状态、思想变化，并根据实际情况，进行有效的解决和落实。

了解学生学情的方法和途径有很多。对新入学的新生或刚接任的新班级，通过摸底测验了解他们学习的实际情况，以检查学生对基础知识、基本技能掌握的情况以及灵活运用所学知识解决问题的能力；通过查阅学生的"入学登记表"、学生手册以及学生过去做过的作业、试卷、笔记本等来了解学生的学习情况；认真做好考试后的试卷分析，从基本知识、能力、知识和技能的运用等方面进行分析、研究，从而发现学生思想行为和学习过程中存在的问题，并考虑相应的措施及解决办法。

总之，要想通过课程力提升，在课堂教学中建立效能意识，要想双学目标真正得以达成，要想赢得课堂，要想让课堂说话，要想达到课堂的高效，就必须把学情的关注点全集中在学生的需求上。也只有教师能真正促进课程力提升，树立效能意识，才会自觉地呵护课堂，让课堂里的学生说话，给予学的效果的保障。教师需要在教学实践中，自觉地多留心、多观察、多反思、多总结，全面地了解学生的行为举止、思想情感、学习情况等，才会提高以教促学的针对性，提升课堂教学质量。

第二节　教主要是为了学生发展

高效课堂中，教师的教促成学生学得专一才不会浪得虚名。学得专一才可能发展，包括教师的发展和学生的发展。只不过，对于课堂而言，教师的发展与学生的发展其属性有着层级的不同，二者代表课堂教学中的两种生产性属性，学生发展是第一生产属性，教师发展是第二生产属性，第一生产属性是课堂效能形成的保障，第二生产属性是课堂效能形成的基础，没有第一生产属性（学生的发展），第二生产属性（教师的发展）便会失去其意义。

走向高效课堂，提升课程力，达成双学目标，我们必须明确：只要是横向的教，其目的只有一个——为了学生的发展，不为了教师的发展。由教转向促学，最大的困难在于传统的教的权威性受到严重的挑战，相伴教的权威性下降，学的主体地位上升。呵护高效课堂，心中就得有学生。它是课堂成功的根本，是确保教的目的达成的保证。让课堂说话，体现"教服务于学"这一主旨，体现"学生为主体"这一中心。一句话，课堂上所有的教都是为了学生的学。同时也应该明白，教师之学促进课程力提升并不与教只为学生发展相矛盾，因为它们是两个不同的维度。

课堂上教主要是为了学生发展，心中有学生，教学才会合目的性；心中关注学生，教学才会有针对性；心中呵护学生，才会收到真正的课堂教学效果。在有的课堂上，依旧存在教的目的不明的现象，让教师的学与学生的学混淆。如果教师只是一味地考虑自己的教学行为和方式，而不考虑学生的接受态度、接受能力，不关注学生的思维和情绪状态，也就是说，很多课堂因为教师的学影响了学生的学这一学习主体的存在，其课堂效能已经大打折扣，在这样的课程中提升课程力也只是一个假象，自然也并非有专业素养的真正提升。因为，这样的课堂充其量只算是教师一个表演的舞台，无论教师的表现有多么的投入，多么的精彩，其课程产品生产力低下，注定逃脱不了低效的宿命。

教得好不好关键看学生学得好不好

课堂教学的教，是教师专业理念、专业知识和技能等的综合体现，抛开教师之学这一目标，其更大目标在于课程力提升，在于学生之学目标的达成。全面追求高效课堂，对于高效的定位，学生之学的效果才是所采用的依据。

打破传统的教育学双主体地位，我们更应该看到教学中"双学目标"的建立，即教师之学和学生之学目标的建立，是课程力提升而达成课堂高效的保障。但我们更应该感知到，双学目标的定位是当前课堂教学中感觉困难的事。"双学目标"的存在带给课堂无数的困惑，只有分别给予解决，课堂教学才可能真正实现高效。其实，对于具体的课堂而言，只有分清了双学目标的层级问题，才可能真正解决困惑。

"双学目标"并不是对传统教学目标的否定，相反，更是为达成"学生之学"单一目标发挥助推作用。课堂上的"教"主要是为了学生发展，教得好不好关键看课程力提升后学生学得好不好。为此，在教学实践中，充分考虑学生这一学习主体的地位和作用，充分考虑学生的知识水平和能力需求，充分考虑学生个体和个性发展的需要，充分考虑学生多层次的渴望和需求，才可能为达成"教师之学"起到奠基作用。否则，学生成为课堂的主体只能沦为一句空话，"教师之学"也会失去意义。

打造高效课堂，提升课程力，教师心中必须先有教师之学，而后再有学生之学，才可能真正地还原课堂的本真，教学才会有真正的意义，教育才是最美丽的。

链接2—2

老师让学生吃葡萄

有一名教师在讲授人教版第三册《酸的和甜的》一课，其教学情景如下：

教师在进行新课导入时，除了播放满架的一串串的葡萄录像外，还准备了一盘新鲜蜜甜的葡萄，让每一个小朋友吃一颗。当教师将葡萄盘送给台下的学生时，引发了小朋友迫不及待、争先恐后的场面。既满足了孩子们追求新奇、好动的心理，让孩子们兴高采烈地吃葡萄，兴趣盎然地进入课文学习，也为课文中理解"迫不及待"这个成语做了场景和情绪的准备。当教学过程中教师问小朋友"小猴子为什么迫不及待"时，他们都知道是因为小猴子太想吃蜜甜的葡萄了。教师问学生："我们刚才为什么也迫不及待了？"课堂吃葡萄的场景就会重新出现在小朋友的眼前。他们知道自己拿葡萄的时候也是迫不及待的，这样迫不及待是因为怕迟了自己吃不到。

上面的案例告诉我们，只有教师课程力强大，教得巧妙，学才会自然生成，才会学得真实和扎实。学生学习的高效绝对离不开教师专业修炼过程中"教师之学"的修为和展露。

▲心中要以"学生之学"作为主体

教什么、怎么教，学什么、怎么学，"准备怎么教""正在教什么""学生正在怎么学"，教师在教学中的主导地位不能否定，但由于人们对于发挥主导地位的作用表述含糊，才致使"双学目标"难以和谐统一。从这一案例中，我们便能感知到，课程力提升后，由于教师充分考虑到学生的内心感受和需要，心中有学生这一学习主体的存在，同时凸显"学生之学"，自然地便打开了这节课的切入点，"学生之学"（尤其是以切身体验来理解"迫不及待"）才显得自然和有效。

▲学生之学的最高境界是回归生活

课堂教学本身就是特殊环境里的一种生活，一种生存方式。教学时，课程力提升才会遵循学生的年龄特征，尊重学生的人格，保护学生的兴趣爱好，才可能促进学生快速进入有效或高效的学习之中。

打开学生主动学习的闸门，方法有很多，在课堂教学时能和学生的生活联系起来，便是有效的方法。案例中的学生不但迅速地理解了"迫不及待"的本意，还能快速地与自己的生活联系起来："爸爸妈妈带我去哈尔滨，我迫不及待地走上飞机。""夏天到了，我一个人去上兴趣班，回来的时候，因为天太热了，我迫不及待赶回家去享受空调。""上次，妈妈的同学从德国给我们带了些饼干，我迫不及待把它抢过来吃。"这种达到举一反三的效果，能言学生之学低效吗?

课堂教学要做到"学生之学"的专一性

在课堂教学中，要真正让教促进学，这是课堂教学的基本目的。教师只有通过不断地实践，不断地总结经验，并在不断地反思总结与实践中，才能做到"学生之学"的专一性。在我们平时的课堂教学中，往往注意的是"我所教""学所学"这一中心，而很少关注和研究"学生之学"的专一性。很少会从"学"的专一性这一角度来考虑问题，考虑自己的教学。甚至一些教龄不短的教师，很多时候却是教没有促进学。事实上，教师教是课堂教学永恒的常规性动作，教与任何人的学都不矛盾，课堂教学只有真正从学这一角度考虑，只有真正地考虑到教是为学服务的这一目的，才可能有教学效果的真正生成。

在课堂教学中提升课程力，尽在呵护学生，讲究效能和"双学目标"的分明，这是一个非常重要的理念。让教促"学生之学"的专一，通常有以下几个策略：

▲充分考虑学生心灵世界的需求

链接2—3

"huái"与"huí"

有位教师上《槐乡的孩子》一课。出示课题后，教师请一位学生朗读课题。

谁知这位学生将"huái"读成了"huí"，引来其他同学的一阵哄笑。于是，这位教师问："你们为什么笑啊？"学生一起高声回答："他把'huái'读成了'huí'。"看着学生一个个兴奋得意的样子，教师却显得异常平静："这个字确实很难读对，我以前也老是读错。不过我要说的是，当同学出现错误时，我们该怎么做呢？"

"帮助他。"学生一起大声回答。

"谁来帮助他呢？"教师追问道。

一个学生立刻站了起来，对着教师说："这个字应该读'huái'。"

"你是想帮助我吗？"教师笑着问。

学生恍然大悟，立即转过身来，面对刚才读错的同学说："这个字应读'huái'。"可那位学生似乎并不领情，只是淡淡地应了一声。

"你觉得这样说他能愉快地接受吗？"教师进一步引导。

"他好像不是很愉快。"

"那你觉得该怎么说呢？"

学生若有所悟，再次转过身来，说："我觉得你其他地方都读得很好，就是这个'槐'字需要努力一下。这个字应该读'huái'，而不是'huí'。"

"谢谢你。"

"我们一起来读一读好吗？"

"好的。"

于是，在一种轻松平和的氛围中，两位学生用稚嫩而纯真的朗读博得了周围所有听课者的一片掌声。

由此可见，在生生互评时，教师不仅要引导学生发现他人的问题与不足，同时，还要告诉他们如何用欣赏的眼光去寻找他人的长处与优点，并用恰当而巧妙的语言让他人愉快地接受自己的建议。上例中，正是因为教师机敏睿智的引导，才避免了一次哄笑带给孩子伤害；也正是因为教师诚挚和谐的伴奏，生生之间才弹奏出如此美妙动人的生命乐章。

(摘自2010年2月24日《教育时报·课改导刊》)

教育是学生"心灵之旅"的过程，即学生通过教育产生"心灵的经历"和"心灵化的过程"。全面提升课堂教学效能意识，让学生在教育中获得真实生命的成长，学会生存和生活，明白如何做才能让自己的生命从成长中提升价值。任何无视生命的生长性的存在，一味规定、限制学生的生命潜能和活力，让学生的生命成为自己意志的体现或自己生命的延续，成为促进"教师之学"这一唯一目的，都是对生命的摧残，对心灵的扼杀，对自尊和人格的蔑视，这样的教学缺乏起码的道德准则。

考虑到学生心灵世界的需求，做好课程力提升的准备，我们必须做到以下几个方面：

一是尊重学生的尊严、情感和人格。课堂教学中，教要尊重学生的意愿、需要和追求，保障他们的人格、自尊与自由的权利，这是心中有"学生之学"达成专一性的最基本的要求。没有对学生人格的尊重，就不会有对学生心灵世界需要的考虑，不可能有激发其学习积极性的体现。

二是尊重每个学生个体和个性方面的诸多差异。俗话说，十根指头难一样齐。班上的学生，由于种种原因，总存在着这样或那样的差异。高效的课堂，学生之学并非是整齐划一的，学生也并不可能得到一致的发展，但只要是人人都得到属于自我所学，人人都在成长与发展，才可称真高效。在课堂教学中，我们要创设自由、开放、包容、合作、进取、诚信的良好教风和学风，创设自由探究和共享知识的宽松、愉悦的环境，尊重学生的个体和个性差异，让每一个学生都能充分发挥自己的潜力，这才是教师课程力提升之后施展自己才华之举。

三是给学生高质量的教育服务。在教学过程中全面提升课程力，我们需要针对学生的实际，一切以学生之学为出发点，设计相应的教育内容，以适应学生自身发展的要求；我们把课堂建设成为学生心灵健康发展的实验室，为学生进入多元文化环境提供指导、支持和帮助，以保证处于多元化文化课堂中的所有学生都能获得成功；我们要使学生时时产生新鲜而积极的体验，以促进心理的健康发展，确保心灵的蓬勃自由，体现学习的社会价值和个人价值的统一；我们要开启学生的固有灵性，挖掘学生的智慧潜能，发展学生的学习动机、学习兴趣、学习情感、学习意志等个性特质，促进学生健康成长和全面发展，让学生的学习过程真正焕发出生命的活力。

▲充分考虑学生对知识与能力的需求

在教学过程中，考虑学的专一性，需要我们围绕课程力的提升，全面把握学生已有的经验及知识结构，切实把握学生在此时学习中的需要，把握学生在知识学习与能力发展上的需求。

链接2—4

让"死知识"真正"活"起来

特级教师于永正执教《七颗钻石》一课时，先是工工整整地把生字词写在黑板上：喜出望外、焦渴、干涸、一瞬间等，并将这些字词的理解全部放在具体的语境中，很好地体现了结合上下文理解词语的思想。但是，学生会读了、理解了，这些词语仍然只能作为具体的知识积累在学生的知识系统中，好比是将它们存入知识的仓库中。

存在仓库里的知识只能是"死知识"，只有将"死知识"经常运用，让它们周转起来，成为后续学习和解决问题的基础和支撑，这些"死知识"才能变成"活知识"。在深入理解课文后，于老师把板书的几个词语标上序号，启发孩子们说："词语只有在说话和写作中灵活运用，这些词语才真正属于你自己。请同学们试着用上这几个词语，并按照词语的顺序来讲述'七颗钻石'的故事。"有了这几个词语引路，学生就好比抓住了一条讲述的线，在简短的准备后，纷纷举起了小手。

著名教育家苏霍姆林斯基创造了一所"蓝天下的学校"，意在引领学生在自然中学习"活知识"，鼓励学生将所学知识在生活中运用，让"死知识"真正"活"起来。所以真正的学习不是让学生积累越来越多的知识,而是给学生创造机会,鼓励学生运用所学知识解决问题,让每个知识经过"活用"后真正成为学生自己的。

高效课堂中的知识是有生命的,当学生之学目的达成,就实现了他者向学生自我的转化;高效课堂中的知识是有温度的,当教师充满激情与智慧,实现教的生产性全面转化为学生学的生产力,学生之学就充满温情和温暖。让课堂成为学生成长的知识家园,是赢得课堂教学的一个基本标高。"知识建构要与学生个体世界紧密相连",应该视为现代教育学的核心内容。

充分考虑课堂教学的知识体系目标。达成学生之学的专一性,这是课堂教学知识学习中必须要明确的一个基本项。教师要提升课程力,就要能够充分研究教材、研究本节所教内容在整体教材中所处的地位,充分考虑所讲内容在编者心目中的意图和宗旨,充分考虑所讲授内容在彰显学生学习主体地位中所处的位置和影响,再结合具体的教学实际,确立客观具体的教学目标。没有目标的确立,课堂教学就会成为一只随波逐流的小舟,任意东西,而不会有一个理想之处让自己的教学得以停泊。只有目标确立,才能让自己的课堂教学本立而道生,纲举而目张。

充分考虑课堂教学的组织结构。如何才能让学生最大化地开展学习活动,最大化地掌握教师所讲授的内容呢?在这一点上,教师要充分考虑学生对所教学科知识的掌握程度、理解程度以及运用程度,要充分考虑学生目前还有哪些知识没有掌握,在本章节、本单元的学习中还需要落实哪些知识的学习,理清哪些知识结构,运用哪些方法和手段来完成这些内容的学习,只有将这些提前予以考虑,才可能组织好自己的课堂,才可能让自己的课堂教学目标明确,并有序地落实在教学之中。

充分考虑达成"施教于课堂,得利于课外"这一教学目的。学生对所学的知识,不仅仅是为了当堂当节的学习,更为重要的是,让学生学会学习,学会巩固,学会运用这些知识解决其他的问题,学会通过知识的迁移,达到能力的提升。这才是我们课堂教学的目的,也才是对学生知识需求的最好诠释。在这一点上,教师要充分考虑自己的课堂教学怎么才能做到让学生所学得以巩固,需要运用哪些经典的练习进行巩固,运用哪些例题进行拓展，怎样才能更好地让学生对所学知识进行理解和运用，从而让学生真正成为学习的主人，成为知识的主人，成为创造的主人。

▲充分考虑学生在现实生活世界里的需求

任何学习都是有目的性和思想性的，包括课程力的提升。若教学只为达成目的而没有促进新思想的建构，这样的教学依旧会感觉是冰冷的，不属于高效课堂的范畴。生命是生活的基础，生活是生命的显现，思想性是其最终的方向。教育要真正促进学生的全面发展，必然且必须走进学生的生活世界。

链接2—5

生活中的百分数

曾经有一位教师这样让学生学习百分数的意义：

师：请同学们完成下面这道题。

选择合适的百分数填空。

80%　12%　98%　100%　0.8%　20%　30.5%　68%　14.8%

校外小摊上的食品合格率仅为( )，而在那里买食品的同学却高达( )，经过教师的教育，( )的同学都认识到那里的食品不卫生，现在下课后只有( )的同学在那里买零食吃。

评析：用学生再熟悉不过的"小摊上买零食"这一生活问题作为本节课的第一个练习，这样把数学教学与儿童的生活实际紧密结合起来，不但使学生能巩固前面所学的百分数的意义，而且能真切地感受到数学就在身边，提高学生应用所学知识解决实际问题的兴趣和能力，还悄无声息地对学生进行了思想教育。

学习终归是直面生活的，学生学习的最终目的也是为了解决生活中的问题，为自己的生活增添活力，提升生活的品位。案例中，教师也正是基于这个出发点，让学生与生活链接，解决生活中的问题。

任何课堂都是带有体温的，任何知识都是思想的结晶。在这方面，澳大利亚的基础教育就有值得我们学习和借鉴的地方。

澳大利亚的基础教育十分注重与社会实践的联系，注意通过设立实践技能类课程培养学生的生活技能、动手能力、创新能力，培养能够适应现代社会发展要求的人才。在澳大利亚中小学设立的课程中，既设立了传统的核心课程如英语、数学、科学等，还设立了大量贴近学生生活实际的、有利于培养学生实践能力和创新能力的课程，如家政课、饮食课、手工课、劳动课、设计技能课等，学生可以根据自己的兴趣爱好选择相应课程的学习。

在澳大利亚基础教育的课程设置中，学校教育积极服务于社会。除了贯穿整个学习过程的实践活动外，澳大利亚的十年级学生还有一到两个星期的时间去社会上体验他们希望从事的行业，这样的活动既可以使学生对自己的兴趣爱好或向往的职业有一个初步的了解，也可以为将来自己上大学选择合适的专业早作打算。

也许我们如今的课堂教学还不能像澳大利亚基础教育那样，但是，学生的学习毕竟要受到自己生活世界的制约，因此，我们的课堂教学也一定要充分考虑学生生活世界的真实性。在进入课堂教学之前，教师就应该考虑到如何把教育教学内容从书本、课堂引向学生五彩缤纷的生活世界。教师应指导学生在生活中捕捉、观察、实验，对信息进行查找、选择、分析、加工和有效利用，学会在生活、生产和各学科中发现问题，完善知识建构，培养独立思考、理论联系实际的学风与实现自我可持续发展的意识和能力，把教育教学当成师生创造性生活的一部分，把教育教学过程变成师生双方实现自己生命价值、提高生命质量的过程。

教促进学，教学相长，让学生在生活世界里认识自己、发展自己、塑造自己，在自我优化中实现理性建构和个体价值，使个性和共性、主体和客体获得高度的统一，才能真有生命的拔节彰显。学生既是自身生活的主人，又是自身学习与世界及社会相融合的主人，在这方面，我们不能与学生之学相争。我们一定要让学生的知识、能力、情感、态度、精神、人格，在我们的课堂教学中得到协调发展，获得全面的提高和升华。让学生之学与教师之学的目标在课堂教学中得以同步达成。

第三节　精心预设等于教师先行先学

近年，倡导先学后教成为又一个新的改革方向。但是，这一教学理念有针对性，它只是对课堂教学而言，有对时空的限制；它只是对学生提出的要求，是对"双学目标"之一的学生的要求，即对学习主体的限制。高效的课堂必然会是"双学目标"的全面实现。对于教师而言，全面提升课程力，先学后教也是为了达成教师之学的目的。特别是在传统的备课这一环节中，更需要提供一个明确的目的——教师之学，才可能真正让教师以"教"促进自我的专业成长。

高效课堂必须是教师之学和学生之学的和谐与协同。课堂教学中，更多的目的为的是达成学生之学而努力，但尽管努力为学生之学，结果却并不理想。一个主要的原因在于教师专业素养并没有跟进，课程力的提升没得到落实，课堂教学也并没有促进教师之学。在此，人们必须清楚地认识到，授课之前要秉持先学后教的理念。

课堂教学之前的先学应体现在诸多方面才可能满足教学之需要，我们在此将进一步探讨教师之学的基点。我们应该清楚，影响一堂课的关键在于课程力提升，在于课前的预设，预设的好坏关系着课堂的成败。为此，我们提出教师先学的基点应定在课前的预设这一个点上。其实，课前的精心预设并不是一件容易的事，包括教师教育理念的渗透、教师教育思想的呈现、教师专业素养的体现，若没有一个学习与提高的目的和过程，注定其环节难有一个新的超越和提高。

其实，精心预设是课堂教学中教师之学的落实，只有达成先学这一要求，整个课堂才会充满生气。人们对那些只是承载着教只为输出理念的教学情境并不陌生，只是苦于没有找到改进的原因。相反，人们对那些总是充满生机和新鲜感的课堂有着深刻的印象，却总感觉模仿艰难，总找不到他人促进高效课堂生成的原因。学习没有达到效果，这里本身就存在着问题——教师之学必须是自我的专业素养的成长，特别是课程力的提升，这是任何人都不可替代的，因为这必须是他者与"我，我的"高度的整合。

先走一步探路为的是找出易犯的错误

课堂教学要想出高效，必须少不了教师课前的精心预设。精心的预设通常包括精心的设计与构思，思考恰当的方法与策略，包括新理念的践行，新教学媒体的引入等。但缺少灵魂性的东西——缺乏教师所学的融入，通过实践能促进明显进步的东西，预设往往只是一种摆设。精心预设的课堂能促进学生之学有效；精心预设时教师先行先学，这里除了原有专业素养作为基础，更有新知的输入，其课堂必然是学生之学达成的同时，教师之学也能同步生成。

精心预设有非常强的针对性，特别是针对具体的问题情境去找到解决的办法。主张精心预设不只是教师先教先行，而是教师先行先学，能结合课堂教学中呈现的问题，包括学科问题、学生主体问题等，只要是需要予以解决的问题，教师通过自我的学习，通过知识的推陈出新，真正给出解决问题的最佳办法。

教师精心预设，先行先学，提升课程力，最大的优点在于能提前防范错误，达成课堂教学的高效。课堂教学是一个动态的过程，尽管我们精心设计与准备，认真实施教学过程，但在教学中仍然可能会遭遇"节外生枝"和"意外变故"。如果我们在教学之前先走一步探路，有计划地学习新知，及早把握可能出现的问题，并提前思考调控策略，即使教学时可能会出现相应的问题，也能生出一些防止出错的预警机制，发挥教师在教学中的主导性，甚至能让"错误"转化成教学资源得到有效利用。因此，我们在进行教学预设前，先行先学必须有着明确的需要，而后再认真钻研教材，根据学生易发生错误的规律，给予课堂合理的规划。如此的课堂教学设计，因为教师的先行先学，课堂中在学生学习尚未发生认识偏差之前，教师便能采用有效的教学方法和手段进行调控，促使学生之学、教师之学过程的完成。

任何充满新知的课堂都需要呈现出高昂的状态，如此，才会让教师和学生同时有高峰体验的状态。当然，这里必须包括教师先学与精心预设的有机统一，包括精心预设与对课堂动态生存矛盾关系的处理。

▲关注"生成"不应忽视"预设"之中的教师所学

古人云：凡事预则立，不预则废。在预设时，能有机融入教师之学，这是对教师之教的考验，同时也是对预设的考验。预设时，融入教师之学，必须思考教之前教师自我学了些什么，哪些是课堂教学中可以渗透的理念，哪些是课堂教学中可以采用的教学方法，哪些是比较前瞻的教学策略等，并将其与课堂预设中设定的教学环节有机融合，才可能真正体现出新知应有的作用。教师之学也是人们在预设时容易忽略，而没有作明确化的，致使自我专业修炼没有得到提升的一个主要原因。

新课程教学中，以提升课程力为目的，基于"生成"理念支撑下的"精心预设"中融入教师之学是完全必要的。只有精心"预设"中有新知，才能满足"学情"的调控，预想到更为复杂的"可能"，从而预见到更为周全的"策略"。这样，面对"意外生成"，教师才能从容不迫、运筹帷幄。在教学中，教师才有可能在课堂生成中，把"知识与技能、过程与方法、情感态度价值观"落实途径考虑周到，让自我的教育思想更具体化，彰显出强大的内驱动力，以便为课堂教学的不断深入准确导航，并尽可能多地预想可能出现的生成状况及相应的调控对策。只有这样，才能避免教师在面对学生的"生成"时束手无策或"随波逐流"，从传统的"课前预设"的樊篱中解放出来，使教学活动更精彩。

▲用先学改变"意外生成"，实现课堂教学的弹性优化

课堂教学的预设，没有教师之学的融入，会进入一种故步自封的状态，教师自我也难免进入保守状态。凡是充满先行先学的课堂预设，在具体的课堂生成中，教师往往会处于一种积极应对的生成场域，更多临场机智会出现，特别是面对"意外"出现时，更会沿着高效教学的目的出现一些弹性的行动。

由此得出一个结论：教师先行先学就像是给课堂输入了血液，甚至是还魂于课堂，让课堂充满底蕴与灵气。诸如，课堂教学在预设性生成的基础上往往会产生一些非"预设生成"，这是师生主动思维、积极创新的充分体现。面对"意外生成"，教师若没有强大的内驱动力是难以充分珍视、转化和促进的，甚至往往还会刻意回避、牵强说教。课堂教学不是一

个封闭系统，不必拘泥于预先设定的固定不变的程式，教师之学的融入，教师之我进入课堂的状态才更易于调整。新知的融入往往更能在师生互动中即兴创造，把它作为推进课堂教学进程的催化剂、重要资源，超越目标预定的要求。特别是面对生成的偏离，在追问寻错、争论辩错、反思抖错等方式中，教师往往思维更清晰，更易引领学生回归到符合学习要求的正确轨道上来。

精心预设能把握课堂教学的重心

提升课程力，精心预设是否就能保证课堂的高效？这又成为了人们需要辩证思考的一个话题。现在看来，精心预设促进高效课堂的生成，这之间还需要很多条件作为补充才行，其中最佳的办法便是抓住课堂中关键的人。预设时这关键的人主要是教师，关键的点除了原有专业素养的积淀，更在于可以促进发展的新知的形成与应用。

课前预设是教师课前的努力，它是教师之学的核心时段，相对而言，课堂生成只是课堂上教师之学的实践时段。注重教学预设，一个重要的原因在于能让教师把握好课堂教学的重心，为教学发展方向作好铺设。很多时候，提升课程力我们只关注到了学生在课堂上的表现，而学生在课堂上的努力方向多受到教师预设的影响，特别是教师是否先行先学带有非常强的倾向性，它真正决定着课堂的重心。很多时候我们的观念是，教师的主体地位永远是处于第一位的，主要原因在于教师在课堂中永远占据主动，而学生在课堂中永远处于被动。在这种情形下，教师之学和学生之学都未能显现出来，自然，"双学"目标就没有得以实现。我们通过观察发现，课堂之中，如果教师主动降低自我的主体地位，而有效促进学生主体地位的上升，如果有85%以上的精力关注到学生之学，这样的课前预设就是成功的。

其实，当下对我们更有价值的设疑在于，为何很多精心的课前预设并没有把握住课堂的重心，因为这往往是教师的一厢情愿，因为教师课程力低下致使没有能力把握住课堂重心。要知道，教师先行先学，课堂质量就会因教师不断发展的素养而得到正向的影响。如此，我们便能明白其中的症结之所在。

链接 2—6

曾有教师设计出这样一节教学学案：

创设情景（或提出问题）、学案导学、合作交流、精讲巧拨、当堂反馈、归纳与反思。

一、提出问题

1.在以往的函数学习中，我们主要学习了哪些知识？2.在小学我们曾学习过反比例关系，那么什么叫做反比例关系呢？3.京沪高速公路全长约为1262km，汽车沿京沪高速公路从上海驶往北京，汽车行完全程所需的时间t（h）与行驶的平均速度v（km/h）之间的关系式是什么？t是v的函数吗？t是v的正比例函数吗？是一次函数吗？

评析：通过设计这些问题，引导学生复习函数的有关基础知识，复习小学学习过的反比例的概念，然后设计一个反比例关系的实例，为本节课的学习做好准备，实现新旧知识的衔接。

二、学案导学

教师把课前准备好的学案发给学生，组织学生结合学案进行自主学习、自主探究，并自主努力完成学案中的相关问题。

评析：为了学生能更有效地进行自主探究，并且不影响后面的学习环节，要求所编写的学案只需达到帮助学生自主学习新知识的作用，而不应同时带有作业检查或培优补差的功能。在这个环节里，教师只需组织学生自主学习，并收集学生在学习过程中遇到的问题，同时不支持学生进行小组交流活动。

三、合作交流

教师组织学生在小组内交流自己自主学习过程中遇到的问题或自己的收获，同时教师也可帮助部分学生解决一些基础性的问题。

评析：在这个过程中，教师应扮演组织者、引导者的角色，同时也要做好补差的工作，细心收集学生交流中存在的核心问题。

四、精讲巧拨

1.反比例函数的定义

（1）学生反馈反比例函数的定义及如何理解，并做好评价及总结工作。

（2）举出一些生活中反比例函数的例子，并写出其函数关系式。

2.待定系数法求反比例函数的表达式

（1）让学生解释学案中相关问题的解答思路与方法并做好评价。

（2）教师提供两个（一个简单、另一个稍为综合）运用待定系数法求表达式的问题让学生独立完成。

评析：在这个环节里，为了节省时间，只需学生在课堂上口述自己的思考方法则可，教师则板书一个例题的具体解答过程，目的是为了对解答过程进行规范化。

五、当堂反馈

教师同时提供四个有层次的问题，要求学生在规定的时间内自主解答，并做在课堂作业本上。然后再组织学生进行反馈并做好评价工作。

评析：提供有层次性的问题，目的是为了不同的学生得到不同的发展，因此在评价时要有所区别，多采用学生之间相互评价的方式，并侧重于鼓励性评价，评价过程中不仅要关注学生完成的态度，同时要关注学生思路方法的正确性与灵活性，关注学生解题的规范性。

六、归纳与反思

1.由学生归纳本节课学习的知识及自己的收获。

2.由学生反馈本节课学习过程中应注意的问题。

3.教师简单总结后为引入下一节课的学习作准备。

评析：课堂教学到这里已进入课堂的尾声，教师在学生反馈的基础上要既侧重知识性的归纳，同时也要侧重学习态度的总结。

从这个学案设计中我们可以看出，这样的课堂充分体现了教师备课的精心与有心，体现了以学生为学习的主体这一特点。但这一课的设计也是有问题：教师之学在哪里？教师先行先学体现在哪里？在现代课堂教学中，变教案为学案的目的在于培养学生自主探究新知的能力、自我评价的能力及合作交流的能力。这种教学预设肯定是一种课堂文明的体现，但若没有课程力提升，教师自我学习与进步的呈现的课堂就像是缺少魂魄一样。

一是找到把课堂还给学生的理由。学案的使用，教师可以放手把课堂真正还给学生。但是，把课堂还给学生也需要教师的专业素养做支撑。上述案例中，教师在课堂上使用学案是因为本课的内容主要包括反比例函数的概念、待定系数法求反比例函数的表达式，前一个内容与小学学习过的反比例关系相关，后一个的方法是初二学习过的，因此，对于学生来说，完成学案时所花费的时间不多，不会影响其后的巩固及反馈训练。但教师并没有在教学中将现代教学理念融入进去，如学生借用多媒体开展"自组织学习"。课堂的教学形式已经改革了，但其中缺乏了教师新知（先学）的补充，这样的教学依然是难以体现高效课堂的要求的。

二是有利于评价与交流，但不能少有教师所学的融入。拿上述这一学案来说，本课的一个重点就是使学生意识到生活中存在着大量的反比例函数关系的实例，在学案中设计了如此问题来让学生举例，这样可以让学生更好地交流，也便于教师对学生的表达进行评价。可课堂教学中增添了评价与交流的环节就是高效的课堂吗？如此的教学设计，只能说在原来的基础上有了大的进步，但并没有引出发展评价、增量评价等方面的内容，这依旧算不上高效。如若教师在课前先行先学，促进课程设计力提升，其设计会更精致，所体现出来的就不只是学生所学，还会有教师所学。

当然，不同的教学内容、不同的课型，学案的设计与使用也是不同的。课程力提升、精心设计的环节中，只要教师的先行先学不缺位，将会有更多前瞻的理念、方法和策略被吸纳到预设之中，教师便会发现前后的课堂教学实践有着明显的区别。需要指出的是，任何先行先学的东西，在课堂中转化也不是瞬间便可行的，也有一个时间的问题。通常在1~3个月的强化后，便会自然地转化成为教师自我的一种习惯或教师自我的一种能力。

精心预设——课堂精彩100%的预约

课堂教学的精彩也许大家会觉得是一个偶然，只要深入研究就会发现，精彩课堂往往存在于教师精心的课堂预设之中。特别是高效课堂中，课堂的精彩更是源于教师100%的预约，源于课程力的提升。回过头再去审查那些课堂中的精彩，无不是教师高效能意识的体现，也更是教师先行先学的结果所在。

链接2—7

有位教师执教《变色龙》一课，一开始就向学生提出"主人公的基本性格是什么"的问题。学生课前按要求做了预习，马上就有人准确回答出"善变"这一答案。之后教师话锋一转，提出第二个问题："主人公是善变的，但他有没有不变的地方？"这个出人意料的问题使学生陷入了沉思。经过一番思索后，学生或深或浅地寻找到了答案：阿谀奉承的本性不变、欺软怕硬的恶习不变、主人公的"变"是不变的……

从本课外显的特征作为课堂的切入点，不但检测了学生的预习效果，同时也让学生体验到成功的喜悦，为学生接下来的学习打下基础，但教师并没有止步于此，而是在深度上进一步挖掘，从对立面提出问题——寻找人物"不变"的地方。这个看似矛盾的问题却显现出教师在设计上的匠心独运。有深度、有梯度的问题设计，使学生的思维沉潜其中，并不断向纵深发展，最终寻找出了颇具辩证思想的回答，成为本课最出彩的环节。

特级教师李观博曾说："教学不只是直接给学生以知识，还要唤起学生自己求得知识的强烈愿望。"这个强烈愿望的唤起靠的就是教师的课程设计力的提升。在问题设计上力求创新、出彩，唤醒学生的思维并让他们沉潜其中，体验探索的乐趣，这无疑是激发学生强烈求知愿望的一条最佳路径。很明显，没有教师课前的努力，对课程的建构、预设便难以体现科学性；没有教师先行先学的新知给予方向的引领，课堂也只能是误打误撞。

唤醒学生已有的知识经验，唤醒学生的求知欲望，是教师预设时必须充分考虑的，也是对教师个人素养及课程力的考验。没有这样的考虑和预设，没有有效的新式武器的添置，课堂中的战役是很难被攻克的，精彩更难以生成。

提升课程力则需要精心备课，先思先学，注意学生所需，真正把课堂这个舞台还给学生。它通常应遵循以下一些规则：

▲预设精心而不是约束

课堂教学依然如打靶，把教学的靶设计在哪非常重要，教师以何种身份出现也影响教学效果。一般而言，在具体的备课过程中，教师们通常的做法是先熟悉教材、熟悉内容；然后再查看一些所需要的教学资料或参考书，弄懂其中的基本的教学目标、教学重点、教学难点等，在此基础之上，梳理自己的教学方法和思路。但若缺少教师教育理念的呈现，缺少对课程产品的建构，依旧不完美。

精心预设是在具体的备课过程中，教师要尽可能地熟悉教材和教法、熟悉自己的课堂教学的整体组织和建构，熟悉课程产品的建构目标和策略，而不是以此来约束自己的教学。不过，这些都可能是教师把自己作为教学这一主体的单方面的设想而已，而这些设想能不能与真正的课堂教学合而为一，能不能在真正的课堂教学中产生预设中的效果，往往并不取决于教师的精心预设。而恰恰相反，很多时候自己精心备好的一节课，到了课堂却全然不是自己想象中的样子。之所以会产生这种难堪的局面，其中一个重要原因就是备课这一环节出现了问题——过于约束学生的行为，这往往会让教师自身陷入一个画地为牢的紧箍咒中，一旦学生的思路和回答与自己的预设不一致，甚至出现意外时，往往会让教师本人陷入尴尬的境地，从而影响和削弱课堂教学的效果。

当前，很多教师在预设时达到了精心并精细的程度，然而，其教学并非想象中那样有效，且往往与高效课堂有距离。这样的备课，我们不否认有精心的设计和准备。课堂提倡"精心"表现在备课过程中，对于学生将出现的问题给予提前预设和谋划。如果说一般教师的备课更多地注重了对教材教法的理解和落实的话，我们所提倡的"精心"二字，更多地体现在教师备课过程中对"双学目标"的落实，需要教师在预设时有建构课程产品的意识和策略，使自己的所学有提高。

▲教师之学为了学生之学

如果从个体自身价值而言，教师向课堂要质量为的是自我专业素养的提高，但从其生产性体现上看，如果没有学生之学的高效检验，所有努力就是空谈。为此必须明确，学生之学需要教师之学作为铺垫，教师之学为了学生之学，这才是终极目标。为此，精心设计的课堂除了预设要精心之外，在学习的地位上，还要更多地考虑学生这一学习的主体。

为此，我们要多从学生这一角度考虑，多从学生的学情考虑，多从学生的接受能力和思维状态等方面考虑。这也正是我们所提倡的"精心"二字所包含的要义：精心考虑到学生这一学习主体，提前考虑学生在学习过程中可能会出现哪些问题，哪些问题会对哪些学生构成学习障碍，哪些问题有可能让学生产生兴趣，学生遇到了哪些问题会有哪些反映，教师应该如何处理和应对学生的这些反应，等等。如果在备课前想到了这样的问题，我们的备课思路就会宽广很多，我们的课堂就会产生出和自己的预设有着合力的美丽。不过，即使是备课做到了这些，仍然还有可能会产生让我们意想不到的问题。基于此，我们在备课过程中，一定要充分考虑到学生这一学习主体的存在，一定要学会多从学生这一角度考虑自己的教学思路和方法。

在一堂课中，只要学生有明显的进步和发展，学生之学便是有效的；教师有明显的进步，教师之学也是有效的，如果人人都从其课堂的预设中得益，都能感知到明显的进步，这样的课堂无疑是具有效能意识的。在预设时，必须坚持教师之学是为了学生之学这一出发点。从学生之学这一角度考虑，不妨注意以下三个方面：

要求低一点。教师在备课中，往往有意无意中会过多强调自我的认知，从而导致与学生学习的实际差距。要求低一点，蹲下来看学生，多从学生的角度考虑一下，这是我们首先要做到的。想一想学生的学习实际，更多地在如何沟通学生的学习生活世界和书本世界上动动脑筋：假如我是学生，这样的授课内容能接受吗？这样的授课方式能听懂吗？新内容多长时间才能让学生适应？怎么样安排才会让每一个学生各有所得？哪些问题学生会有和伙伴合作学习的需要？哪种小组合作的方式会让学生充满热情地献智出力？什么方式的汇报交流会让学生有倾听欲望和分享成果的快乐？只有这些问题想清楚了，教师的预设才有可能促成动态课堂的生成。

了解多一点。备课前可以找自己班级学生询问，了解他们的兴趣点、困难点和认知冲突点。翻阅前课的反思记录，听听、看看、问问和想想：学生对本节课的理解和了解有多少？学生、教材和教师的教学和群体学习会有哪些距离？学生喜欢什么样的学习方式？以往的学生在学习本节内容的时候有过什么样的表现？出现过什么样的问题？他们学习中的难点大概是什么？该准备哪些台阶帮助他们走上来？班级的差异有多大？差异怎样才会变成教学的资源？怎样设置立体的作业才能满足不同层次的学生的需要？教学预设的所有重要问题和过程，都要假设学生的各种反应，学生可能出现的困难，都要准备教学受阻的解决办法和出现意外的引导办法。重要的训练都该自己做一做，踏踏路踩踩点。预设越充分，课堂的意外就越有可能成为精彩生成的契机和资源。

兴趣浓一点。一节好课，应该能够充分调动学生学习的兴趣和思维状态。在备课之时，如果能充分认识到兴趣在学习中的作用，往往会让自己的课堂增色不少。有效的课堂教学往往需要寻找和教学基调一致的兴趣点，需要寻找和学生心智水平相吻合的调动学习兴趣的方式，营造学生感兴趣的课堂教学气氛，采用符合学生心理的手段和方法，从而有趣味地去教学。在这样的教学之下，一节兴趣盎然甚至结束之时仍能让学生感觉意犹未尽，即使结束了，学生仍感觉荡气回肠的课堂才有可能产生。

第四节　让学与导同行

课程力提升后全面提高课堂的效能意识，绝对不能少有对学生之学的审查。倡导"双学目标"的达成，必然需要从传统教学理念中走出来，并加以变化，特别是对于只专注于"以学生学习为本，以学生发展为本"的理念的课堂，无不是一次冲击。对于学生之学目标的认可，追溯教师之学的目标，实则是对为高质量完成学生之学奠基，因为只有高素养的教师才可能促进高效课堂的生成，教师的高素养是在课堂中获得的。

全面提升课程力，建构高效课堂，并进而全面提升效能意识，需要打破传统的理念甚至是带给新的超越。必须注意学与导一样重要，否则就真难建立起高效课堂的大厦。

教育家陶行知说过，"教的法子要根据学的法子"。走向高效课堂，让学与导同行，全面满足学生之学，在实际教学中，这实则也是教师之学的内容。学生很可能开始不会学，如何通过"学"与"导"，让学生学会学习呢？在课堂教学中，真正要让课堂成为学生的课堂，最有效的方法是顺学而导，让学生的需要成为课堂教学的焦点，能根据学情的变化适时处理好学导同行的师生关系。

学生开始可能不会学

在教育教学中，不同的师生关系模式折射出来的是不同的教育观，不同教学目的会有着不同的导学关系的产生。苏霍姆林斯基说过："教育——这首先是人学。"如果在课堂教学中，教师所关注的仅仅只是自己的授课进度，只是自我之学的呈现，只是自己的讲授任务的完成情况，没有充分考虑到学生这一学习主体的学习状态、思维状态、接受状态，或者只是一味地把学生当作知识的接收器，当作一个被动的接纳者，这就势必会让教师的教学重点放在自己单方面的教学活动之中，就会偏离教学本应该关注学生这一基本要求，也就势必会让教师的课堂教学落入"目中无人"这一泥淖之中。

追求高效课堂提升课程力，必须正视低效课堂。在教学中，经常会出现学生可能很努力了，但因为不会学，可能收效甚微。作为教师，我们不能只关注自己的教学活动，更要关注学生的学习活动，将一切出现的情况都视作存在才行，并且能在教师自我之学中找到解套的办法才行。对于学生开始的不会学需要教师有勇气认可，并敢于承担责任才行，特别是能探索解决的策略，而后用教师所学去"引导"，促进学生的"学"以及"会学"，其课堂才可能真正地见到效果。

链接2—8

有一位教师记下了这样的一个细节：

自习课上，我让学生画一个"躺着睡觉"的菱形。淘气包欣欣左边扭扭画一下，右边扭扭画一下，嘴里还念念有词。看他那滑稽的样子，我忍俊不禁。我这一乐，把淘气包也逗笑了。下课了，淘气包一个劲地问："老师，我画菱形时你笑什么？"看着他那认真的样子，我随口说："老师笑是因为喜欢你呀！"没想到淘气包回了我一个更加灿烂的笑容："老师，你真好！"

淘气包的话让我愧疚，没想到他这么在乎我的笑容。又是一个课间，淘气包蹭到我跟前，仰着小脸问："老师，你真的喜欢我吗？""当然喜欢了。"

"那你为什么不笑，老是训我？"

"老师训你是为了你好。"

我回答得有气无力，甚至不敢正视淘气包那充满期待的眼神。我扪心自问："是呀，我为什么老是训学生呢？为什么不会对学生微笑呢？"在办公室里我还是笑容满面，可一到教室门口就马上变成一副冷若冰霜的模样，一堂课下来，几乎没有一丝笑容，十足的"严师"形象。难道不苟言笑就是好老师？以严厉著称的我就是个好老师吗？

于是，我打算在课堂上除了用好有字的课本，更要用好"无字书"——微笑。上课前，我把"微笑"两个字写在手心上，每天以最好的精神状态面对孩子。对于完不成作业的学生、对于不专心听讲的学生，我都尽量表现得宽容一些，走过去轻轻地抚摸一下脑袋，或者和颜悦色地询问，或者给他们一个关爱的眼神。于是，随着课堂情节的推进，学生畅所欲言，智慧的火花不断闪现，我也常常被学生的可爱所逗乐，真正享受到了教学的甜蜜、工作的快乐！

顺学而导的背后必然有着学生们需要和向往的师生关系，必须有着教师恰当的教育教学理念为支撑。上述案例中教师的"微笑"体现出的学生观和知识观无不是学生的需要。通过微笑促进师生关系和谐，这其中必然包括教师之学所体现出的智慧。对"双学目标"的重视，课堂中师生关系往往就会得以改变，这也有别于我们传统课堂教学上下垂直的师生关系。那种上下垂直的师生关系中教师是知识的拥有者，教师在整个教学过程中，始终处于一个中心地位，但也能让人感知到教的不学无术，结果只能是学与导的疏远甚至是背离，学生只是被动的接收知识、被动进行训练的机器，完全没有自我学习的主动权，自然无法进行自我知识的构建。现代教育中，我们只有不断地进行现代教育理念和知识的学习，摒弃这种上下垂直的师生关系，才可能真正构建起平等和谐的师生关系。在课堂教学中许可学生不会学，从而在生成的过程中顺学而导，通过教师的"导"，教会学生"学"，直至"会学"，真正达成高效课堂的要求。

▲平等的师生关系

教师之学和学生之学在课堂中是平等的，如若教师的教或教师之学否定了学生之学，代替了学生之学，轻视了学生之学，忽视了学生之学，其后果只能是让课堂中平等的师生关系变得紧张，让课堂和谐氛围受到破坏，教师只是在唱独角戏，自然也就没有课程产品的生成，也就不可能打造自己的课程力。

通过对"双学目标"的重视与协同，达成相互促进，才可能真正建立起高效的课堂。教师和学生都是有思想、有感情、有个性的人。在教学活动中，二者必须建立共同的思想情感基础，才能有利于课堂的教学。二者的感情基础是建立在"双学目标"达成的相互尊重之上的。教师热爱、信任、关怀学生；学生热爱、信任、尊重教师；师生情感融洽，心心相印。在这种情况下，不仅教师教得轻松，教师之学能有效达成，而且学生也学得愉快，学生之学才会真正地变得主动。高效课堂的教学实则就是要建立这种学生所需要的课堂，就是要建立这种教师需要的课堂，建立让双方都满意的课堂。但这并不是说"双学目标"的内涵相同，所以，不能越俎代庖，让教的功能弱化。

在课堂教学中，我们应明确，教的应有的作用发挥，不能因为强调"双学目标"便否定教。教是促进师生平等关系产生的桥梁，它既是影响教育教学效果的关键，也是赢在课堂的关键。为此，必须在课堂中让导与学同行，才可能真正完成教的过程，从而出现彼此用爱心去理解、去尊重、去温暖、去感化对方，淡化自己的角色，共同探究、共同学习，使自己成为合作者、支持者；让彼此和睦相处、有效地进行沟通，这有助于减少和防止问题行为的发生，并由此营造愉悦、快乐的"双学"环境，为彼此持久性发展创造条件；能促进彼此自始至终参与学习的全过程，并在学习当中同甘共苦，体验着学生的情感体验，激发共有的创造潜能。

建议能切实转变教育观念。不忽视教这一过程的呈现，学与导的同行，教师首先要做到转变观念，真正摆正自己的心态和位置，摒弃权力和服从，以实现课程力提升为目标，全面认清"双学目标"中的主体。就目前我们的教学实际来看，仍有一些教师的思想观念并没有随同时代的进步而进步，依然停留在"唯我独尊""师者为大"的思想意识里，教学中只有单边学习目标的存在，仍没有做到与学生之间的平等，仍没有重新认识构建新型师生关系的重要性。这是影响师生关系的最大障碍，我们必须重新认识并加以改变。

建议能树立为学生服务的思想。达成"双学目标"，教师的导并没有弱化，相反还会增强。教师要尊重学生的人格，赏识学生，培养学生的成就感，把学生当作达成"双学目标"真正的合作伙伴，真正落实为学生服务的思想，这是让教学得以生根、开花的土壤，这是高效课堂实现教育目标的基石。

建议能以学生为核心。达成"双学目标"，在具体的教学过程中，重视教师自我的学，必须做到以学生为核心，服务于学生，唯如此，课堂才不会走样。教师要学会"蹲下来跟学生说话"，和学生结"同伴"，给学生当"伴游"；教师要注意引导学生积极、主动参与教学活动，营造宽松的氛围和环境，使学生的潜能、个性得到最大程度的发展。只有如此，才可能真正保证教师之学目标的达成。

建议能善于和学生交流。达成"双学目标"，在课堂教学中提升课程力，我们要能通过恰当的导促进师生间良好的沟通与交流，形成双方彼此信任、尊重、接纳、理解的关系。通过形成这种良好的关系更加促成与学生的倾心交流，从而达成和保持课堂中积极互动的效果，促进课堂活动的有效开展。只有这样，课堂才可能更具开放性，更具包容性，从而促进高效课堂的产生。

▲共享的师生关系

达成"双学目标"，共享师生关系，是顺学而导的课堂的又一特征，是实现双学在平等基础之上的又一更高的要求。赢在课堂的教学必须突出双学习者的主体地位，必须突出教所达成的学生学习中的所需和教师所需，必须突出师生关系的融洽与和谐。只有这样背景下的课堂教学，才能让教育者融进教育对象之中，才能避免师生精神上的分离，才能达到教师人格精神与学生的人格精神在教育情景中的相遇与生成。

实现"双学目标"，以课程力提升为目标，师生关系的改变会促进课堂的变革，会带来学习方式的变化。而"共享"就是在赢得课堂这种理念支配下提倡的新型的师生关系。它要求在课堂教学中，师生双方"思想共享、体验共享、智慧共享、过程共享"。具体建议如下：

一是敞开心扉。教师在双学中永远是主动者。教师要能以学习者的姿态敞开心扉，也要以引导者的状态敞开心扉，并进而影响学生，实现彼此的心灵相照，并随时接纳对方的心灵，享受对方的思想，享受对方的体验，享受对方的智慧。

二是学会容纳。达成"双学目标"，师生双方不仅能够体现自我的情感体验，自我的知识接纳，自我的学习智慧，还能够设身处地地感受到对方的感受和认识；不仅能够体现享受对方的快乐与情趣，还能够体验到对方的迷惘、思考和情绪状态。教师与学生应真正成为学习的共同体，成为学习中不可或缺的两个音符。

三是学会共享。达成"双学目标"，在具体的教学过程中提升课程力，师生双方在教与学的双边活动中，互相吸引、互相包容、共同参与以至达到最终的共同分享。分享学习成果，学习心得，学习方法。

达成"双学目标"，平等的师生关系、共享的师生关系体现了教师与学生之间动态的信息交流，真正实现师生的互动。他们平等对话，共享课堂教学成果。师生双方都能积极构建对话的空间与平台，在这样的平台与空间中，互相体验到平等、自由、民主、尊重、信任、友善、理解、宽容、亲情与关爱，感受到激励、鞭策、鼓舞、感化、召唤和指导，形成积极的、丰富的人生态度与情感体验。"共享"的过程就是师生双方共同构建课堂的过程。在平等、共享的课堂氛围中，学生既是学习者又是建构者，能够积极主动地落实学习任务，体现自我学习的主观能动性，能在此基础之上，形成自己的能力并获得健康的人格。平等、共享的课堂教学，学生之间、师生之间的思想碰撞应该是"对话"的主旋律。在"平等对话"与"真情共享"的过程中实现师生之间、学生之间动态的信息交流，真正达成师生互动、生生互动，互相影响、互相补充、互相促进，最终共同进步。

跟着学生走与领着学生走的辩证法

达成"双学目标"是教师课程力协同提升的根本。教学是个双边活动,"教"是"学"的过程和手段,"学"是"教"的归宿与终极。"教"的立足点、出发点就是为了促进学生的"学",所以"教"是否有效、是否高效,课堂是不是学生真正所需的课堂,还要透过"学"的效度来考量。

提高课堂教学效能,我们需要顺学而导、学导同行,共约精彩。不论我们的计划考虑得多么周密都只是预设,"计划总是赶不上变化"。在明确的目标导向下,教师要因学而教。教学时不能死抱教案不放,应当重视学生在自主学习、交流讨论中的生成点,根据"先学"情况和变化的学情,随时调整教学过程。通过启发、引导和点拨等手段与学生平等对话、互动交流,激发学生进一步思考和探究。

链接2—9

有一位教师执教《可能性》,教学时创设的情境很有创意,值得大家一起来分享。

师:在森林里,有一只小猴子冒犯了狮子大王,狮子大怒,决定将小猴子吃掉。按照动物王国的法律,犯人在临刑前还有一次选择生死的机会,那就是由大象法官拿来一个盒子,盒子里有两张纸片,分别写着"生"与"死"。如果摸到"生"则生,如果摸到"死"则死。同学们,你们认为这只小猴子会摸到什么呢?

生1:小猴子可能会摸到"生"。

生2:小猴子可能会摸到"死"。

(教师板书:可能)

师:可是,狮子大王偏偏想让这只小猴子死,于是派人悄悄地把盒子中的"生"字拿掉,换成"死"字,而大象法官并不知道。同学们,你们想想,这下小猴子的命运会怎么样呢?

生:一定死。

(教师板书:一定)

师:一定死还能怎样说?它还可能活下去吗?

生：不可能活。

（教师板书：不可能。）

师：在这个故事中，小猴子的命运从可能会死到一定死，也就是不可能活，真是让人揪心啊！其实，这个故事还蕴含了一个今天我们要学习的数学知识，那就是：可能性。

（教师板书：可能性）

在本课快要结束的时候，陈老师又用这个情境再次引导学生思考可能性的问题。

师：同学们这节课表现得很出色，那么作为奖励，老师要告诉大家一个好消息：还记得刚才提到的那只要被狮子吃掉的小猴子吗？盒子中的"生"字本来被狮子大王给换掉了，我们都以为小猴子一定会死。可是，有个好心的小动物悄悄地把这个秘密告诉了小猴子。这只小猴子想了一夜，终于想了一个好办法。

临刑前，当大象法官把盒子拿来要小猴子选择生死时，这只小猴子拿起盒中的一张纸片，看也不看，猛地吞进肚里。在场的动物们都惊呆了，因为不知道它究竟拿了哪张纸，大象只好命人看盒中的另一张纸，只见另一张纸上写着"死"字，大象便说："小猴子一定吞下了'生'字，它不该死。"于是便把小猴子给放了。小猴子多机灵啊！它用自己的智慧赢得了生存的可能。同学们，在你们今后的学习生活中，可能也会碰到一些困难，老师希望你们也能像小猴子一样多动脑筋，运用自己的智慧来解决问题。

（摘自宋君《教育时报·课改导刊》）

一堂好课，达成"双学目标"，成功的经验往往都是相近的。在这一堂课中，我们就不难看到两点值得反思的地方。

一是，教学全因学生所需而铺展，同时体现了教师之学的达成。古希腊哲学家亚里士多德提出"思维自惊奇和疑问开始"，也就是说，学生的思维活跃于疑问的交叉点。这位教师抓住学生好奇心强的心理特点，精心设疑，制造悬念，着意把一些数学知识蒙上一层神秘的色彩，引起学生的探索欲望。在课尾再次回到这个情境，提出思考的问题，引导学生尝试用刚刚学过的知识来解决问题。这样，首尾呼应，把数学学习贯穿于整个情境中，使学习变得更加有魅力，使学习过程更有张力。同一课堂中，学生收获之时也是教师收获之时。

二是，创设情境唤醒并强化学生的学习之需和欲望，满足了教师之学，达成了课程力提升的目标。创设好的情境会使学生如沐春风、如饮甘霖，进入一种美妙的学习境界之中。教师依据教学目标和学生实际，精心创设符合学生心理特点的情境，有利于引导学生积极主动地进行数学学习，使课堂教学达到事半功倍的效果。

走向高效课堂，让导与学同行，在顺学而教的过程中，对于双学主体的尊重，我们不是跟着学生走，而应多领着学生走，顺学而导，学导同行。具体地说，我们应该达成"四不"策略：课始不解题；课中不范读；学生会的教师不讲解，当堂训练教师不指导。

不解题：并不是说教师不对相关知识进行讲解，而是在班上无学生会的情况下才开讲。讲什么，怎样讲，何时讲，都要有所选择，因需要而定，因学情而定，因内容而定。

不范读：实际上就是有针对性地解决学生在朗读过程中出现的问题。让学生在读中发现问题，有效地相互解决问题，提高教学效率，把读书权还给学生。

不讲解：教师重在引导、组织，只有在学生都不能解答时，在学生急需帮助时，教师才开讲。而这种开讲，也不是教师全盘包办，而是有机引导、启发，以促学生深入思考，有力补充。

不指导：当堂训练不指导可以激发学生全身心地思考问题，解决问题，改正因上课不认真听讲而造成的不必要的失误的毛病，可以最大限度地暴露问题，也可以使教师真正全面地了解每一个学生，把握学情，从而寻找最有效的方法对症下药，进行二次备课、三次备课，去解决问题，提高训练质量。

达成"双学目标"，"四不"教学策略的实质是：全过程让学生在教师之教的把控中学，全过程让学生在教师有效的引导中思考，全过程让学生去实践，把学生学习自主权真正地还给学生，真正视学生为学习的主人，使学生在最大限度暴露问题的过程中，达到最有效解决问题的目的。在这样的课堂中，教师成了一个非常高明的放风筝的人。

做导师，实现双学目标的达成

教学是一个双边活动，完全可以达成"双学目标"。在这一个双边活动中，学生之学有着非常强的依赖性，教师若充分发挥导师作用，给学生导学、导行、导航，学习的效果才会更佳；教师之学在学生之学的完成之时也能得以提升。我们都知道，提升课程力的高效课堂是"为了每一位学生的发展"而奠基的课堂，它必然要面对学习基础不一、学习方式不一、接受程度不一的全体学生，学生也必须面对处于他者地位的教师。达到高效的目的，教师的教发挥着重要作用，教得好学生才可能学得好，自己也才能学得好。

在充分达成双边活动的教学中，走向高效课堂，让学与导同行，若真能发挥导师作用，真能成为开启学生学习的引导者，成为学生重要的他人，其课堂便能达到事半功倍的效果。课程力提升，在课堂教学中学做导师，引导学生学知识，学做人，无不是课堂教学时的突破点。

▲构建学导同行的教学模式

链接2—10

在一次教学研讨会上，福建师范大学的余文森教授讲述这样一件事：他在某所重点中学进行课题研究实验时，在该校听了一节数学课。教师按照惯例先认真细致地讲解例题并归纳相关公式及规律，最后一个环节安排全班学生做课后习题，进行巩固练习。当时所有学生都埋头做题，只有一位学生拿着课本，看来看去，就是不动笔。教师面带不悦地问道："你为什么不做练习？"这个学生说："老师，我刚才没听懂，所以想看懂以后再做。"教师一听就动气了，恼怒地嘀咕了一声："我讲得那么认真，你都听不懂，你还想自己看懂啊？"……

余教授一针见血地道破问题的根源：长期以来，人们习惯于把教学理解为以教为基础、先教后学。学生只能跟着教师学，复制教师讲授的内容，教多少学多少，怎么教怎么学，不教不学。这种教学关系被视为天经地义、不可逆转的教育教学规律。客观地说，先教后学也能在一定程度上促进学生的学。但是，它同时也造成了一系列无法根治的痼疾：教支配和控制学，学无条件地服从于教，学的独立性、独立品格丧失了，教也走向了其反面，最终成为遏制学的"力量"。教师越教，学生越不会学、越不爱学。学生的学习成了一种复制性、跟随性的学习，是一种"伪学习"，学生学习的主动性与创造性被泯灭。

在教学中，究竟是先教后学还是先学后教，是教师为主体还是学生为主体，这是达成单学目标或双学目标的本质区别。正如余教授所说，长期以来，人们习惯于把教学理解为以教为基础、先教后学，只有学生的学。学生只能跟着教师学，复制教师讲授的内容，教多少学多少，怎么教怎么学，不教不学，教师之学几乎没有引起重视。

要让高效课堂名副其实，必须抓住当前无数课堂中的症结，从源头上医治。如置暂时落后者、学有困难者于不顾，"高效"便成为水中月。构建"以人为本、以双学为本"的新型的学导同行的课堂教学机制和教学模式，必须构建起绿色的生态课堂——立体交叉的教学模式。这样的课堂教学模式才能让全体学习者（包括学生和教师）都能体验到自我的情感经历，体验到教学中的思想与智慧，体验到自我的生命与思想的存在，从而学有所得，学有新得，学有提高。在此做如下建议：

分层教学。分层教学是高效课堂必须重视并落实的教学策略。由于各种原因，学生的学习基础不一，接受能力不一，在课堂教学中，如果采取单一的教学方式，势必会让一些学生学有少得或者学有不得。这样的课堂教学，从某种程度上说，带给学生的不是收获，而是遗憾或者损失——耽误了自己的学习时间，影响了自己的学习进度和效果。在课堂中实施分层教学，对教师的教是一个考验，只有教师积极的学习才能弥补教学中的不足。

分层教学，根据学生现有的知识、能力水平和潜力倾向把学生科学地分成几个小组，依照各自小组的水平区别对待，通过教师的导，让不同层次的学习群体得到最佳学习的一种教学。分层教学目的在于最大限度地满足每一个学生的学习要求，充分调动各类学生的学习积极性和主动性，激发学生的学习兴趣，最大限度地挖掘他们的内在潜能，使每一个学生都能在学习中体会到成功的喜悦。同时，减少学习困难学生的心理压力，避免陷入"习惯性无助"的泥潭，对他们身心的健康成长起到积极的推动作用。

分层教学需要教师能根据学生不同的学习基础，赋予学生更多参与学习、探究的机会，能给学生创造出一个民主和谐、相互尊重、相互启发、相互合作的学习环境，使每个学生都积极主动、有效地参与到学习活动当中，从而提高学习动力，拓宽交流范围，扩大信息交流量，使每个学生更充分地发挥自己的自主性。

"分层教学"的课堂模式，核心在于建构全面的效能意识，实际上是一种优化课堂教学的策略。在具体的操作中要注意以下几点：

一是群体的形成。教师要通过调查和观察掌握班级内每个学生的学习状况、知识水平、特长爱好及所处的家庭和社会环境，形成一个个愉快学习的群体。要善于利用小组成员之间的互帮互学，充分发挥师生之间、学生之间的互动、激励，为每个学生创造整体发展的机会。能充分利用学生间的人际互动，利用学生层次的差异性形成合作意识，发挥每个成员协调发展的集体力量。这些都考验着教师的教学智慧。

二是作业的布置。对学生作业的布置，同样要体现层次的要求，其难度、梯度都要有相应的不同，不能采用"齐步走"的方法。有时可以设置菜单式作业供学生选择，或者让学生自我设计作业。

三是行为和结果的评价。教师对学生的学习过程行为和学习结果的评价，只有打破原先只有优等生才能获得好成绩的传统做法，在承认学生差异性的原则下，依照发展性评价或增量评价的标准，对不同层次的学生，采取积极的标准进行评价，让学生既能增强信心又能看到不足，既有压力又有动力。

合作学习。合作学习是指学习者为了完成共同的任务，有明确的责任和分工的互助性学习。这也是走向高效课堂让学与导同行，达成"双学目标"的课堂教学中的一个教学策略。它是以集体的学习进步来带动、推动和促使个人的学习进步，让每一节课堂中的每一个学习者在共同完成任务的过程中实现个人的理想。在这一过程中，教师的地位在于能发挥首席的作用，能把学生之间的竞争变为小组之间的竞争，形成组内合作、组间竞争的格局。在这种目标结构中，小组成员有着共同的期望和目标——"人人为我，我为人人"，改变那种单纯的"输—赢"关系，极大地消除对于竞争失败的恐惧，增强"学习共同体"的集体荣誉感，从而激发学生参与学习、乐于学习的兴趣和动机，为他们主体地位的落实与主体性的培养与发展提供无穷的动力。

构建合作学习模式，我们可以从三个方面着手：

一是组内交流。教师引导学生组内提出问题，同小组内进行交流，可以一人讲，多人听，也可以一对一，一人讲、一人听。力争每个人都动起来，大家都积极发言，坦诚交流，形成相互尊重、相互帮助的关系。教师在课堂中，要善于引导学生积极交流发言，以期达到很好的交流学习效果。

二是大脑激励。利用"大脑风暴"这一原理，让小组积极开展讨论和研究。教师可以让各小组带着问题展开讨论，在学生讨论结束后，再让各小组组长汇报讨论结果，其他同学可以补充。其他组的同学注意记录和自己不同的意见，全体学生的观点、思想相互激励，相互补充，相互碰撞，让学生在交流中共享资源。

三是师生讨论。课堂上教师提出问题后，可以引导学生和自己一起探讨。在探讨的过程中，教师要注意调控讨论的节奏和气氛，注意调动学生的情绪，让学生在讨论交流中体验到思想分享的愉悦感；在交流的高潮中达到对问题深层次的理解；在平等的、融洽的、和谐的学习氛围中，使所探讨的问题得到圆满解决，并在讨论中达成双学目标。

让每一个学习者都有进步是合作学习的最终目标。合作学习要实实在在，不能流于形式，不能搞花架子。在合作讨论学习中，教师引导学生讨论的问题要有一定的深度，才能让学生把教材作为例子，从学会到会学，充分挖掘课程资源，达到由课内的获取到课外的提升，真实地体现在学习中合作，在合作中学会学习。另外，除问题要有一定的探究度外，讨论也要有价值，这样才能使学生在学习中求得发展，在小组合作学习中增长能力。

分层与合作的整合。"分层教学"和"合作学习"都是在尊重个体差异性的基础之上开展的教学策略。就"分层教学"而言，目的不是把学生划分为三六九等，而是希望通过对学生智力、能力、兴趣、特点等的定位，帮助不同类型的学生在各自不同的起点上选择不同的难度、深度、进度，进而获得和自己最近发展区相匹配的知识和信息，让每个个体在得到充分发展与提高的基础上，体验成功的愉悦，进一步树立努力的信心。可以说"分"的宗旨就是"利用个体差异，促进全体发展"。"合作学习"的目的在于希望通过不同个体的合作来调动所有学生的学习兴趣，增强他们的学习动机，培养他们的主体意识、协作意识和能力，最终促进他们的智力和非智力因素积极发展。合作学习对于那些学习成绩暂时落后、处境不利、有学习障碍的学生来说，一方面为他们的学业创造了有利于查漏补缺的提高机会，另一方面又为他们展示自己的优点提供了人文化的环境。可以说"合"的意图就是让每一个学生在相互"结对子"的过程中吸纳别人的长处，弥补自己的不足。总之，"分层教学"与"合作学习"共有的目标就是立足个体实际，实现最优化的发展。

  教师之学的关键在于在促进二者的整合中提高自我的课堂把控能力。"分层教学"和"合作学习"的整合是有讲究的。如"大分层""小合作"的课堂教学模式。在这种整合中，分层是主体、合作是方法。"分层"是理论和实践上的主体，而"合作"则是操作过程中的方法。"合作"的出发点是服务于"分层"所要实现的基本目的，"合作"的具体安排也是根据"分层"的实际需要来确定。例如：有的教师在其所提出的分层教学模式中，包括了"诊断补偿——定向预学——导入课题——合作讨论——提问追授——练习反馈——回授调节"七个环节，其中"合作"就被作为了一个环节、一个具体的方法而应用在分层的模式中。此外，作为"分层"中的一种方法，"合作"针对不同的课型也有不同的使用形式。例如：有研究者提出分层教学中可先将学生按照知识储备、接受能力、学习态度及兴趣爱好等特点划分为A、B、C、D四个层次，在讲授新课时，合作的形式是从四层中每层取一人组成一个小组，即通常所说的异质小组的组合形式；在复习课时，合作的形式则是把学生按优优组合、中中组合、差差组合的标准重新分组，形成同质学习小组的形式。总之，在"大分层"与

"小合作"的关系组合里,"分层"是一个整体,"合作"只是"分层"的一个部分,它的存在只是为了促进"分层"结果最优化的实现。

教学中还有"大合作""小分层"的教学尝试,也值得我们在具体的教学实践中去探索落实。我们应该充分认识到,提升课程力,达成"双学目标",教师所需要的与学生所需要的完全不同,但总的来说,都必须将需要的做到最优化,才可能真正实现课堂的高效。

▲探索顺学而导的教学思路与方法

追求高效课堂,课程力提升,教师之学必须经历修炼,必须经历打磨才行。其实,只要进入课堂,教师便已经进入学习状态,只是有些教师缺乏效能意识,其学习效果几乎忽略不计,有些甚至是负增长。

链接2—11

再给学生三分钟

有一位教师上一节数学公开课。在最后的拓展训练环节,教师出了一道颇有难度的题。五分钟过去,仍没有一个学生解答出来,教师提议大家一起研讨。这时,有个学生说:"等等,再给我三分钟吧!""还是我们一起来研究吧。"教师回绝了那个学生的要求,三言两语便解开了大家心中的疑团,用时不足一分钟。而此刻,下课铃声响起。听课教师都佩服执教者准确把握时间的能力:如果再停三分钟,那课还完美吗?

我们的课堂追求的仅仅是这样的"完美"吗?课堂上,教师应关注学生的思维发展而不是可利用的时间。"再给我三分钟吧!"这是一个求知者对成功的渴望,是执着的个性,是燃烧着的创新的火焰,但是受"完美"的限制,遭到了教师的拒绝。这无意中剥夺了他探究的权利,扼杀了他渴求成功的欲望,熄灭了他创新的火花。教师的精当讲解只是把现成的答案强加给他,让他咽下教师嚼过的索然无味的"馍"。

苏霍姆林斯基说:"在人的心灵深处,都有一种根深蒂固的需要,就是希望感到自己是一个发现者、研究者、探索者。而在儿童的精神世界中,这种需要特别强烈。"学习是儿童的自主行为,我们要激活他们自主的欲望,把自主探究的权利还给他们。

再给学生三分钟吧,也许三分钟就成就了另一种人生。教师之学,强化对心境的修炼,从而在课堂中把握导的时机,提升学的效果,但这绝非一日之功,需要长时间的修炼。

达成"双学目标",提升课程力,顺学而导,以学生所需为教学目标的课堂,必然还要有着具体的教学思路和方法。通过这些具体的教学思路与方法,以达到高效的课堂教学效果。但需要注意以下几点:

一是教的着眼点是为了不教,是为了提升学生的学习能力。"双学目标"中,学的着力点在于自主、独立学习,教师不但要致力于自我的学习,更要致力于教学生学会学习。教师要根据自己所教学科的特点进行学习指导,在教学中,要有目的、有计划地通过科学的学习方法的示范和渗透,来指导学生学习、思考、探索和归纳总结,从而培养学生独立获取知识的能力、系统整理知识的能力和科学运用知识的能力。

二是教师要注重促进学生独立学习能力的培养,自我积极主动地参与学习。随着学生独立学习能力的不断增长,教师的作用也随之逐渐减少,以致最终会完全淡出。教师的主导作用,最根本的就在于能把教转化为学,具体来说,也就是把教师的教学能力、分析和解决问题能力转化为学生的独立学习能力。

打造高效课堂,培养学生的独立性和独立学习的能力,培养自我的课堂把控能力,但没有"双学目标"的纵深推进,就没有站稳课堂的可能性。在"以教导学"实践中,教师应处理好以下几组关系。

一是知识与方法。"以教导学"不仅要求教师传授知识,更要注重揭示出规律,提出科学的思维方法和学习方法,并让学生自我感知,能迁移运用;不仅要求学生掌握讲授的内容,更要掌握教师讲授的思路以及分析问题、解决问题的方法和途径。

二是过程与能力。"以教导学"的过程其实就是一个引导学生积极主动展开智力活动的过程,它的目的不仅仅在于获得正确的答案和结论,更重要的是提供给学生一种自我探索、自我思考、自我创造和自我表现的机会,是让学生在这个过程中形成自我教育的能力。

三是教法与学法。"以教导学"既要在注重研究学法和学情的基础上，提高有针对性和有效性的教学方法，同时，更要注重引导学生根据自身的情况，探索出适合其自身特点的学习方法。

如，钱梦龙老师的"语文导读教学法"。这种教法以学生自己的阅读实践为理论设计的基点，以培养学生独立阅读能力为主要目标，"三主"和"四式"构成语文导读法的整体构思。"三主"就是"学生为主体，教师为主导，训练为主线"，是导读教学的指导思想。"三主"这一理论设计在教学过程中外化为相对应的教学结构模式即"四式"，包括自读式、教读式、练习式、复读式。

如，江苏省东庐中学的"讲学稿"。"讲学稿"根据学生的学情来设计，既是学生的学案，又是教师的教案。学生的"学"与教师的"教"通过"讲学稿"合二为一。"讲学稿"实际是"给学生一个拐杖，让学生尝试自学"。它具有导学、导思、导练的功能，学什么，如何学，学到什么程度，在"讲学稿"中都有表述。教师可以充分利用"讲学稿"的特点，注重学生主动学习、坚持预习、独立思考、钻研问题等习惯的培养。

当然，高效的课堂教学的模式需要教师自我去建构才可能达到目的。只要我们能够想学生所想，想学生所需，全面推进"双学目标"，就一定会通过探索，发现更多适合学生所需要的适合自我发展需要的课堂来。

全面促进课程力提升，全面提升课堂的效能意识，只要我们用心经营我们的课堂，只要有全面践行"双学目标"，有呵护学生的教育教学理念，有真正为学生成长着想的教育信念，就一定会有课堂教学的创造性实践和良好的效果，就一定会获得课堂教学的芬芳与硕果，让教师不断提升自我的专业素养，让课堂教学质量不断向上提升。

第三章　课程发展意识

——兼谈教师行为

题记：

教师的课程意识，教师的行为，乃至课程力的提升，是一个不可分割的整体。教师有发展意识，才有发展的追求，教师也才会在课堂中注入高效的因子，并化为追求高效的行动，从而让高效课堂尽在掌握中。

如何才能达到课堂的高效，是十几年来课改中的一个重要话题。拥有"双学目标"的课堂，还不能称其为高效课堂。通过课堂之学，促进所有学习者有明显的进步并获得持续发展，才可称高效课堂。

追求高效的课堂，拥有课程力发展意识非常重要。课程力属于教师专业素养中的核心能力，离开课程力发展就不会有教学的效率，就不会有高效课堂的产生。高效课堂中的教师一定是一位课程力处于发展中的教师，他不会墨守成规，因循守旧，故步自封。

打造高效课堂的前提必然是教师课程力的发展，必然是教师教育理念的更新与发展，必然是教师本人的业务素养的提升与发展，必然是教师教育教学实践的巩固与发展。高效课堂告诉我们，课程力发展才是硬道理。

课堂是谁的课堂？此话题由于认识上的偏差、视野上的偏差致使答案不一。我可以肯定地说，只有能达成"双学目标"，促进课堂中所有人进步与发展的课堂，才是高效课堂。

高效课堂里的一切，同样离不开以课程力发展作为后盾，特别是教师拥有的发展意识决定着课堂的走向。没有课程力发展，就不会有科学的教育教学理念，就不会有先进的教育教学手段，更不会有累累的教学成果。

课堂中，教师的行为牵引着学生的行为。教师的课程力其实就是个火车头，能否高速地飞奔在铁轨上，全看火车头动力的大小，全看教师自身能量的大小。

课程力提升，是教师永恒的追求。课程力本身是一粒种子。这粒种子最后长成一株孱弱的小苗，结不出籽实，还是长成一株强壮的禾苗，结出几百粒可以再次成为种子的籽实，全在教师的行动上。教师有什么样的意识，才有什么样的行为。

第一节　教师的行为素养

人的所有行为都带有目的性。无论是有意识的还是无意识的行为，都与某种目的紧密关联。哪怕无意间叫错一个人的名字，哪怕夜晚梦里从没见过的场景，只要是存在的就有存在的意义和价值。我们只有认可存在的价值，分析存在的原因，而后有所行动，才可能真正地带给现实更大的意义。

一堂课能不能出现精彩，能不能达到应有的效果或是目的，很多时候并不全靠预设能够完成，还得看教师在课堂教学中的随机表现是否受到课程力的影响。化尴尬为机遇，化平庸为神奇，让课堂充满了笑声和机智，充满教育的和谐与情趣，充满收获与发展，这样的课才可称精彩。其实众多无法预约的精彩形成，是教师在课堂教学中的敏锐力起到了极为重要的作用。

教学契机无处不在，主要靠教者用智慧去捕捉，靠教师课程力提升来锁定。在一堂课中，教师能不能准确判断学生是否有收获是一种能力，是一种常规行为，是一种行为素养的综合反映，一种带有发展的意识或潜意识。人们不能忽略课程力提升的形成机理，否则课堂中出现精彩只会带有偶然性。

在教师专业素养的发展过程中，对课程力发展的向往，对教师行为做理性审查存在着必要性。行为往往相伴着能力，这种能力是教师内驱动力的体现，是其生产性大小的折射。人们应该知晓，加强自我行为的修炼并且有的放矢，才可能促进自我持续的能量不断得以提升，就像是教师课堂课程力体现出的敏锐力。因为，教师在课堂教学中有了极强的课程力发展意识，更会习惯性地立足于课堂，捕捉课堂教学中的有效信息，充分利用课堂教学中的有利资源，让课堂精彩纷呈，让课堂因追求效能而尽显高效。

刻意赢得课堂

严格说来，教师课程力发展体现出的敏锐性行为，是教师教育机智的彰显。其敏锐性能够给课堂带来和煦的春风，让习得者沐浴在知识的阳光之中，享受着成长的快乐与激情，品味着学习的情趣与幸福，其敏锐性也让教师在课堂教学中体味着职业美感，体验着快乐成长拔节的声音，体验着"得天下英才而育之"的为师之乐，体验着教师课程力强大所致的幸福，更能让教师自我教育目的达成，同时促进自我课程产品的生成。

对高效课堂课程力发展的刻意追求，属于有意识的最初层级。追溯教师自我的课程力发展的修炼过程，我们会发现其行为素养的发展轨迹。刻意属于有意识的行为，是一种打破无意识行为的意义建构，其行为明确的目标意识与精准的实践过程需要教师有强大的内驱动力作为支撑。随着时间的推移，刻意行为便会发展成为习惯性行为。习惯性行为是课程力发展成熟的体现，让刻意行为变成习惯性行为是教师高效课堂中通过"教师之学"努力追求所达成的目标。

链接3—1

捕捉语言运用的契机

特级教师王崧舟在《鸬鹚》一课第二课时教学伊始，首先用课件向学生呈现了三幅画面，然后让学生看着画面默写课文中的词语。

（教师呈现第一幅画面后，让学生边看边写）

师：注意写字的姿势，头要正，肩要平，胸要挺。写好的举手，说一下你写的是什么。

生：我写的是"夕阳"和"平静"。

生：我写的是"夕阳"和"粼粼的波纹"。

师："粼粼"可是个难写的词语。我看你写得对不对。（低头检查）哎哟！真不简单，写对了，真了不起！你呢？

生：我写的是"夕阳的柔光"。

师：这个词写得好！特有诗意。"柔"字写对了吗？让我看看。（低头检查）对了！很好！

（接下来，学生根据另外两幅画面又分别写出"炊烟四起""袅袅升起""一望无垠的稻田"等）

一个教学片断全方位地呈现了王老师的教学过程，虽然这只是对学生生字词掌握情况的一个检查，细读可又发现这又不仅限于字词层面的教学。面对相同的风景，学生从自己的语言储备库中提取出的词语却各不相同。学生默写的词语看似孤零零的，却若隐若现地勾勒出鲜活的意象。接着王老师让学生看风景想画面，读风景谈感受，学生最初默写的词语最终融化在原野里，犹如一朵朵艳丽小花默默地绽放，这无不彰显教师课程力的强大。

表面上看，这一教学片断是多么平常，但它实则包含了课程力的发展与追求，使得王老师的教学达到出神入化的境地。

也许很多教学中的精彩是教师本人刻意的预设，但是我们更希望这是一个无意的自然形成，是一个"无意于法则而合乎于法则"的最高境界和完美呈现。这虽然只是课程力大小的体现，可这里面折射出来的是课堂教学的智慧，是教师用心捕捉才能够体察得到的效果。

在日常教学中，很多教学只是实现了文本的"内化"，学生得到的只是文本的意旨、情趣，得"意"而忘"言"。其实，一个人的能力与素养的提高并不是靠外力而获得的，而是通过一次次的实践逐渐建构的。

很多时候，让学习者体会到教师课程力强大的魅力，在于对课程产品的刻意追求。特别是专业素养处于低层级的教师，由于长期受到原有习惯性行为的影响，如果没有有意识地提升课程力的准备，没有刻意追求，很难打破常规行为运行的轨迹，很难实现新的跨越与超越。

教师的课程力提升反映着自身内驱动力的大小，它是在长期实践中反复尝试、琢磨课程生产的顿悟，是道德素养、文化素养、专业素养等在课堂教学中长期积蓄而迸发的智慧火花。课程力的提升，让课堂中的冲突变成风景，让课堂中的乏味转化成富有积极教育意义的载体。刻意赢得课堂，全面提升自我的课程力，注重自我的行为修炼，建议从以下两方面做起：

▲以情感为纽带

古语说得好，"师者亲，道则灵"。教学实是师生双方情感的交流和沟通。课堂中有一条暗流涌动的情感之河，课堂教学的效率如何、师生的情感体验如何是对课程组织力的考验。教师拥有强大的课程组织力才会生成有效的教学行为，让情感伴随课堂教学的始终，让学生认识自我，意志受到锻炼，体验成功，建立自信心，对课程产品关注，对知识吸纳，促进智力和创造能力生成。

▲让课堂充满生命的气息

课程力经过修炼并加以沉淀，教师才会有足够大的动力促进课程精品生成，使课堂充满生机。课堂中学生的秉性多会受到教师行为的影响，教师只有以强大的生命动力呈现在学生面前，以正能量的方式影响着学生，才会促进学生产生积极向上的情感体验，在充满浪漫与自由的环境中，生机盎然，充满朝气。

刻意赢得课堂，让学生从"学乐"到"乐学"，由"怕上学"到"怕下课"，只有学生在课堂中收获知识与能力才会获得尊重与自信。全面达成"双学目标"，重点落实在课程力提升这一个点上，课堂会因不同学习目标同时呈现出更多维度的冲突。我们应该看到，解决冲突的过程中也带来了学习的机会，也因获得支持从而促进学习者体现其主动性。

理解力在课堂的推进中发展

全面提升自我课程理解力需要体现出敏锐性。教师课程理解力不是天生就有的。特别是课程理解力的敏锐性更是通过教学实践才得以培养和历练出来。

广大教师对拥有强大的课程理解力是一种期盼,因为拥有它就能够轻易把握和分析课堂教学中的得失成败,能够对自己的课堂教学内容进行总结归纳、抽象概括,找到解决矛盾冲突的办法,提升课堂效率,提升职业价值。

链接3—2

"再设计"引发"再创造"

为了让学生更好地学习《数字的用处》,我在备课时从学生熟知的"邮政编码"和"居民身份证编码"入手,安排了"小小设计师"的练习活动,让学生在具体的情境中了解数字编码的规则和神奇作用。对于这个练习片段,我经历了一次教学"再设计"的过程,愿与大家分享。

第一次设计:

运用这节课所学知识,给自己编辑一个借书证号码。

(课件出示)小小设计师:如果设定末尾用1表示男生,用2表示女生,200503321表示"2005年入学,3班的32号同学,该同学是男生"。你能给自己编制一个借书证号码吗?

由于备课时心太急,我主动为学生提供了一个格式,这样学生很容易形成思维定式,进而失去独立思考、创造的机会。所以课堂反馈时我发现,学生设计的借书证号码清一色是"教师范本",学生学到的编码知识没有得到"再创造"的升华,教学效果大打折扣。

我再次研读教材,理解教材编排的意图:数不仅可以用来表示数量和顺序,还可以用来编码区分事物。数字编制号码的规则与希望传达的信息有关,本节课关注的是让学生在活动中体会到数字对于表达和交流信息的作用。我设计"小小设计师"活动的目的是给学生创设情境,让学生亲自经历编码的过程,然后组织学生充分交流个人的编排规则,看学生是否能用数字正确表达需要表达的信息,最终让学生在尝试、交流中逐步完善、体会编制的规则。基于以上认识,我进行了这个片段的"再设计"。

第二次设计:

学校新落成的图书室马上要投入使用了。下面,我们举行一个"小小设计师"比赛,请你拿出课前准备好的制作材料,根据本节课所学知识,为图书室设计一个借书证号码编码系统。

(课件出示)友情提示:

1. 想一想你要编的借书证号码分几个部分,每一部分要表达什么信息,每一部分用几个数字表示?

2. 哪些信息既能代表自己的身份又有创意?

3. 交流展示。

我以"友情提示"的形式给学生列出一个小提纲,巧妙地加以点拨,然后把思考、实践的机会留给学生。第一个问题打开了学生的思维,使学生对数字编码的内涵以及数字表示的意义有了更深层次的思考;第二个问题进一步扩展了学生探究的空间,把编码的内涵乃至借书证的外观都融入到学生的理解和创造中;"交流展示"则能够促使课堂教学成为思维碰撞、师生共享的过程。

第二次设计由于挖掘出了教材中蕴涵的丰富的创造性,为学生创设了开放的探究情境,所以在另一个班级的课堂反馈中,我除了看到心形、菱形、圆形、各种小动物形状的借书证外观,还看到用自己身份证号码作为借书证号码、用自己的名字汉语拼音字母缩写加入学年月日作为借书证号码、用入学日期加所在班级加学号加表示性别的数字作为借书证号码、用学校名称拼音缩写加班级加学号作为借书证号码、用入学年月日加班级加自己的幸运数字作为借书证号码等精彩的场面,有不少的借书证还写有座右铭之类的文字。

"小小设计师"的"再设计"活动,让学生对所学知识的"再创造"得到了淋漓尽致的发挥,学生的智慧之花得以绽放、思维之泉得以开掘。

(摘自董文华《教育时报》)

教师对同样一节课,从"再设计"到"再创造",这不仅仅只是个别字词的变换,其中体现出了教学理念的变革和提升。这个变革与提升的过程就是对课程理解力大小的检验,是对理解力敏锐性的考验,折射出自身对高效课堂的理解、自身对课程改革的追求、自身教育教学的主张与思想。对于很多专业素养处于低层级的教师而言,在最初的发展过程中,需要有刻意的行为，才可能敏锐地对自己的教育教学进行反思，从中找到不足，找到改进的方向和措施，让课堂教学向纵深推进。一般而言，一位教师在课堂教学中全面提升自我理解力的敏锐性，应多从以下四个方面着手予以解决。

一是课堂教学要让人学有所得。课堂教学能够让学生在每一节课都有自己的收获，才会增添积极的向上的动力。相反，没有收获的课堂会让教育落空，还会产生一定的反教育力。以往，大部分教师在谈论学生的好坏时，总是用学生的学习成绩或课堂纪律来衡量和判断，无形中让教师戴上了一副有色眼镜，从而失去了评价学生的公平性和合理性。我们应该明确，在强调素质教育发展的今天，好学生的评价标准已不再是单纯地用学习成绩来衡量，而是要综合各方面来定论。只要对学生的评价标准发生了改变，只要摘掉了看待学生的那副有色眼镜，定能在每堂课中找到学生的学习点，真正实现课堂教学中人人皆有所获。

二是注重课堂教学收获多维度体现。课堂的收获包括知识的习得、能力训练的提升，只要教师拥有课程理解力敏锐性，便会快速发现学到了什么。我们必须改变课程产品定格在某单方面这一习惯。毋庸置疑，在现实的课堂教学当中，我们有些教师的课程理解力还有待提高，教育教学理念还有待进一步提炼和更新。我们应该明确中小学的课堂教学不能存在过多抽象性和枯燥味，因为所面对的是理解能力有限、注意力不能持久、活泼好动的一群人，如果仍坚持传统的教学模式，总是用同一种教学思路来开展教学活动，是很难吸引学生注意力的。正如吃饭一样，即使是再好的饭菜，天天总是重复吃，时间久了，也会吃腻的，更何况是学生听课呢？所以我们要充分调动自己智慧，探究新的教学模式和教学技巧，才能在课堂教学中让教学产品多维度呈现，始终给学生以新奇感，在落实学生之学的同时达成教师之学。

三是促进学习能力形成，把握课堂收获的重点。教是为了不教，课堂教学最大收获在于借助课程理解力，把握课堂重点，促进学生学习能力提升，促进学习最优效果形成。如果学生在课堂教学中练就较强的学习能力，并能在教师引导下把握学习重点，学习实践中达到"教是为了不教"

的效果，无疑其课堂能让人收获多多，是名副其实的高效。

四是把握住理解力敏锐性的形成过程。教师的课程理解力敏锐性不是短时间内就能练就的，它是课堂教学长期修炼的结果，是教师课堂教学艺术的结晶，是教师专业素养成熟的重要标志。上述案例就是一个促进课程理解力提升的典型，给学生"跳起来"摘桃子的机会。我们更应明白，把握住理解力敏锐性形成过程，才会让学生觉得学而有思、学而有趣、学而有得，才会让学生因教师的精准点拨而理解了所学内容并对后续的学习产生兴趣，产生一种跃跃欲试的冲动，敢于接受更大的挑战。

课程理解力往往在促进课程产品生成中得以发展。在我们平时的教学中，有效的课程生产转化为精品课堂的生成，才能体现出收获来。我们要努力做好敢于"向前一步"的思想准备，落实好课程理解力提升的方法，将课堂产品的收获化作具体可见的操作流程，就能触摸到课堂带来的收获与成长的脉搏，触摸到课程力提升的脉搏。

把握课堂收获的多维标准

从常态课堂到高效课堂，一路相伴教师的课程力发展意识，有时仅仅只是一步之遥，或一纸之隔。课堂中，教师课程力提升会将学生的积极性调动起来，让学生主动参与智慧的传承和新知的建构，学生收获才会越来越多，课堂教学的效果才会越来越好，课堂带给教师的幸福指数才会越来越高，教师的职业价值感也就会越来越强。

不知大家发现没有，课程力发展决胜课堂。把握课堂收获的多维标准关键在于教师发展意识的形成。针对课堂教学的现状，从实际出发，努力把握课堂教学的脉搏，把握课堂收获的多维标准，全面提升"双学目标"的达成效率，是成就教师课程理解敏锐性，造就卓越课堂的有效途径。

链接3—3

授之以渔只需往前一步

今天给学生做了一次短文阅读练习。文章讲的是作者与母亲吵架后离家出走，在饥肠辘辘又身无分文的情况下，摆面摊的老奶奶招待她免费吃了一碗馄饨，这让作者感动流泪。老奶奶问她怎么了？她说："老奶奶，你一个陌生人能如此关切我，而自己的母亲却不近人情，赶我出门。"老奶奶对她说："你能因为我的一顿馄饨感激不尽，为什么对母亲为你烧了10多年的饭而不知感恩呢？"她愣住了。在家门前的巷口，她碰到等候已久的母亲。看着母亲疲惫不堪的身影，听着母亲"再不回来，菜就凉了"的话语，作者禁不住再一次泪流满面。作者最后感叹：面对别人的小恩小惠自己感激涕零，为什么对亲人长年的关照却视而不见？

我在巡视中发现，其他题学生都做得不错，但第一题给短文加标题却很不理想，有不少学生的标题是《一碗馄饨》。

学生学习的问题点正是教学的着力处，做个交流吧。

师：文章中作者两次流泪分别是因为什么？

生：第一次是因为老奶奶免费招待她吃了一碗馄饨，让她感动得流泪；第二次是面对妈妈时，她想到妈妈对自己如此关爱，自己却常常视而不见，后悔地哭了。

师：这是忏悔的哭。好多同学起的题目是《一碗馄饨》，你们觉得合适吗？

生：现在看肯定是不合适的。"一碗馄饨"做题目好像文章的主人公是老奶奶，文章主要是赞扬老奶奶的热心；而这篇文章的中心显然不在这里，它表达的是作者的忏悔，是作者对母亲的愧疚。

师：是的，标题一定要与中心相关。交流一下，你起的标题是什么？

生：《亲人的关怀怎能视而不见》。

师：是与中心相关，但感觉怪怪的。

生：怪是因为题目太长了。

师：不是说题目就一定不能长，有时为了某种特殊的效果，使用长句也未尝不可，但一般情况下，题目还是简洁、明了的好。

生：《伟大的母女情》。

师：与中心有关吗？

生：有关。

师：有关了就好吗？

生：感觉太露了，好像没什么味道。

生：我起的是《真正的恩情》。我想母亲的恩情才是真正的恩情，值得我们珍惜。

师：想的方向是对的，但也有不合理处。照你这样的说法，老奶奶的恩情就是假的，就不值得感激？

生：《恩惠》。老奶奶一碗馄饨的恩惠，母亲常年照顾的恩惠，这恩惠是文章的一根线，让我们思考如何对待他人与亲人的恩惠。

师：说得多好啊！一个好的标题总是紧扣文章的内容，让读者一看题目就想到文章里的人物、事情，想到文章的中心。现在回顾一下，对于刚才的一段教学，你有收获吗？

生：刚才我们谈了怎样给文章起题目。我的收获是题目要与文章的主题相关，与文章的主要内容有联系；题目还要尽可能地含蓄些，不能太直白，太直白就没意思了。

生：题目还不能太长，最好是一个词或一个短语。

师：你们总结得真不错。看来这篇短文对于我们学习起标题也是一次"恩惠"啊……

看着学生满足的神情，自己的内心也充满着喜悦。我们常常在说"授之以鱼，不如授之以渔"，其实"授之以渔"也只是往前多跨这么一步。不是吗？我们可以想象，这段教学因不同的教学观念可能会表现出以下三种形态：

裁判式。告诉学生什么对、什么不对。由于判别需要理由支持，所以这种不讲道理的简单判别其实是教师欠缺文本解读能力与写作知识的掩饰，难免错误百出。当然也有可能教者是为了节省时间，但我们做阅读题并不仅仅是为了让学生学会应对这一篇短文阅读吧？所以，这样的"裁判式"往往是无效教学的表现。

分析式。告诉学生为什么能用这个做标题，为什么那个不合适，其目的在于培养学生阅读的思维品质。在分析过程中，教师应摆正自己的位置，让学生自己讲出"为什么"最为重要。那种"一言堂"的讲解，学生往往会因失去参与机会而兴趣不再，教学效果也因此大打折扣。

分析总结式。在分析之后进一步带领学生作思维方向、方式的学法总结，这样的好处是把学生从眼前的具体习题演练里解放出来，让他们明白我们的讨论不仅仅是为了能给这篇文章起标题，更为关键的是要通过这次演练摸索出思维规律，用于指导今后其他篇目的标题草拟，这便是"授之以渔"。其实，上面的教学也很简单，就是"往前一步"再做一个学习过程的回顾与总结而已。

(摘自严伯春《教育时报·课改导刊》)

"看着学生满足的神情，自己的内心也充满着喜悦。"多么真实的情感体验，多么真实的内心感受啊！不同的教学观念导致了不同的教学行为和教学收获，带来了不同的卓越教学的幸福感。卓越课堂代表着一种教育理念，达成课程力提升的目标，转变成一种教育行为，这其中包含着教师的良苦用心和努力追寻。

诸多教学实践证明，学生课堂收获标准不应单一而是多方面的，只有教师有着足够强大的能量，便可挖掘出取之不尽的宝藏。一般而言，全面提升教师的课程力可以从以下几个角度着力：

▲促进学习能力的培养

学有所获，就目前教学实际来看，重点在于注重学生知识的吸收和能力的培养。知识与能力往往相伴而行。知识的学习之中孕育着能力，能力的运用之中又体现着知识。课堂教学中教师需要注重提升课程力，发挥敏锐的教学能力，有知识的传授，但更需注重学生能力形成，注重培养学生学会学习、学会巩固、学会拓展的能力。这样的教学才能真正促成"授人以渔"的效果，并从中收获幸福。

促进学生学习能力的培养，教师应注重给学生创设学习的机会，让他们"跳起来就能摘到桃子"。如，对于优秀生，可以给予更多的指点、点拨，主张少讲甚至不讲，让他们通过自己的学、思、体、悟来达到对新知识的理解，对新概念的运用；甚至可以让优秀生充当教师的角色，让他们在对其他同学的讲解过程中培养自己的能力。对于学困生，则鼓励他们在落实了教材内容的基础之上，多做一些相似和相同的题目，达到强化巩固的效果，让他们在量的积累之上，慢慢地达成质的提高。对于中间众多学生，可以引领指导、多种方式并用、培优补差、扬长避短。注重对于所学内容的拓展和延伸，以开阔他们的视界，提高他们的能力。

▲促进思维的拓展

知识的学习与形成并不是一个线性的传递与接受的过程。把握课堂收获的多维标准，促进思维的拓展，它不是教学中简单的加减问题，其中充满着复杂的变数。我们知道，任何学习都是在自我基础之上的重新建构。它既有原有知识信息编码，还有新知内容的接受与编排。教学中教师通过课程力提升而采取行动，进行引导时只有适合发展需要的才会被接受。而在这个过程之中，注重思维的启发尤其重要。只有通过教师的循循诱导，学生思维才会被打开。其实，课堂教学中学习所带来的高峰体验决定知识能力的迁移程度。在这过程中，教师的课程力往往就像导火绳一样，若引爆学生思维，促成情绪兴奋，其接受能力与效率才会提高，如果学生的思维没有被激发，学习的过程像陷入一潭死水，大多作壁上观，参与意识淡化。

引爆学生思维是有讲究的，教师的常规行动的魔力往往就体现在这里。只有教师在课堂教学过程中进行内驱动力的修炼，并在课堂教学中加以沉淀，才可能在具体的教学中全面提升自我行为的敏锐性，从而关注学生的思维，关注学生思维的强度、广度与深度，思维的敏感性等，引领学生全面进入积极学习状态。

▲促进情感的体验

把握课堂收获的多维标准、促进情感体验，是提升课程力的有效策略。课堂教学中，学习目标是否达成，通过学生情绪变化便可反映出来。教师的课程力往往具有感染性，时常可见教师于课堂中情绪高涨，学生跟着兴奋；教师无精打采，学生往往士气低落。打造高效课堂，对教师的体力、精力有着特别的要求，对教师的情感爱好亦有特殊的规定。课堂教学中，学生是一个个鲜活的有着特殊背景的人，一个个有着思想和情感的人，促进其产生求知欲望，带给其学习的动力往往会更有效。让学生快乐学习，愉悦地接受知识，让他们体会到学习的乐趣、情趣，体会到学习的积极情感体验，无疑这样的行动才是最有内涵的，才是一种充满精神和财富的体验，其课堂才会因为教师与学生共同获得情感体验，变成双方成长的殿堂和精神的乐园。

并非任何行为都是有意义的，也并非任何努力都是有效的，课程力发展只有刻意地带有非常强烈的目的性行为，才能让教师因自我的行为沉淀而产生实践指导意义。走向高效课堂需要教师主动提升课程力，以积极的心态不仅仅找到学生学习过程中的成败得失，更重要的是能找到学生多维度的生长点，促进其内驱动力持续发展，让学生体验成长的快乐。为此，要求教师在修炼的过程中发展课程力，让自我不断地增添慧眼。

第二节　教师的课程管理能力

高效课堂形成离不开课程组织力对其实施目标管理。现代课堂教学中，目标决定课堂最终达到的高度，就像目标决定着一个人的智力水平，就像目标决定着一位教师的课程力发展高度。很多课堂低效缘于集体无高效意识所致，源于教师本人没有明确课程力发展目标所致，导致课堂总是停留在一个较低层级，致使教学相长成为空话，致使"双学目标"达成虚无，导致师生在课堂中毫无成就感。在现代教学中，建构课程目标管理能力是一项重要的工作，对于教师专业素养提升，特别是课程力专项发展发挥着重要作用。

教师课程力提升，打造高效课堂，生成精品课程，是促进跨越式发展的关键因素。行走于课堂与课堂之间，发现阻碍发展的主要原因在于课程力低下且没有目的与发展意识，没有明确的目标意识，缺乏课程理管理能力，致使践行的课堂理念滞后。课程发展决定教师的价值，人们应该形成一个共识——课程力得到稳步提升，结合课程做好科学规划，才会挖掘出真金。

将自我课程力发展建构在课堂中，增强"我，我的"课程目标管理能力，其规划应先行（包括长远的规划和实践规划）才行。专业发展过程中包括课程力发展的长远规划，只要方向明确，只要勇于实践，便可以缩短发展期。对于课程力发展的实践规划与课堂目标的设置和有效课程管理相关联，包括在课堂教学中各项能力全面提升以及现代教育理念的全面更新。在此，将以提升课程力打造高效课堂为目标，打造"我，我的"课程目标管理能力为出发点，针对课堂教学中预设目标设置和生成目标设置展开阐述。

课堂预设目标是教师的目标

任何行为相伴目标才有意义。课堂教学预设也是如此，如没有明确的课程创设目标，没有科学生产力提升目标，其结果自然就会打折扣。课堂预设虽是教学的预案，实则是教师课程产品追求具体化，即充分地明确从什么地方来，要到什么地方去，要到那地方去干什么，以及靠什么干好，如何干好，达到什么样水准才符合要求等。

任何教学预设几乎是教师之我向课程产品的转化，带有明显的"我，我的"内驱动力的主客观因素。课堂预设的目标除了包括学科教学需要达到的目标，还包括教师课程力发展需要达到的目标，此时最需要的是对将"双学目标"确立成教学基点。这里，我们所探讨的课堂教学预设，实则已经不再只是关注学生发展的单边活动，而是以教师课程力发展为前提，全面提升教学相长的规划。

以前，很多课堂的教学预设少有对课程产品生产的关注，更多的目标是以学生掌握知识、技能等为出发点，这实则是价值追求不明的体现，这也正是无数教师进入课堂促进了学生发展，忘记了自我专业发展，最终自身课程力依旧低下、自身发展滞后的原因。

课程与人谁是课堂的产品，如果依旧没有搞清，这样的课堂一定会出现问题。一般而言，教师在课堂教学之前，课堂目标的预设往往是建立在教师个人的理解和思索的基础之上，体现的是教师本人的"教"的意图、教的主要目标是为了学生的发展。至于这样的预设在后期的课堂教学中能不能发挥出最大效果，课堂教学的实际能不能与自己的预设吻合，这都不能有一个定论。"教师想教什么""教师实际在教什么""学生实际在学什么"，绝大多数情况下，教师的预设都会与课堂教学的实际有出入甚至相距甚远。这实则是课程与人之间不明谁是课堂产品致使管理目标错乱造成的。

现今的课堂预设，如果依旧把人作为课堂的产品，如果依旧不将课程产生作为课堂的产品，可以肯定地说教学高效的问题依旧难以解决。

链接3—4

你的预案离课程有多远

两位教师同课异构，同时上《船长》一课。课前，两位教师都根据学生的情况精心准备了教案和课件，但教学效果却明显的不同。

教学时，第一位教师略显着急，原因在于：也许是教学内容设置过多，学生并没有掌握太多的内容；也许是教学流程推进过快，学生还没有反应过来，就已经进入下一个环节；也许是多媒体过多占用了练习时间，教学效果没有呈现出来。终于到下课时间，授课教师如释重负地长嘘了一口气。

相比之下，第二位教师略显沉稳。课堂上，教学内容虽少但精，很明显看得出他呈现的内容早已经过他的筛选；特别是面对学生不理解的字词和不理解的句子时，教师总是提醒学生"别着急，慢慢来"；当学生出现情绪波动时，教师随之便将呈现的问题二级或三级简化，引导学生随文本波动。课后，这位教师一脸平静全然没有紧张。

在接下来，很快进入说课环节。

第一位教师说课时，她谈到：写好教案后，她便在脑中将设想的课堂制成"电影"，一遍遍回放。如何导入，怎样过渡，学生可能会作何回答，自己该怎样引导评价，学生又会提出哪些新问题……她不停地给每个细节拍慢镜头。

第二位教师说课时，他谈到：考虑到阅读理解全文可能会花时太多，便精选教学内容，根据文本抓出重难点，引导学生对重点部分反复推敲，对难点进行了分解……

两者比较，不难看出，这实则是课程力水平的较量，一个是以人作为了课堂的产品，一个将课程作为课堂的产品。只要认真地审视案例中出现的情形，你便会发现管理目标不同，课堂的追求就会有所不同。如此情形在我们身边经常在上演。

在此，完全可以追问，为什么第一位教师没有第二位教师的公开课成功。很明显，第一位教师是把人（学生）当作课堂产品的代表，第二位是把课程当作课堂产品的代表。致使课堂效果截然不同，当然，其真正原因在于课程力之间的差距。

人们常言成功总是属于对事情有充分准备的人。把此话放在教育领域中应换作：成功总是属于那些课程力发展水平较高，并对课程产品的生产做好充分准备的人。写在纸上的不是教案只是预案，唯有让预案与课程的生产相结合，相融合，让预案与自我课程力提升相结合，让预案与学生智慧的传承和知识的习得为目标，才可能真正促进高效课堂生成。

以课程力发展为后盾，用课程产品说话，才能生成课堂教学价值。我们每一位期盼通过课堂获得课程力发展的人，此时完全可以追问一下自我课前预设目标是什么，认真想一想 "你的预案离课程有多远"。若真能想明白，定然会以课程力发展为目标，定然会以课程产品的生产为学习者的追求。

▲确立以人为本的发展观

预设时，教师确立的教学目标应以人（教师和学生）的发展为本，但不能一成不变（因为发展是动态的），而应体现内驱动力的提升与持续发展。确立以人为本的发展观一定要目标明确，否则践行的方向不明，行为导向也会变得错乱，致使视野变得极为短浅，导致课堂没有高度和深度，没有教师应有的成就；否则课堂教学将是死气沉沉，了无生机和气象，学生受罪，教师痛苦，课堂将变成折磨师生的一个屠场。

我们更应该明白，确立以人为本的发展观，才可能因课程产品生成而拥有成就，才可能因教师课程力提升让课堂发生正向变化，因"双学目标"的明确让课堂体现开放与包容，吸纳一切可以吸纳的信息，让课堂面貌一新。

▲敢于打破陈旧的习惯

课程力发展，生成课程产品，需要有勇气打破保守。人们应明白，而要给自我的课堂增添新的理念，让参与者获得新知，只有敢于打破陈旧的习惯和观念，才能为新的发展腾出空间，否则，因为受陈旧东西的影响或拖累，依旧难有突破与超越。面对日日常新的世界，面对不断发展的社会，面对思想常新的师生，进行课前预设时，我们必须认知到课程才是教学的产品。自我专业素养的提升，需要打破过去的习惯和做法，勇于尝试，勇于探索，以课程力提升为目标，确立新的动态，才能让自己的课堂教学实践因有足够时空，呈现出新的精彩。

▲预设与新知习得相结合

课前预设是促进高效课堂生成的基本条件，没有课程力发展，教师即使习得了新理念与新技巧，但要想恰当地运用于课堂便只能成为空话。教师能否通过不断的学习提升课程力是对课前预设质量的考验。建议教师课前既有先进教育教学理论学习，又有模仿他人高超教学技能学习；既要敢于"拿来"，又要善于发现其背后潜藏的理念，还要敢于尝试，让丰厚理念充实到具体课堂预设中去，其教学预设才可能为课程产品的生产服务，才可能在教学生成时更具体、深刻，更具有操作性。

全面实现发展目标的转化

课堂教学中必然涉及很多的目标达成，很多目标的主体与客体之间存在转化的矛盾，但最终都全可归结为课程设计力所致的矛盾。也就是说，很多目标的设置需要争取让课堂参与者最大化地接受。理想化目标设置需要参与者根据自己情况进行设置，但对于中小学生而言，让他们参与课堂产品生产及管理目标的设置几乎不太可能，一是他们不可能把控住课程计划，二是他们自我心智不成熟，很难能明确地知道下一步应该干什么。中小学课堂中涉及目标的主要矛盾多是设计者的主体是否完全对参与者主体的全面理解，要尽可能降低转化课程产品的生产难度，让设定的目标能完全变成学生发展目标。

纵观"我，我的"课程设计力，完全可以追问课前预设的目标有多少被全面达成，又有多少被丢失，甚至是预设目标不被消化成了可有可无的东西。这几乎是一个人们可观察能感知的问题。课程力提升，高效课堂目标达成率普遍较好，相反，大量的课堂却是目标完成率较低。为了全面达成教师之我的目标向参与学习者（教师和学生）的发展目标的转化，达到协同发展的要求，教师必须具有明确地对课前预设目标的追问意识。这里，关键是教师教的任务是否明确，实践是否到位，教是否真为了"双学目标"的达成。

教师的认知水平是否完全符合学生的认知发展水平，无不是教学目标能否成功转化为发展目标的关键。转化越到位，课堂课程产品生成越多；反之，亦然。打造高效课堂，力促课程力设计发展，实现"双学目标"全面向发展目标的转化，达成协同发展的要求，需要教师充分发挥目标转化的主动性。为此，我们可从以下几方面着手：

▲追问学生能学到什么

追问学生能学到什么，基点在课堂，发展的主体不只是教师，但不可否认其动力点却是教师对课程设计力和课程产品生成的追求。为此，必须思考特定的课堂中学生在教师的教中能学到什么。关注学生所学的发展，学，既指学生学习所得，更指学生学习、探求的过程。很显然，这里的"学"包含"学生的学"和"教师为教而学"两个方面。在学生的"学"中，我们既要关注学生学的结果是否达成一个非常理想的效果，更要关注学生学的过程是否有非常高的参与度；在教师的"教"中，我们既要关注教师所教内容，更要关注教师教的方法，全面思考"教什么"和"怎么教"，以及习得新知对教的促进。学生的学习过程会直接影响和制约学习的结果，教师教学使用的方法也直接约束和影响教学的效率。只有学习者真明确学什么并得法，才会有学习的成效，只有教者有法才会有教的成就。

教学相长、教学相成、教学相得益彰，课堂才会充满生机、才会产生效率，才会拥有高峰体验的过程，师生"双学目标"才能达成。在追问学生能够学到什么的环节，教师应当做到如下几点：

一是明确"学习"这一词语的含义。学习，不仅仅指学生所学到的知识，关键是要会理解和运用。我们提倡的"学会"，是让学生明确远期和近期所学目标，引领学生在学习的基础上，能够进行推理、分析、综合，能独立地解决新情景下的问题，通过实践参与，以提高思维能力和决策能力，逐渐增强其自主性和自律性。

二是教时能够进行很好的示范。示范不是简单的告诉，而是要揭示整个思维过程中各细节间内在的必然联系，抓好教与学的协同。引领学生思考：为什么这样想而不那样想？当然有时也可以按错误的或者比较繁琐的思路走一走，这样做往往会收到出奇制胜的效果。有比较才有鉴别，才更符合学生的认知特点。如，当教师讲完一道典型例题后，不妨让学生再独立地做一遍，并与教师的解题过程进行比对，初步内化学生的解题思维。这样做不是机械的重复，而是通过示范引领促进目标的转化，让学生在解题过程中自觉地去体会解题思维的内在联系，体会解题的方法和规律。

三是要有一定量的实践练习。实践练习要精当，要经典，要有示范性和思维度。特别要说明的是，过量的练习只能提高学生的解题熟练程度而很难提高思维能力。追求高效课堂，把握练习的度尤为重要，否则必然会浪费学习时间，丢掉目标转化的最佳时机，造成负担过重却学而不得。

▲追问学生能发现什么

学习永远是自己的事，教师永远不能替代学生，哪怕教师总是带着自我的认知而替代学生设计发展目标也是如此。在实现目标转化的过程中，结合制定的发展目标，引起学生生疑非常重要。爱因斯坦曾经说过："提出问题有时比解决问题更重要。""学问"一词，除了"学"还有一个"问"。离开了"问"，学生对自己的发展目标不闻不问，肯定就只能是一个没有了"学问"的学习过程。"疑"其实就是个思考的过程，"问"是个积极的思维训练过程。教师有意识引领学生生疑，促进学生学会问，善于问，学会问自己，学会问课堂，这无疑是打开高效课堂之门的金钥匙。朱熹说过："读书无疑者需教有疑，有疑者需教无疑，方是长进。"课堂上，教师的课程理解力应充分发挥主导作用，让学生的思维自由驰骋，让课堂灵活开放。鼓励学生围绕自己的发展目标发现问题，提出问题。"问"的方式可以自由化：可以是教师向学生、学生向教师、学生向学生提问题，鼓励学生向权威挑战。把学的过程置于一种动态、开放、生动、多元的学习环境中，使疑问向问疑转化，促进学生实实在在的发展，真正提高课堂教学的实效。

▲追问学生能悟到什么

悟是开启学习、实现发展目标的最有效的方式，是教师课程理解力发展引领学生摆脱目标冲突最有效的呈现方式。

悟是学生心智成长发展的体现，是学生思维生发与成长的过程，是个人内心成长的需要。课堂教学不但要追求学生的兴趣盎然，也要注重学生的自悟，让学生在悟中有得，悟中有智，悟中有提高。

悟来源于对课堂教学过程的深刻反思。教师课程理解力发展，悟是其思维认知转化的关键环节，悟是一滴水背后的大海，一枚落叶身后的金秋，有悟才可发生点化作用。如果课堂上的教学让学生真悟，让学生悟到知识的海洋，悟到一望无垠的草原，肯定会让人产生欣喜，也肯定会产生高效学习。在此建议试看下面一案例，体会教师是如何引领学生启悟开蒙的。

链接3—5

想象感悟　质疑引悟
——《西门豹》课堂片断与反思

师：这一天（给河伯娶媳妇），河边站着许多人（点击课件出示画面），有小孩、村妇、老大爷、官绅等，他们看到这个场面会说些什么呢？仔细观察画面，结合课文，展开想象，选其中一个对象写话。可以写一句，也可以写几句，等一会儿来交流。（学生写话）

师：好，咱们来交流。交流时先报一下你选的对象，然后再说；如果能描述说话人的动作、神态那更妙。

生：我选的是一位胖乎乎的中年妇女。她看到这个场面，动情地说："谢谢您，西门豹！是您救了咱整个村子。如果不是您，我们不知要被蒙骗到什么时候，也不知还要白白断送多少条人命。今天，您不但使我们看清了那些狗官的真面目，还让我们明白了迷信的罪恶。"

生：我选官绅。当时他磕头拜地，全身直哆嗦，口中念念有词："西门豹真厉害，完了、完了，今天如果能保住性命，那我以后再也不干这伤天害理的事了！"

生：我选小孩。他用小手擦干挂在腮边的眼泪，边跳边拍手："太好了，姐姐得救了，我以后又有糖吃了！"

生：我选的是一位书生。他摇着蒲扇，踱着方步，文绉绉地说："西门豹真是高明、高明，后生佩服、佩服，哈哈哈……"

生：我选的是一位老大爷。他摸着后脑勺，恍然大悟："噢！我想起来了,这官儿前几天向我打听这事,没想到他是为惩治这些贪官,真是善有善报,恶有恶报。好官呀!你真是青天大老爷。"说完双手合十,跪拜于地。

师:同学们说得非常投入、真切。我们从调查中知道造成邺这个地方田地荒芜,人烟稀少的原因是"天灾人祸"。现在人的祸根已铲除;那么天灾该怎么办呢?

(先让学生自行研读最后一节,然后集体朗读,引读并感悟。)

师:学到这里,同学们还有什么不明白的地方吗?

生:课文中说由于给河伯娶媳妇老百姓都逃到外地去了,为什么还有那么多的人站在河边?

生:我还是不明白,西门豹为什么不直接杀了官绅,而要在给河伯娶媳妇的那一天,费那么多的功夫和口舌?

生:为什么不把所有的官绅杀了?他们可都是贪官呢!

师:下节课,我们带着这些新问题研读课文。

在课堂教学中,引导学生悟,不只是知识的迁移,更是认知的升华。很明显,案例中呈现了教师启悟的技能,侧重体现在以下三个环节。

一是不告诉。教学的本质不仅仅是"告诉",更重要的是"感悟",注重通过情境引导学生去实践,去体验,去经历,去探究,去感受。教师的高明在于课程力品质彰显,能有效利用课文插图、借助文本,创设生动而富有情趣的教学情境。

二是注重悟的引领。教学中,教师注重通过课程力提升,引导学生想象,创造形象,拓展背景。在表达、交流、评价中吸收知识,丰富内蕴,熏陶情感,培养能力。

三是给悟的自主空间。教师让学生在不同对象中的选择从不同的角度、不同的层面展示不同的心灵自由,既培养了学生的想象和创新能力,又加强了对课文内涵的深入感悟,同时也落实了语言文字的实践。

悟在不经意间完成,教学目标得以转化同时也在不经意间达成。其实,教学就是让学生的天空中永远挂着一串串奇异的问号,教师所要做的就是引导学生在这天空中画上一个个问号并激起他们的探索冲动,从而经历探索的过程，把一个个问号拉直，并在拉直的过程生发新的疑问，从而达成持续、动态、螺旋上升的发展。悟是一个开智的技巧，引导学生体悟，可以从以下三方面着力引领。

一是启而缓"解"。教师多给学生创设体悟情境，在关键之处给学生留下思考的余地而不作过多的解释。"不愤不启，不悱不发"，课堂教学中，对于一些能够引起学生高度注意的问题，一定要引导学生去思考，不要直接告诉学生答案或是思路。让学生处于一种"愤"和"悱"的状态之下，通过自己的思考、体悟得出答案，达到强化学生体悟这一目的。在体悟不得时，再行讲解。

二是点而不断。对于有些问题，可以给学生以适当的点拨，但不给学生下一个论断。让学生在点拨中慢慢思考，学会独立体悟。在体悟中发展自己思维能力，提高自己的学习品质。当学生有一些体悟之后，再予以适当的"引"，让体悟更深入。

三是可以允许学生之间小范围内的讨论。在学生实在体悟不出的情况下，可以允许他们在一公平的范围内加以探讨，相互之间，互相谈看法，说见解，互相参照，共同提高。

达成发展目标的转化，可以是明确的揭示，也可以是锦囊探针不露。我们在教学中应知晓，教育的目的是养成学生自己学习，自己探究，用自己的头脑来想，用自己的眼睛看，用自己的手来做的习惯。让学生大胆地领悟是提高课堂教学实效性的源泉。若学生得到真知，便可确定教学目标达成。希望教学能够通过自我专业素养的提升，多给学生开启"悟"的契机，让学生悟中得情，悟中得趣，促进思想超越和能力提升。

课堂生成目标的达成

促进课堂教学全面达成目标，自然有明确的课程产品的生成。在此打一个不恰当的比方：教师哪怕设计出无比精美的预案，没有在课堂中将学习目的细化成一个又一个的课程产品，其课堂也只能是一个没有装宝物的匣子，没有实质性的意义，依旧属于低效课堂的范畴。

课前预设目标哪怕再完美，如果没有促进课程产品的有效生成，只能称其无价值。课堂教学是目标达成的过程，预设目标能否全面执行考验着教师的课程执行力。预设目标生成的不确定性,特别是在不能执行下去时,往往会产生一些临时性教学目标。临时性目标因为思想缺乏缜密性,往往是导致课堂教学混乱的主要原因。

没有生成目标的达成,一切都是水中之月、镜中之花,课堂教学一切价值都可以被否定。在课堂教学中,如何通过提升课程理解力达成课堂教学的目标是一个很值得思考的问题。人们必须明白,精品课程生成必须抓好两个落实:一是能够将预设的课程生成目标充分落实,二是能够围绕目标找到有效的生产策略。

链接3—6

教学设计需要贴近学生实际

一位年轻教师教学《荷叶圆圆》。

文章很美,课堂教学也很顺利。从教师的角度来看,整节课上得算是"行云流水";不过,从学生的学习状态和学习效果出发,我发现,有两个教学环节没有贴近学生实际,妨碍了教学目标的实现。

环节一:

教师指导学生朗读:"小青蛙说:'荷叶是我的歌台。'小青蛙蹲在荷叶上,呱呱地放声歌唱。"

一个学生读得很快,没有意识到标点的存在,但教师并没有在意这个问题,继续找同学练读。

小学一年级的学生对标点符号在朗读中的作用还没有一个具体清晰的认识,教学中教师应该针对学生的学习实际,指导学生认识标点,提示学生在朗读时注意句子的停顿以及朗读音量、音色、音高上的控制,帮助他们掌握读书的方法。当然,一年级的学生不适合听理论,教师可用领读、范读、对比读等方法让学生来感受朗读。

环节二:

教师指导学生学习小蜻蜓、小青蛙、小鱼、小水珠说的话:

小水珠说:"荷叶是我的摇篮。"

小蜻蜓说:"荷叶是我的停机坪。"

小青蛙说:"荷叶是我的歌台。"

小鱼儿说:"荷叶是我的凉伞。"

很明显,这是四个很简单的比喻句,同一事物"荷叶"分别被比喻成了四种不同的事物:"摇篮""停机坪""歌台"和"凉伞"。教学中,教师只是让学生一遍又一遍地读,对于句子并没有作任何解释。课后我问授课教师,为什么只让学生朗读而不进行一些解释呢?这位教师告诉我说,一年级的课文就是读和背,以"帮助学生积累语言"。

我们不否认这个教学理念,甚至十分赞同这个理念。但是,这只是一个基本理念,我们面对的文章不同,教学设计就应该有所改变。就上面的几句话而言,学生在理解上有一定的难度,因此在读的过程中,教师应该想办法让学生理解这些句子。因为只有理解了句子,才能够运用。会用的知识才是真正属于自己的知识。

我们认为,教学中教师可以增加一些讲解环节。教师可以提出问题让学生思考:虽然说的都是荷叶,但小动物们却把它们说成了不同的东西,这是为什么呢?想一想,小水珠为什么说荷叶是自己的摇篮?小蜻蜓为什么说是自己的停机坪?……

教师可以引导学生思考,然后让学生交流、汇报。

这样,可以让学生认识到,因为用途不一样,所以,荷叶被小动物们看成了不同的东西。其实,荷叶的用途可多了。教师可以设计这样一些思考练习:

荷花说:"荷叶是我的_____"

小青蛙跳进水里,藏在荷叶下面,说:"荷叶是我的_____"

下雨了,小朋友摘一个荷叶遮在头上,说:"荷叶是我的_____"

小河说:"荷叶是我的_____"

我认为,这样设计教学就贴近了学生的实际,学生的语言能力不仅能得到训练,思维得到开发,还能在潜移默化中学会"比喻"。

(摘自武凤霞《教育时报》)

从以上案例可以看出,教学目标能否在生成时达成,取决于教师的课程力品质,取决于教师"教"的能力大小。通过对众多课堂教学现场的情境研究发现，促进课程力提升实现课程产品的生成应注重以下两点：

一是课程产品的生成要和学习实际需求相结合。再看看以上课案，自然便会体悟到课程产品生成与学生学习需要结合的重要性。如果说在第一环节的教学中，学生们只学到一定的知识，有所少得，其形成原因其实很明显，在于课程产品的生产没能满足学生实际需求，才使教学效果打了折扣。其实原因在教师，课堂生成多只是一些外在的、表面化的体现，没有深入到学生的内心，没有促进知识正迁移发生。这种没有精品课程产品生成的课程，其价值是经不起检验的。

二是学以致用才有真正属于自己的知识。"会用的知识才是真正属于自己的知识。"要达到这样的学习效果，促进"双学目标"的落实，往往教师之学需通过学生学习效果得以检验，而学生之学就通过真知的运用而检验。教师课程力提升在于能否真正推进课堂教学，让自己教学中产生真正的教育力，达到真正受教育的效果，达成学以致用的效果，主要体现于生成的课程产品。会用的知识往往产生于学习基础之上，学生结合自己的学习体验和学习实际，融入自己的最近发展区，才利于学生吸收，转化为自己的知识，让知识经历产生的首创过程。

在课程力提升的过程中，需要我们善于发现课程产品。在课堂教学之中，教师要有一双慧眼，要善于发现课堂中的真问题，才可能不是被学生牵着进入教学环节，也不会制约学生的思想，将课堂给强制似的拖着走完。其实，在课堂中看似平常的真问题，需要将其过滤才可能真正地促进其发展。

在课程力提升的过程中，要尽可能多地生产课程精品。课堂教学之中一定要有积极心态，让学生感知到知识的热度、真问题的跨度，以及目标意识和发展意识的生成，为达成"双学目标"保驾护航，才可能真正让自我拥有佐证价值的产品。

在课程力提升的过程中，要善于珍惜课程产品的生成机会。珍视课堂中的一切，包括尊重学生的生命，珍惜学生的生命品质和人格。教师应努力为课堂教学服务，努力为学生创设和谐学习条件服务，培养求知欲望来促进课程产品生成而满足其需要，最终通过课堂教学达成教育化人。

第三节　教师的课程研修技能

　　走向高效课堂，教师的课程研修能力是达成目标的重要保证，特别是教师用习得的研修方法指导教育教学实践，若没有在一个时间段内的持续发展，就很难真正促进课堂高效的生成。之前在《为自己的教师——对职后发展的审查》一书中我们主要阐述了一个观点：教的主要目的是为学生的发展，如果一个教师只教，他这一生难有发展；教师必须去学，只有学才能促进自我的发展。在课堂中如何有效地开展"教"从而达到促进自我发展的目的，非常有讲究，即通过研修技能的提高实现"双学目标"。

　　全面提升自我课程研修技能，在高效课堂中让学习者有所收获，不是一件容易的事，但也并非是非常难的事。关键在于教师结合自身课程力需求，主动提升自我素养，勇于在课堂中创新与实践，恰当运用教学方法和手段，完成精品课程的建构。其实，只要用心把握高效课堂里的技能（方法与手段），只要勇于将前瞻的新理念、新技术与新方法用于教学实践，课程研修技能便会随着教学实践的推进得到有效提升，基于课程（产品）的生产力自然便会变得强大，基于课程（产品）的生产方法更会彰显艺术性与创造性。

永远没有现成的方法

　　高效课堂往往是教师课程研修力及高超教学艺术的彰显。不可否认，促成高效课堂是教师课程力不断提升至强大的直接证明。人们更应该明白，课程力是专属于教师的核心素养之一，是教师职后发展与修炼的结果，是教师改变教学实践的内驱动力系统。

　　高效课堂教学中永远没有现成的方法，它需要教师课程力提升与发展，在"双学目标"得到很好落实中去探索，去随不同的课堂选择的结果。很明显，课堂要有丰硕的收获，必然要有高超的专业能力做后盾。没有及时地找到具体的操作方法和手段，并达到恰到好处的效果，就不会有高效课堂生成。纵观所有课堂，高效课堂产生必须经历"想什么""要什么""有什么"的逻辑演化过程，一定要认识到它的产生绝对不是放任自流的结果，更不是教师一厢情愿地想当然就能促成，除非满足高效课堂产生的条件，诸如丰富的教学艺术修养，体现自我强大内驱动力的课程组织力、实施力、理解力、设计力、创新力等。

链接3—7

曾经听过这样一个故事。一位农村教师口吃。照理说，话都说不流畅的教师，教学效果应该也好不到哪儿去。但奇怪的是，每学期这位教师所带班级的成绩总是比其他班级好出许多。其他教师不服，或许今年他班上的学生都比较聪明吧。可几年下来，他的班级成绩始终名列前茅。在大家的一再追问下，这位农村教师说："如果非要说有什么秘诀，那就是我的口吃了。"原来，课堂上由于教师说话很慢，常常刚说出上半句学生就接出下半句，正是教师的"拙"造就了学生的"巧"。

生产课程产品需要课程组织力与实施力的支持，课堂教学没有固定的方法，只有适合学生的学情，才能够吸引学生自主学习、自觉学习，唤起学生学习热情的方法才是有效的教学方法。在日复一日的课堂教学中，教师容易课程生产力低下，让自己身处课堂经常感觉到疲劳，结果便是经常性忘记课堂中学生的收获，同时忽视自我收获。甚至是无数人不讲究方法只求教学流程的推进。这些现象的实质是教师课程力在职后没有得到提升，发展意识处于"0"觉醒状态，导致教学效果逐渐下降，在自我课堂中信心丧失，呈现老态龙钟的职业发展状态。

在课堂中强化课程力提升，达成"双学目标"，教师自我课程力发展意识尤其重要。课堂教学中的很多课程技能需要通过修炼而形成，缺少有效的历练难得以修成正果。面对当今这种教学艺术决定教学成就的现象，面对课堂杂多而乱象的情形，可能有人会说课堂艺术属于有天赋的人。教学艺术属于课程力的一种体现方式，很多事例表明，很多技巧如果没有职后的苦练，结局是难以想象的。其实，无数课程力的提升，最初只是源于某方面的课程力存在缺陷，而后经过不断努力，克服自身的不足才达到的。

可能提及课堂成就大多教师都有同感，优秀教师与自我有距离感，他们拥有的技能带有天赋的特色，即使自我不停地修炼也追赶不上。其实，永远没有现成的强大的课程力，它们都是修炼的结果，并且还专属于修炼中得法的人。其实只要你走出课堂，走向优秀的教师人群，你便会发现他们除了意识形态里有着向高效课堂迈进的目标，行为上更是有着敢破敢立的举动，诸如针对教学中的问题开展小课题研究，敢于在常态课中进行教育教学实验，敢于置身台前将自我的课堂通过研究课的方式暴露在大众面前以获得指点。每一个人的成长都没有现成的方法，也不可复制他人所走过的路。我们只有敢于正视自我的现有条件，敢于在本没有路的大地上给自己蹚出一条道路来，才可能真给自我找到专属于课程建设方面的路。在此建议：

一是克服自身认知的不足。认识自我是一件困难的事，特别是找到自身的不足更是不容易的事。一直以来，很多教师感觉自我在课堂上总显得笨拙，或以为自身天生存在某方面的缺陷。课程力提升的过程中，如果真能发现自己的不足并想改进，就能推进自我奋进。只是很多人尽管明白自身存在的短处，但不是把它们变成追求自我上进的理由，而是把它们变成了不上进的借口。

二是找好修炼的切入点。课程力提升从修炼自身的不足开始，最大的好处在于能让自身在课堂教学中打造好跨越式发展的基础。对于职后发展而言，要在课堂教学中有新建树，只有全面认识自我，找到自我长处，并努力地围绕着长处开发，才可在短时间内将某一方面的课程力给彰显出来，并让自我的课堂得到全面改造。

一个教师在长处修炼，他所取得的成就永远是短处发展时不可逾越的高度。在高效课堂中，不难发现很多教师强大的课程力他人一生都不可及，这其实是他从长处修炼后展示的结果。我们每一个都有自身的长处，都可以通过修炼达到很高层级。通过找到自身的长处，很容易让自我呈现出亮丽的切入点。在教学中，建议教师找到自身的长处而修炼，并以此作为高效课堂的切入点，当课程力提升到真能打破课堂的沉闷，定然会让自我在课堂中找到成就感。

三是探索高效手段。高效手段不是教师多做，不是教师多说，更不是教师以自己的行为包办学生的一切。高效手段是适合学生的学习需要、成长需要的手段，需要在自己的课堂教学中努力探索。建议能建立研修机制，给予自我修炼的平台，或逼着自我迈过一些坎。

四是给自我设定短期目标。课程力提升其实是一种长期积累下来的教育教学的"教感",是教学素养与教学水准的综合体现。会随同课堂教学实际的变化而随时调整、改变自己的教学手段和方法,以达到最适合学生的学情,最适合学生的接受方式,最能够让学生在自己的教学手段和方法中得到最大化的收获。对广大的教师而言,建议设定一些短期目标,让自我在特定的时间内,能将"双学目标"中专属于教师之学的目标细化,以研修的方式推进课程力提升的进程。

五是多研究,多积累,多实践。提升自己教学课程力,努力改进自己的教学手段和方法,让追求高效的感觉随着时间的推移而愈来愈强、越来越多,让这种感觉与自己的教学同在。它需要教师不断给自我打造研究、积累和实践的平台,让自我先炼狱而后得到永生。

教学方法是"活的"

教学中提升自我课程(产品)生产力,在师生碰撞中需要让自由浪漫与训练同在。对于一位想在课堂中获得价值认定的人而言,必须经历一系列高强度的磨炼,甚至是经受苦难似的折磨,才可能真正因为效能意识提升而成为创生精品课程的人。

在课程力修行的路上永远没有现成的经验和路径可以追寻。任何已经形成精品课程生产的方法对于自我而言早已经过时,如果没有超越只能变成束缚。其实每一位教师都有着自己独立的成长空间,课程力提升与发展都有着与他人永远不相同的舞台,专业修炼的路不可复制。为此,只要我们敢于背上行囊开启课程力研修之路,不断习得新知识、新技能与新方法,不断地将现代前瞻的教育理念吸纳而铸就自我的教育思想,在课堂实践中转化成为自我教学中的行为技能,转化成课堂中富有开拓创新的课程力,才会因此而拥有课堂里的自信。

课程力提升,特别是组织方法的习得需要从模仿开始。走向高效课堂向他者学习,模仿的关键点在于能发现支撑他们创造神话的背后力量——课程力产生至发展壮大的规律。这也是为什么我们总发现别人教育教学艺术和方法总那么高明,在每一环节的细节处理上都充满教育思想,但我们模仿就总感觉变味或变相的原因。建议人们能抓住每一次向高效课堂靠近的机会,开启自我课程力提升与研修的行程。

▲注重学习方式的落实

有收获的课堂一定相伴得体的学习方式。虽然强调"双学目标",然而教的主体必须是教师,一切教只有为学服务,特别是为学生的学服务,才能称其是有效教学。如果没有学生之学这个学习目标的确立与达成,没有在课程中创生出适合于学生学习与训练的教学思路与方法,再好的学习方式都将无价值,都会变成空洞、无效的对象。开启课程力修行,需要加强学习主体学习方式的落实。虽然存在着教师之学目标达成,但在课堂中施教不能喧宾夺主,只要出现教师与学生争抢课堂地位的局面,其课堂就出现了导向性问题。

当下,课堂随着现代信息渗透致使课程发生了基因突变。不管课堂如何在变,但有一点我们必须看到,课堂中"双学目标"更需要突出而不能被弱化,否则教师在课堂中的价值不会被改变。不管课堂信息如何在变,人的自身内驱动力的提升规律不会变,只要全面提升课程力,围绕着需要学习的人进行有效教学,才可能真正达成教育教学目标。

▲注重生成环节的落实

课堂教学中的产品生成是教师教育思想引领下的生成,是教师课程意志的具体体现,是反映课程力大小的内驱动力的支撑。要想在课堂中促进高效的产生,必须注重课程生成环节的落实。无数课堂中很多教师做了很多铺垫,结果却绕了很大圈子让教学偏离航线,这源于课程力低下无法把控课堂。在课堂教学实践中修行,我们必须准确把握生成环节的课程力体现过程。

精品课程产生虽然都有相似的轨迹,但生成环节不会相同。在课堂教学中我们应通过不断地加强课程(产品)生产力的修炼,找到合适的教学方法,能将课堂分成不同时间段,并赋予不同时间应该完成的任务,才可能促进课堂迈向高效。其实教学的时间段真还不能随意乱砍,只有教师进行多次经验总结和研修对比,才能真正找到创生有深度、有收获,符合学生认知的生产规律,从而能让有效的课程精品生成。

课堂中的生成是重要的时间段,需要每一位教师走进课堂,能快速地进入兴奋积极的状态，全面将"双学目标"落实。

链接3—8

师：请同学们在诗中任选一句或一个意象赏析。

生1：我赏析的是"你的心如小小的寂寞的城"，这句诗给人的感觉是女子很寂寞。

师：感情上你分析得很到位。我想问一下，这句诗有没有运用什么表达技巧？

生1：有，用了比喻。

师：对，是比喻，把心比做"小小的寂寞的城"，形象生动地表达了女子的孤独。那么，在这首诗中还有没有别的比喻呢？

生2：我赏析的是"你的心是小小的窗扉紧掩"，这句诗运用了暗喻，作者认为女子很孤独。

生3：我赏析的是"恰若青石的街道向晚"，这也是一个比喻，把心比做街道，很美。

师：我觉得同学们对这几个比喻句的赏析还可以更完美，大家可以按照这样的比喻句赏析格式来完善自己的答案：首先说出这是比喻，然后略做分析——把什么比做什么，最后说表达效果——形象生动地表达出了什么感情或物的什么特点。下面，请大家按照这个赏析格式继续赏析。

在这个自主赏析的教学片段中，当生1赏析到比喻句的时候，教师以"这首诗中还有没有别的比喻呢"来引领学生赏析诗中其他比喻，使课堂的无序发言变成了有序发言。更为关键的是，最后教师在学生发言的基础上总结了比喻句的赏析格式。这个总结让学生学会了赏析此类比喻句的一般方法。学生自主赏析和教师引领总结的结合使课堂呈现出一种流水般的自然顺畅美。

（摘自贾会彬《教育时报·课改导刊》）

如此教学能得到认可，一个主要的原因在于，其课抓住了生成这一时间段，有效促成课程产品的生成，彰显了教师较高的课程力。

全面提升课程效能意识，教师在课堂生成环节应该给予学生充分自由。如果没有自由就会没有自主，课堂中的训练自然难以致使知识首创意识的产生。苏霍姆林斯基说:"人的内心深处都有一种根深蒂固的需要,那就是希望感到自己是一个发现者、研究者、探索者。"我们应在课堂中全面提炼"我,我的"自主意识,让课堂参与者人人都成为知识的"发现者、研究者、探索者",这不但尊重了个体差异和不同需求,并通过课堂浪漫环境激发了自主意识和创新精神。

我们应注重生成环节的落实,让学生在课堂中时时感受到自主学习体验。在学习的过程中,可以让学生动手操作、动眼观察、动脑思考、动口交流,教师通过课程力的提升,引导学生通过训练投入到具体的教学活动中去,让他们亲身感悟知识的产生和发展过程,享受到学习知识的乐趣,享受到自我成长的快乐,享受到课堂教学的收获。当然,这一切都得在教师课程力充分的修行下进行,而不是到了课堂现场临时随性发挥。

在具体的教学中抓好生成环节的落实,我们应学会调整教学流程,应根据学情的变化,随机调整教学知识点和训练方式,如果学习目标过高知识点理解难度过大,可在生成中降低知识点难度,将其转化成若干便于理解的问题。生成中,学习重点也可以根据学情做调整,让整个课堂随着"双学目标"的呈现,促进课程力的发挥找到理想的支点。

教师的课程研修技能主要是通过课程而得到提升。在课堂的生成环节中,教师应努力呈现自我的教学思想,将课程组织的亲和力、课程实施的执行力、课程评鉴和选择的影响力、课程设计的细节力、课程开发的公信力等落实于渲染课堂氛围、调动学习情趣、落实教学训练等具体的课堂生成节点上来,真正促进自我的修行。

课程力通过"双学目标"的达成,于课堂中全面提升效能意识,必然有着师生之间的有效合作,携手共进。我们必须明确,自我课程力的提升与发展是与学生合作的基础,只有在课堂中得法,才会让自我因与时俱进,拥有强大的内驱动力,从而保证精品课程的时时产生。

第四节　教师的生命观

　　追求高效的课堂，不只是对课程力发展有所需求，不只是对赢得尊重有所需要，对人的价值和意义的保护在当下也成了一个趋势。纵观教师专业发展的轨迹图，除了感知到它具有生产性特征，还具有破坏性特征；除了具有软弱性，同时也具有创造性。对于教师而言，他的全部价值集中于课堂，一种强大的生命价值观并非天生的虚无，往往会对应着客观的课程产品的生成以及生产力的大小，只不过这些都在不断变化着。课堂教学是教师体验课程力拔节的场域，是学生体现智慧传承和习得知识的体现生命价值的场域。课堂是一个交互性非常强的地方，如何通过教师恰当有效的引领，使师生双向交流与沟通表现出对彼此的接受，如何将生命观落实于具体的教学环节，促使生命价值高于一切，让课堂里充满首创知识的生产过程等，都是值得人们深入探讨的话题。

　　提升课程力追求生命课堂，实现人与课程的有机结合，在以人为本的思想指导下，课堂更会是充满人性、阳光与爱的地方。很明显，课堂中对人的尊重，不再是只见课程产品忽略人的存在，不再是把人也当作课程产品而泯灭人性。课堂中除了体现人本思想的全面性，更需要拥有全局观，使每一个学生在课程生成时得到关照，使教学环节中的每一个时刻都得到关照，使课堂的每一个角落都得到关注。这里必然包括教师课程观念的改变，同时包括教师教育行为方式要求的提升。

　　关注课程追求生命拔节的课堂教学，需要教师拥有强大课程生产力做支撑，产生强大人本关爱与责任心，不仅仅是为了知识获取而教学，更是为了人的发展而教学。在这样的教学中，教师因课程力强大体现出的魅力往往是吸引人的地方。学生有收获，课堂教学魅力才会彰显。全面提升教师自我课程力，在课堂中彰显强大的生命活力，主要表现在以下几个方面。

　　第一，课程是开放的、多元的、生成的。在课堂教学中，通过课程理解力的提升从而关注学生生命活动，使学习主体性得以充分发展，须彻底改变旧有对课程观的错误认识。从课程政策而言，要在充分考虑地区差异与各区域课程产品差异的基础上，改变对国家课程的理解，使其成为教师自我的课程产品，促成"我，我的"课程（产品）的生成多元化；从课程设置者而言，改变过去专家设置的课程，形成"自我广泛参与的课程"设计生产模式，通过课程力的提升促进新课程的生成；从课程功能而言，改变课程唯课堂知识传授至上的做法，使课程力在教学实践的过程中逐渐提升，从而铸就自我的价值观，从单纯追求知识传递转变精品课堂的生成而证明自我价值。

第二，做研究者，通过课程力提升体现专业性，让自我的工作充满智慧。教学中全面促成课程力的提升，实现教师传统职责的转型，自然便不会再是只注重传授知识，不再是教材与考试的注解者。因为课程力的提升，教师职业越来越成为一种专业，因追求课程产品的生成从而找到做研究者的支撑。抓好课程力的提升，开展研究教学是最好的途径，将"法定课程"与"师定课程"相结合，定能发现并感受到教学所潜藏的无穷创造乐趣，定能因课程力提升，促进课堂教学中教师的主体性、创造性、挑战性、趣味性等得到凸显，使自我在教学工作中充分考虑课程产品的生成，将教师自我的生命价值与学生的生命价值统一起来。

第三，教师课程力提升的同时，学生主体性得到充分体现。教师注重教学与研究同步，最直接的体现在于课程力快速地得到提升，同时他们在课堂中更是注重自由的学习氛围形成，不仅让学生眼、耳、口、手、脚等器官得到解放，更为重要的是解放学生的双手和大脑，让他们感悟到学习的快乐。教师有意识地还时间与空间给学生，特别是注重学生的学习体验、学习方法获取，让课堂成为智慧的连接带。这样的课堂其鲜明的特征在于能打破"沉闷"让课堂变得"鲜活"，让课堂在"静""动"之间体现教学过程的最优化。

第四，教学活动体现创造性和有效性。创造性的教学相对"操作性教学"而言，它以发展学生的多种智能为目的，特别强调教学活动的创生性。在教学时强调和突出教师和学生、学生和学生之间相互沟通，相互激励、启发和分享，既有独立又有合作。其教学被称为"活的教学""有生命的教学"。它打破传统教学"主体客体"思维定势，重新确立"主体客体"之新型多元的合作关系，从而在迈出"操作性教学"误区之后，师生在课堂中"双学目标"有效达成，促进智慧的共生。

永远的"创新课堂"

一位教师的生命质量体现于实践过程中所创生的课程产品，这一切取决于教师课程力大小给予课堂能动性的反映。教学实践中，随着课程力的不断提升与发展，不难发现教师的行为意识的变化更多地体现于永远的"创新课堂"，对生命予以认可到尊重，对人的个性保护到潜能发展。对于生命的尊重，更多的呈现方式通过直接的体验予以完成。

链接3—9

小学语文课堂，授课时"问"的形式概括起来通常有四种表现形式："初读感知问、细读引导问、精读质疑问、回读释疑问"等。

有一位教师在人教版五年级上册《落花生》一文的教学中，围绕"我们要像花生一样，它虽然不好看，可是很有用，不是外表好看而没有实用的东西。"这一句话，进行了多维度的设疑，其情形如下：

师："请同学们默读，自读，齐读后去认真体会，然后再自由质疑问！"

生1："大家对这句话有意见吗？我们到底要做什么样的人？"

生2："要像落花生一样谦虚、沉稳，不追求外表美，只追求内在美。"

生3："要像落花生一样，无私奉献，默默无闻。"

生4："我认为完全像落花生也不好，它很不起眼，不注重外表，难以引人注目。"

生5："我认为做落花生一样的人，就像是做内向型的人呢！"

生6："我认为父亲说的话不全对，我们应当做一个既外表美，又内在美的人。"

生7："我们常看广告——康必得治感冒，中西药结合疗效好。由此可看出：好药也得吆喝着卖。因此，我要做既像苹果又像落花生一样的人。"

……

教师课程力反映在多个方面，教材只是课堂中生成课程产品的最原始的资源，所生成的课程产品关键在于教师生产力的大小。课堂中教师的行为方式直接决定着课堂的走向。以上这一教学片断,教师对教材的选择,虽然是让学生根据设疑而表达对价值的认定,但能让人感受到教师对生命价值的尊重。教师有意识地引导发现生命的价值,引领学生体验生命的存在,课堂成为思想碰撞的乐园,如果没有沟通交流时的协同,定然难以彰显生命的张力。

彰显生命价值的课堂永远引导学生去发现,包括对智慧及知识的发现。课堂教学中,教师通常会通过自我主张,积极引导学生主动地参与到学习中去以发现自己所需要的东西,从而在发现与实践中体验自我成长所带给的快乐。

在大量创新的课程中,教师课程力集中反映于创生学习的机会。有时主要反映在教师积极地给学生创设学习的跑道,同时相伴评鉴;有时主要反映在教师能及时有效地处置问题,让错乱的航向得到及时有效的更正,并且总能引领学生在发现的道路上积极前行,结合实际让教学的发现之旅一路延伸,体验到学习带给的乐趣。

创新课堂更是教师课程力意志体现的过程。教师在教学中往往根据自我课程力的倾向性,引领或鼓励学生朝向自我认定的价值方向努力,通过关爱和尊重等方式引导学生完美自己的知识体系,让学生所获与自我期望吻合。这其间包括对智力与非智力认知系统的激发,以求让自我实实在在地感觉到自己的提升和发展,逐渐形成自我的思维,建立起自己的实践生产力系统。

课堂教学中促进学生生命提质与发展,需要教师拥有强大的课程力做支撑。让学生提出一个问题也许容易做到,但做到善于发现问题可就不容易了。在课堂中,教师要着力培养学生的创新意识,启发他们找到有价值问题,把握核心的问题,当然,这里必然包括对教师能力素养的考验。一节数学课上,有一个学生问教师:"课本上说,整数和分数统称有理数,'有理'就是有道理的意思,我不明白,整数和分数有什么道理呢?"教师不假思索地回答:"这是数学上的规定,没有为什么。"面对这样的回答,特级教师孙维刚曾十分遗憾地说:"这是一个多好的问题啊!世界上没有'没有为什么'的知识或现象。有理数是翻译上的错误,在翻译rational number 时，由于一般字典上 rational 的意思是'合乎情理的'，所以被译为有理数。但是，rational 还有一个意思是'比率、速率'，由词根 rate 可以看出，表明两个整数之比，任何整数和分数都可以写成两个整数之比。"

在课堂中体现知识与智慧的张力，最大的魅力是用教师强大的课程力做后盾，让学生体会到知识带给的生产力，智慧带给课堂的激情和生机，如此的课堂才会因为教师的学识以赢得课堂。

▲课堂里学生成为收获的主人

体现生命张力的课堂虽然是师生共同完善生命的圆舞曲，如若没有学生的收获做基础，其舞曲定然不会圆满。教师课程力强大的课堂能提供一个宽松的课堂环境，让课堂充满平等、交融的气息，课堂时空里没有压抑、闭塞、侮辱、讽刺、挖苦等不和谐音。这样的学习环境中定然会让人感知到种子发芽的声音，空山落叶的声响，拥有万类霜天竞自由的境界。在这样课堂中，因为教师课程力的强大、学科知识长度与宽度增长并拉宽、独特而鲜活的体验构成教学的全部价值与意义。

课程力是课程（产品）生产方法的总和。这样的课堂上，教师加大课程力修炼的力度，需要能够用美的教学艺术、美的教学语言、美的教学手段和方法启迪学生、引导学生、感染学生，用自身的教育思想与价值取向修饰学生的个性魅力，激活学生思维，为学生创设"学会"和"会学"的氛围；促进学生睿智地思考、独立地解答、精辟地质疑。

▲课堂教学蕴含着巨大的生命活力

课堂教学蕴含着教师巨大的潜能。体现尊重生命的课堂，更能折射出为师者课程创造力和教学艺术的造诣，像引导山羊吃草一样，啃完这一片草地，顺利地进入下一片草地觅食。在课堂上，教师若拥有强大的课程力，更会促进教师角色的转换；有时教师是报幕员，学生是主角；有时教师是音乐家，学生便是那舞台中央的独唱演员；有时教师用教学艺术这根线把"教"和"学"完美地穿在一起，把海洋与天空给予朝气蓬勃的学生。

▲课堂教学重视师生生命活动的意义

生命课堂是使每一个学生在原有基础上获得最大限度发展的智慧课

堂，特别是对师生智慧传承与新知习得的重视。这样的课堂中，教师课程力转化成为教育智慧，能及时给予学生思考的空间、表达的机会，让丰富多彩的思考交汇在课堂，让新奇、独特的思维打开创造的心门，让闪烁智慧灵光的思想在课堂上驰骋。课堂上的智慧闪耀在主体学习实践的训练中体现，教师与学生共同品味着拔高带给的乐趣。

叶澜老师曾说过："课堂教学蕴含着巨大的生命活力，只有师生的生命活力在课堂教学中得到有效的发挥，才能真正有助于学生的培养和教师的成长，课堂上才有真正的生活。"我们认为，只要教师通过课程力提升促进自身生命意识的觉醒，就能走进学生的心灵，与学生心心相印，成为学生心灵的陪护者、沟通者，让教师的心与学生的心真正地融为一体，让学生在成长中不只是习得知识，同时促进思维的提升。课堂是生命提质的地方，只有教师自身课程力发展，只有教师生命意识的觉醒，才可能用生命去激活生命，用生命去滋润生命，使教师在帮助他人成长的过程中彰显价值。

▲课堂成为充满挑战、思索、动态的过程

弗赖登塔尔说：课堂学习的最好方法就是学生亲自把这些知识发现出来。促进学生感悟到成长的课堂，需要让他们感知到知识产生的历程。教师的教案只是课堂的预设，每一个学生都是不同的思维主体，教师只有提升课程力才可能应对每一个学生的需求。有着不同理解能力的孩子们从自我的视角出发，总有着一份属于自己的发现。教学中达成协同的最佳办法在于教师借助反映内驱动力大小的课程力，能营造充满欢乐、友谊、合作和渴望的课堂气氛，让孩子们相互启发，相互竞争，通过适当的活动让其充满挑战、思索和动感，把一次次的再创造演绎得多姿多彩，促其教学的诸多环节幻化出灵动的美。

让课堂充满强大的生机

课堂是一个充满生命魅力的场域，这里需要教师用敬畏生命的真诚做铺垫，需要教师拥有强大的生产性内驱动力做感化，需要教师对教育有深刻理解，有灵魂融入和风格升华，需要秉持开放的心态，拥有敏锐的洞察力，接纳新技术、新理念和新变化，需要教师打开视野，拓展格局，跨界创生，需要教师课程力不断发展与提升，才可能因师生个性发展而让课堂充满强大的生机。

课堂中充满对生命的关爱，它需要带有客观性的课程产品给予支撑，它是一个富有思想、情怀和化育的过程，更能让人感悟到课堂中体现出的品位以及思想和生命的活力。让课堂充满强大张力，只要我们用课程力呵护课堂，有着强烈的效能意识，尊重生命成长规律、学习规律和学科规律，定能让教育教学目标完美实现。

▲创设情境，让学生在体验中学

印度伟大诗人泰戈尔说："教育的目的是应当向人类传送生命的气息。"生命是生活的基础，生活是生命的显现，知识与智慧是生命的内化。教育促进学生的全面发展，需要教师能主动地走进学生的生活世界。杜威曾说："学校必须呈现现在的生活——即对儿童来说是真实而生气勃勃的生活。像他在家庭里，在邻里间，在运动场上所经历的生活那样。"皮亚杰的知识建构理论指出，学生是在自己的生活经验基础上，在主动的活动中建构自己的知识。也就是说，学生并不是空着脑袋走进教室的，而是在以往的生活、学习和交往活动中，已经逐步形成了自己对各种现象的理解和看法，而且，他们具有利用现有知识经验进行推论的智力潜能；相应地，学习不单是知识由外到内的转移和传递，而是学生主动地建构自己的知识经验的过程，即通过新经验与原有生活知识经验的相互作用，来充实、丰富和改造自己的知识经验。

在课堂中体验到生命的张力，需要开启知识与智慧内化的进程，从而促进生命教育的达成。生命教育需要教师先提升自我的学识，而后对学生进行科学知识的传授，能引导学生贴近生活、体验生活，在生活实践中融合知、情、意、行为一体，使学生丰富人生经历，获得生命体验，拥有健康人生。主张将课堂教学生活化，促进学生在生活情境下学习，可以使个体对客观情境获得具体的感受，激起积极的情绪，促进学生的潜能发展，从而使学生更好地利用自己已有的认知结构和生活经验，对当前所学的知识进行"同化""顺应"，从而达到一定意义上的建构。

在教学中，充分发挥课程力的作用，建议能联系学生已有的生活经验，采用多种方式，把生活情境再现到教学中来，使抽象的教学内容具体化，让他们亲身经历，用自己的心灵去体验。以更便捷的方式沟通书本知识与生活现象的联系，激发学习兴趣，引导学生主动思考、探究，激活学生们自动学习的意愿。课堂中生活化的场景、生活化的语言，师生之间相互尊重、相互交流、相互学习，更能使课堂教学更接近现实生活，使学生身临其境，如见其人，如闻其声。

▲角色扮演，让学生在活动中学

生活中每一个人都有着自己独有的身份，扮演着独特的角色，在我们课堂教学中也应是如此。每一个学生只有真正让自我的角色得到充分的体现，才可能真正体现生命应有的张力。课堂教学中，教师通过自我课程力的彰显，同时需要赋予学生更多自主活动、实践活动、亲身体验的机会，以丰富学生的直接经验和感性认识。

苏霍姆林斯基说："学生对眼前能看到的东西是不感兴趣的，对藏在后面的奥妙却很感兴趣。""人的心灵深处，都有一种根深蒂固的需要，这就是希望感到自己是一个发现者、研究者、探索者。"肖川博士说："给学生一些权利，让他自己去选择；给学生一些机会，让他自己去把握；给学生一些困难，让他自己去面对；给学生一些问题，让他自己去解决；给学生一些条件，让他自己去创造。"建议我们的课堂能开展丰富多彩的、具有鲜明时代特色的教学活动，为学生展现生命光彩提供舞台，为学生生命能力的锻造开辟训练场。

让课堂充满强大的生机，需要抓好角色的扮演，能提升我们的课程设计力，让课堂成为"设计室"，让学生成为"设计师"，让他们在活动中大胆设想，尽情挥洒，畅游想象的海洋。如：假如你是一名经营者，你将如何设计自己的名片，设想那时的市场情况，根据自己所做的市场调查，规划产品，设计产品的宣传语，设想可能在经营中遇到的风险，设想避免风险的策略。假如要举办某一城市的展览，你将如何设计展厅，选择展览内容。在教学过程中，让学生充满奇思妙想。

抓好角色的扮演能提升我们的课程实施力，让课堂成为"画室"，让"小画家"们尽情挥洒手中的画笔，如描绘古楼兰想象图、古代城市想象图、未来城市规划图……

抓好角色的扮演能提升我们的课程研究力，让课堂成为"研究所"，让学生成为"研究员""调查员"，走出课堂，走进生活，深入社会，了解事实，发现问题，解决问题。如综合探究课的学习中调查家乡的环境、经济、交通，调查大众传媒的影响，调查社会小问题等。

抓好角色的扮演能提升我们的课程选择力，让课堂成为"报告厅""交流会"，让学生成为"报告者"，各抒己见，畅所欲言。

抓好角色的扮演提升我们的课程评鉴力，让课堂成为"竞赛场""辩论会"，来一场"东西部大比拼"，以彰显孰优孰劣；搞一次《传媒对青少年的影响究竟是利大于弊，还是弊大于利》辩论会……

让学生在活动中学，教学需要专注于学生，专注于教师自身，能从学生已有的生活经验和知识基础出发，巧妙构思、精心设计，才能真正化有形为无形，让教学走进学生的内容，真正完成自我需要的角色的扮演，在自己亲身经历的活动实践中倾注热情，让自己的生命活力汇聚融合、涌流奔腾，在个性的发展中体验、品味、感悟、丰富、升华生命意蕴。

全面提升教师的课程综合生产力，为生命提质而教育，让生命从容地融合到生活中，体味劳作的畅快，品味创造的美妙；为生命提质而教育，触摸成长的快乐，让课堂充满关注生命的气息，让智慧之花尽情绽放，让课堂涌动着生命的活力，这样的课堂才会富有强大的存在性。

建构生命课堂的快乐模式

让知识与智慧融入生命，让使命与生命在课堂中绽放，让对人本的关爱与尊重成为一种常态，从而建构生命课堂的幸福模式，在课堂中全面提档升级，这无不体现着教育者课程力提升与发展的智慧。当下无数教师围绕高效课堂要求创造了很多幸福模式，非常值得人们去学习和借鉴。如，有人探索出的"5-15-15-5"课堂教学模式。它即在40分钟的课堂中，5分钟预习交流，15分钟小组合作，15分钟成果展示，5分钟反馈评价。

建构充满生命活力的课堂，依据生态课堂的理念，需要我们能让学生活跃在我们的课堂上，使他们的生命在场和张扬，让学生在自主交流、互相合作中找到学习的快乐，体验学习的成功感，从而在无形中播下"只有合作互助，才会分享更多的智慧和得到更快的进步"的意识，培养未来需要的富有强大爱心与责任的人。课堂是体验生命的重要场域，只要认真审读"5-15-15-5"课堂教学模式，便会发现教师课程力在其中的奥妙。

　　5分钟的预习交流，需要教师对生态课堂的前奏有所把握，以感知到教师在课前的准备，评鉴做得好不好。一个成功的学习任务下达从来都需要早有准备，才能给其留下更多的提升空间。5分钟的预习交流可以促使学生好习惯的回归。预习交流中，学生互相更正，可以向教师提出问题，促进教师及时反馈，以省去杂多陈旧的要求。15分钟小组合作，是"5-15-15-5"课堂教学模的核心环节。小组合作解决的问题多是本堂课需要学生掌握的知识，也是指引教学的方向。其间必须考虑的是能让各小组成员尽可能有成效地进行讨论交流，使得我们的设想能富有成效并得到良好的体现，从而避免出现无效讨论或者消极讨论。此环节的设置包含着很多技巧，我们以6人为小组的构建为例，探讨小组合作学习的效率。

　　6人中可以两人互相结对子，一小组就有3对学习对子，平时学生互相批改作业或者检查作业时，可以让对子两人先互相订正，然后再在小组内一起核对，如此便能在时间和效率上都得到保证。

　　讨论问题时，不鼓励由组长组织并代表发言，最好不要设立固定的组长，这样每人都有职责完成任务，每组都在课堂表现上争取完成任务，才有合格的评价。

　　成果展示时，要求必须明确而有步骤，使学生发言有秩序，鼓励有创新的精神和独立的见解。

　　一定要预留大约5分钟的时间进行成果评价，使学生的劳动成果有评价，劳有所得会鼓舞学生持续学习的热情。

　　建构生命课堂，促进学生快乐地学习，尽管诸多教学模式的基本构架极其相似，但是由于课堂教学执行者的教师课程力大小不一，加上教学模式运行时间和空间的不一致，其教学效果依旧参差不齐。

　　对生命尊重的课堂教学模式并非一成不变，需要教师结合课堂需求灵活组合构建，甚至是建构适合课堂的模式群，以促使对生命的尊重。在模式建构时，我们可以结合自身课程力的大小，根据不同的教学场域要求，体现生命课堂的核心理念和价值追寻。

全面提升课程力，打造高效课堂，教师的发展意识与效能意识必须要先行。呵护课堂中的主体、呵护生命是高效课堂的必然选择。我们只有让自己的课程力发展，才可能真正让课堂符合教育的需要，才可能真正打造出课程精品，以证明自我的存在价值。

第四章　课程精品意识
——兼谈教材教法

题记：在课堂教学中树立课程精品意识，体现的是一种进取精神、一种拼搏精神、一种创新精神。

修炼专业素养，建构精品意识，意义非凡。精品意识具有非常强的目的性，一旦它在课堂教学中被确立，就会成为指导工作的指导思想。

高效课堂包括对精品课程和精品教材等的追求。在实际的课堂教学中能否打造出精品课程，是对教师课程力高低的考验。我们应该感知到，打造精品意识是从普通走向卓越的阶梯。在课堂教学中，只要真正生成了精品课程，往往就能占尽课堂教学的先机，让课堂教学立于不败之地。

打造精品课程，需要强大的课程力做底气，需要过硬课程力素质做支撑。课堂教学的精品意识实是一种奉献精神的体现，不仅需要教师付出比常人更多的心血和汗水，有时还要牺牲个人的许多利益，投入精力与物力，强化自己对教材的精准把握，对课堂教学方法的精准拿捏。要知道，如果没有兑现对教育所作的承诺，没有努力提升自我的课程力，并结合具体的课堂精雕细琢，好中求好，精益求精，只能是空谈。

我们更应树立求"精"的教学理念。精品课程实是建构高效课堂的基础。相反，教学中只图"过得去""差不多"，标准上不去，效益出不来，课程力得不到发展，专业发展定然就不会有突破。

第四章 课程精品意识

课程精品意识实是一种存在的生产力,一种潜在的生产力。精品课程的产生绝不是偶然的,精品意识占据着头脑,实践起来才有方向,才有力量,那么,课程力才能得到提升。对于我们大多数教师而言,拥有精品意识,打造精品课程,我们才会因为生产精品课程而有为师的财富。

高效课堂、精品意识体现出对教育高远的追求,是提升课程力的保障。但是,课程力提升不是一朝一夕就能练就,需要殚精竭虑的推敲,呕心沥血的探索,需要为之付出大量辛苦的汗水和心血,需要不知疲倦地积极进取,需要有打破传统思维、敢于超越前人、勇于标新立异、大胆革新创新的勇气和魄力,才可能真正地在课堂中让自我拥有成就。我们的课堂修炼,需要教师以"精品意识"为后盾,需要教师对课程力的提升持之以恒。只有注重培养课程"精品意识",我们才能脚踏实地、埋头苦干,才能不畏艰难、直面挑战,才能坚持不懈、持之以恒,才能目光远大、赶超先进,拥有竞争的底气和实力,永葆昂扬的激情。

第一节 课程才是产品

探讨精品意识的构建,我们必须先弄明白什么是教育的产品,而后方可知晓提升课程力、打造精品课程的方向。前面章节中,我们已经多次阐述高效课堂是"双学目标"达成的多维目标的集中呈现,很明显,"双学目标"是以课堂中所有人发展为基础所设定的目标。在具体的教学实践中,多年来人们一直混淆了一个概念,把"人"作为了教育教学的产品。这实则是人们认识上的误区,"人"只是课堂教学的主宰对象,是有血有肉、有思想有灵魂的载体。人永远不是任何人的产品,也不是任何时空的产品,如若坚持就是对人的人格的不尊重。

人永远不是教育教学中的产品。回归认知领域,需要再对一些概念予以认知,方才可能走出误区。我们知道"产品是指能够提供给市场,被人们使用和消费,并能满足人们某种需求的任何东西,包括有形的物品,无形的服务、组织、观念或它们的组合。"从对产品的概念着手理解,如果说教育是一个市场，很明显人不是产品，也不具有产品的要素，若依旧把人当作产品，只能是认知的倒退。到底什么才是教育教学的产品呢？回答这一问题，需把焦点集中于课堂中，寻找能够给人们使用和消费，并能满足人们某种需求的东西，自然便会发现诸如物质性的教材、教室、教具等，非物质性的提供给人服务的教育教学以及某些特殊的教育理念等，这些才可谓是产品。这些物质的或非物质的，都属于学校为实现培养目标而选择的教育内容及其进程的总和，它们直指课程。为此，我们可以得出结论：课程才是教育教学产品。

明白了课堂教学中产品的概念，我们更能明白什么样的教育教学才是人们需要的东西。

打造精品教材和教学内容

在所有教育教学产品中，"学什么"永远是排第一位序的。虽然社会最看重的是通过教育让人最终取得成就，甚至会忘记或忽略曾经所用的教材或所学的教学内容。其实，只要稍加思考，便会发现多年来提供的科学的教材或精品似的教学内容的重要性，要是没有这些做支撑，低劣教育成就的出现就是低劣的课程产品的罪过。

提供精品教材是高效课堂最基本的需求，是对教师课程力的直接要求。教材是课堂中师生双方开展教学活动的纽带和载体，教与学进行的关键，在于能否围绕教材让教学内容有序展开。近代，提供给课堂的教材，几乎是经过有着特殊经验的专家给有序编排，而后按照知识难易和学生的接受程度进行系统设计。教师进入课堂，几乎不再为教授什么教材而犯难，只要合理安排、有序实施，便可完成某一时段的教学任务。

"学什么"，"教什么"。"教什么"，"学什么"。只要去审查这两组带有逻辑关系的语句，便会发现带有共性的教材虽然体现着科学性与严谨性，但对于具体的学生而言，"教教材"依旧满足不了他们的需求，教材显然还不等于精品教学内容，人们只有依据教材进行合理的提炼、开发和重组，才可能真正打造出符合高效需求的教学内容。

当今的教育，正悄悄地经历着信息化的浪潮，对传统理念带来强大的冲击。这里，更需要作课堂守门人的教师拥有一双慧眼。拥有精品意识是教师擦亮眼睛的法宝。全面建构精品教学内容，将教材消化成教师的内容，成为所有人的追求。人们总在努力地将教材进行处理，打上带有教师独有的带有倾向性标识的教学内容。诸如充分地理解教材，创新地运用教材，找到教材内容与学生学习发展区的最佳结合点；集中教材的优势，突出教材在学生的知识接受和能力培养上的价值。

走向高效课堂，提供精品教材，是卓越教师的理念与追求。教材与教学内容之间的讨论是永远牵扯不完的话题，人们通过辩证的认知基本达成"教材不等于教学内容"的共识。事实也是这样，教材虽然是理性知识的有序集合，但教材里的所有知识都不具有智慧，都不具有温度和目标，需要教师抓住教材充分理解和设计，需要教师将个性化的专业素养融入其中，才可能最终演化成切合自我及此班此生的教学内容。如何有效地使用教材，这几乎是一线课堂教师最迫切需要解决的问题。争论多年，有人试着给出了解决的方案和对应的答案，结果是谁也没有真正解决这一问题。其实解决这一问题只能靠教师自己，其他任何人都不可替代。

人们甚至或得出教学内容等于教师的内容的结论。教材具有权威性，谁也不能否认。现实中，很多人就因受困于教材的权威性而严格地执行教材。按理而言，如此的行为是应取得较好的教学效果的，可事实恰恰相反。只要真正深入课堂便会发现，人们很难严格地执行教材，在执行的过程中只要不越雷池半步，教材就会一知半解似的被打折扣。打破教材权威性的束缚，只要深入高效课堂便会发现，超越教材，建构专属于"我，我的"教学内容等，才会促成精品课程的产生。

打造精品教材，让自我拥有属于自我的教材，打造精品课程，这都源于强大的课程力致使的创新。有精品才有创新，有创新才有精品生成。创新是什么，创新就是走前人未走过的路，是对未知领域的探索，是追求美好的过程。课堂教学需要面对学生真实的认知起点，展现学生真实的学习过程，让每个学生都有所收获和发展。毫无疑问的是，教师如何利用教材，如何挖掘教材，如何充分发挥教材的教学效果和价值，是教师教学功底和能力的体现。客观地说，教学内容往往就是教师本人的内容，是教师本人对教材的理解、运用和发挥的表现，是教师对教材的开发和重组的展现。教师对教材的不同理解和运用，就会导致不同的课堂教学效果。

如何让教材的内容更好地体现教师课堂教学的旨意？如何让教材在教师手中更大地发挥作用？如何让教材更好地接近学生学习的需要？回答好这些问题，关键在于教师能积极地投入研究，努力做到"两个熟悉"：一是熟悉教材内容，一是熟悉学生。教师首要在于了解每一节内容在整个教材中的地位，有哪些知识点和能力因素，难度、难点在什么地方等。教师其次要看学生是否具备所需的基础知识，对将要学习的问题是否有兴趣，学生的接受能力如何等，而后做出对应的调整。"两个熟悉"实是教材处理的依据，两方面的情况决定教学方法、教学内容、教学过程等。如果学生在基础知识上有欠缺，在教学中就应补充这些知识，以充分保证学生知识体系的完整性；如果学生对将要学习的问题缺少兴趣，就应想办法激发其学习动机。

链接4—1

《黄河颂》教学片断

师：你们听说过黄河吗？

生：听说过，我们中华民族的母亲河。

师：为什么说是中华民族的母亲河呢？

生：黄河发源于青藏高原巴颜喀拉山北麓海拔4500米的约古宗列盆地，流经青海、四川、甘肃、宁夏、内蒙古、山西、陕西、河南、山东九个省、自治区，最后注入渤海。它是中国的第二大河，全长5464千米，流域面积75万多平方千米，黄河流域内有耕地3亿多亩，1亿多人口。

生：黄河是中华民族的发源地。150万年前在今山西省黄河边的芮城县境内出现西候度猿人；100万年前的蓝田猿人和30万年前的大荔猿人在黄河岸边取鱼狩猎……从旧石器时代起，黄河流域就成了我国远古文化的发展中心，拉开了黄河文明发展的序幕。

师：同学们收集的资料还真不少。那黄河流域现在的情况怎样呢？

生：现在的黄河遭到了严重污染，在宁夏，造纸企业被公认为污染大户，据统计，每年排入黄河的工业废水多达6007.2万吨，占宁夏工业废水排放总量的52.1%，其主要污染物化学需氧量的年排放量约6.57万吨，占宁夏排放总量的79%，污染"贡献率"居各行业之首……

《黄河颂》是著名音乐作品《黄河大合唱》第二乐章的歌词，也是一首反映抗日救亡主题的现代诗歌。诗歌着眼于"颂"，以热烈的颂歌形式塑造黄河的形象，充满了强烈的冲击力和震撼力，展示了黄河桀骜不驯的血性和中华民族的英雄气概。而在这节课中，教者不是引导学生去读诗歌，从语言中去感悟这篇作品的气魄和情感，而是放大了历史、地理、环保知识，把好好的一节语文课上成了历史、地理、环保等诸多内容的大杂烩。这样的教学，就是没有处理好教材的教学，教学内容不集中的教学，它忽略了教材的学科特征，而是肆意放大教学的范畴，让课堂变得杂乱无章。

从打造精品的角度处理教材，找到合适的教学内容，是教师专业核心能力的体现。教师处理教材的能力低下，或没有正确的教材观，往往更会将教学带入误区，严重影响教学效果。很多的时候，我们的课堂教学表面看来热热闹闹，学生积极参与，课堂氛围浓厚。但是，如果仔细研究就会发现，因为教师教材内容处理不当，甚至于连"教教材"的程度都不能达到，更不用说"用教材教""用教材学"了。这会导致整个课堂教学严重偏离正常轨道，教材的教学价值没有得到体现，教材的教学资源没有得到发挥。学生思的启迪、美的熏陶、情的感染，以及知识的获得、能力的形成也都统统成了空中楼阁，没有附着的可能。这就是对教材的乱用、滥用，或是对教材的不尊重，是对课堂教学的不尊重。如此，教学导致课堂的低效也就不足怪了。

教学内容不等于教材内容，但教学内容完全等同于教师的内容。我们每一位教师应该努力提升课程设计力，建立教材精品意识，全面打造精品教材，将其变成教师自我的产品。当今的教育正在悄悄地发生变化，特别是我们处于信息化社会，一切资源皆可以共享，一切经验皆可以借鉴，一切成果皆可以吸收，更是给我们的工作带来诱惑与挑战。我们以前备课，需要认真解读教材才可能完成课前预设。今天若我们只求交差，只求"差不多""过得去"就行，只求简单的"拷贝"，就能将问题解决。结果如何呢？这种偷工减料不但没有省工，久而久之，只会让我们养成懒惰的习惯。如此，与树立精品教材意识的要求相差甚远，人们必须克服才行。

规避偷懒，全力打造精品课程

教材不等于课程，教材属于课程建设中的核心。我们打造精品教材时应遵循课程建设的基本属性，比如，课程属于"航道"的功能，如若将处理后的教材转化成促进"双学目标"达成的教学内容，才可称真正地拥有课程意识。只是我们还应该明白，拥有教材精品意识，我们必须认识到精品就是好中之好、优中之优之作。实践证明，创新是一个探索、打造、完善的过程，是在追求精品的过程中完成的。塑造精品教材是创新的基础。

高效课堂中的教学内容往往因课程精品成就品牌。这样，课堂有精品，才会因此有教师主角对课程力的需求，因精品成为人们参观、学习、仿效的对象。对于全面提升课程实施能力的教师而言，精品意识往往会牵引导向意识——打造精品教材，从而有对所提供的教学内容转化成精品或优质课程的要求。教材的处理，除了有较强的业务素养、专业能力和对教材的理解力，还需要有对课程教材的把握力，同时，它也需要花费一定的时间和精力。

在平时的教材处理中，囿于教师课程力低下或是态度低劣，经常性地致使课程产品不是精致而是粗劣。其原由主要凸显在两方面：一是能力或态度上的不足，导致教材的处理不到位，课堂教学中的主题不突出或是不够突出；二是在教材处理上，过于随意，不能深入挖掘教材的教学价值，教材的处理便突出地表现为随意性、无序性，或过于琐碎，或过于凌乱，没有一个整体意识和主题意识。教材处理低劣，往往会给课堂教学带来极大的隐患，致使课堂教学的效能低下、效果极差，严重时还会影响教师的性情，因没有课程产品导致无成就而消沉。

▲突出学科特征

精品教材，反映教师的教材观，折射教师的课程设计力。很多教师努力地处理教材，将教材转化成自我的教学内容，但由于教材观的偏离致使课堂变味。诸如，内容蔓延过甚，模糊学科特点，这很难让人感觉到学科教学的魅力，也很难唤起学生学习的热情和兴趣。课堂表面上好像也在追求拓展，追求整合，追求课堂的生动与活泼。其实，在如此处理教材的影响下，教材被拓展、整合成了一个个单纯的手段、单纯的方式，严重时还会脱离课堂教学这一中心，背离课堂教学的真正目的。如，把语文课上成了音乐课、美术课、思品课、科学课；把数学课上成了观看动画的欣赏课、游戏课……对于教材的处理，首要的是突出学科特征，突出学科特有属性，体现学科教学特点与本色，体现学科教学目的与效能。

拥有强大的课程力才可保证精品课程的产生。课堂教学内容的处理不能有应付意识，如若只注重"面子工程""眼球工程"，只搞形式主义、照搬主义，结果必然会被自我的导向打败。只有老老实实、扎扎实实、踏踏实实处理好教材，并将其向自我教学内容有效转化，真正让其变成精品教材，课堂才会变成为自我拥有的精品课程。

▲突出学科本体

打造精品教材，打造精品课程，突出学科的本体性是根本。精品不是凭空而来的。只有拥有正确的理念，具有渊博的知识、多样化的本领，才能在工作中不走老套、不拾人牙慧，有自己独到的见解和创新工作的思路和方法，从而促进课程力提升，促进课堂教学的有效直至高效。

拥有教材的精品意识，在教材的处理上必须突出学科本体。学科本体意识是打造精品课堂不可规避的一个重要方面。究竟谁才是课堂教学中的教学本体，教材如何才能达到突出教学主体的效果，除需要统筹安排，更需要体现理性才行。尤其应该注意教材一定只是一个学习工具，是一个手段，掌握本体知识才会保住课堂的根本。突出学科本体必然突出"用教材教""用教材学"，这是突出本体教学不可丢失的教学理念，它最终让学生学习主体作用凸显在课堂教学本体内容的习得上。

链接4—2

《我要的是葫芦》教学片断

师：（启发引导）那个种葫芦的人由于不知道叶子与果实的关系，还不听邻居的劝告，没有得到可爱的小葫芦。假如你明年种了葫芦，叶子上生了蚜虫，你会怎么做呢？

生：我会用药打死虫子。

生：还不能随便买药，要不然会伤害叶子和葫芦。

生：我使用杀虫剂。

师：看来，大家懂得的知识可真多呀。把我们的语文教学联想到实际生活中去了。真值得夸一夸。（全班夸奖说得好的同学）

生：老师，我会听邻居的意见或去问别人。

生：让爸爸妈妈帮忙。

师：你们在课文中受到的启发可真不小哇。

生：我用开水把虫子烫死。

（教室哗然一片，议论纷纷：那不把叶子烫熟了吗？葫芦与叶子可是有很大联系的）

生：我会网很多的七星瓢虫，放到叶子上去吃蚜虫。

师：你的想象真是与众不同。夸夸他。（全班一起夸）

生：我用手捉虫子，然后踩死。

（众多学生反问：你捉得完吗？）

生：（说捉虫的学生发言）我天天去捉，总有一天会捉完的。

生：我发明一种吸虫的机器，专门吸叶子上的蚜虫。

生：我用烂菜叶去引走蚜虫。

师：蚜虫也想美餐一顿，吃到新鲜可口的嫩叶，你的烂菜叶它感兴趣吗？

生：（摇摇头）那我就用新鲜的嫩叶去引走蚜虫。

生：我重新种葫芦。

部分学生笑着说：你重新种葫芦，那叶子上又生了蚜虫怎么办呢？（说要重新种葫芦的学生耷拉着脑袋）

师：老师知道你是一个聪明的学生，肯定还会想出更好的办法。

生：我找专门消灭蚜虫的书帮忙。

师：（称赞）你真是一个肯钻研的学生呀！

倡导从"非本体"到"本体"观念的转变，重在落实到行动上。而提及"非本体"教学内容引发的偏差，上海师范大学吴忠豪教授对这种语文教育教学的弊端有重大的突破与超越。他为此给予"非本体"和"本体"

教学内容内涵和外延的界定，指出"本体"教学内容主要是语文课程独有的，反映课程本质特征的教学内容，包括语文知识、语文方法和语文技能；"非本体"教学内容主要是非语文课程本质特征的各科共同承担的教学内容，包括情感态度价值观、审美教育、多元文化。看得出，从"非本体"到"本体"不只是观念的转变，更是一个实践性的方向的抉择，观念之变会同时带动一系列的实践之变。

课堂教学必须突出本体意识。以上这节阅读教学片断，我们明显地看得出教师在教材处理上的不足，没有考虑到语文学科本体的特征，没有处理好本体知识非本体之间的关系。表面上看来，整个教学好像教师给了学生一个自由的拓展空间，但事实上这是一种放任的无序的表现：没有深入挖掘教材中可以作为语言训练的材料，没有通过语言的学习提升学生的语言表达能力，整个教学过程中过重地突出了非语文学科的教学内容。这样的课堂教学中本体意识的缺乏只能致使教学达不到理想的效果。

▲突出教学整体

高效课堂由很多精品课程整合而成。但人们应该看到课堂这一个整体，不能一叶障目，不能以一代全。很多事实证明，只有全面建构精品课程的整体意识，达成有机和谐与协同，才可能真正促进课堂高效。

教材的处理一定要突出教学的整体，不能给点阳光就灿烂，没有边际地"抓住一点，不计其余"。如，有的课堂教学中，教师脱离教材的整个结构和效果，"用你喜欢的方式读读你喜欢的句子或段落""你喜欢学习哪一句就学哪一句，喜欢学习哪一段就学习哪一段""你想算哪道题，就算哪道"，任其肆意发问，对于整体的教学却放之一边，学生学到的只是边边角角，课程生成的也只能是边边角角。看上去是尊重了学生学习的全体，实际上是只见树木不见森林的具体表现。这样处理课程产品，只会肢解课堂，只会让课堂教学支离破碎，只会让课堂因功利越来越远离教学目的。

教学内容是重要的课程资源

有精品意识，才会主动提升自我的课程力，力求时时、事事有创新。创新是什么，创新就是走前人未走过的路，是对未知领域的探索，是追求美好更好的过程。实践证明，课堂教学内容创新，是以教师拥有强大的课程力为前提的，它是一个探索、打造、完善的过程，在追求精品的过程中完成。因此，我们应该清楚地认识到，教学内容是课程资源开发的重要方向，针对教学内容从"非本体"向"本体"的转变是对教师课程力检验的一个筹码。

教材是手段，教材是资源，教材是课堂教学中用以实现教学目的的工具和凭借。不注意课程资源的开发和利用，没有对课程资源的持续支持与转化，再美好的教学目标也难变成现实。有效地开发教材开发课堂资源，是成熟教师创造性工作的标志，是促进教师自身课程力提升的主要途径。整个实施过程中，资源的开发和利用直接影响着学生素质的发展，但很多时候，我们却总忘"本"，忽略了对教材课程资源的开发。

▲充分挖掘教材中的教学资源

教材不是一成不变的、死板的，而是灵活的、灵魂的、生动的、多角度的。在课堂教学中，教师要能够充分利用和挖掘教材资源，体现新教材意图，为学生创设一个个富有激情与挑战的学习情景，启迪学生的思维。

如，余映潮老师处理《满井游记》第一课时，对课文进行美点赏析，就是教师对教材资源充分挖掘的典型。

链接4—3

《满井游记》美点赏析

1. 听读课文。

2. 朗读课文。

3. 译读课文。

4. 教师：这篇课文充满了"美"，请同学们就课文内容从课文中找出实例，用课文"美在……"这样的句式说话。要求每人都说，至少要说一句话。

5. 同学们读课文，写"话"，进行"美点赏析"式说话。

6. 综合同学们的"说话"内容，小结如下：

课文的写景之美：写了春水之美，是"冰皮始解，波色乍明，鳞浪层层，清澈见底"；写了春山之美"山峦的积雪被晴日所化，青葱的山色如同经过洗拭一般，显得格外鲜妍明媚，好像刚洗过脸的美人正在梳掠她的发髻"；写了春柳之美，还写了麦苗之美。它们构成了一幅北国郊原的早春风光图，令人目不暇接，心旷神怡。

课文的写人之美：作者写了游人的几种情态：饮泉水煮茶的人显得清雅而悠闲；边喝酒边唱歌的人显得豪爽而痛快；穿着艳丽服装的女子显得从容而舒适。这各得其乐的种种情态，无疑是一幅郊原春游图。游人们既领略最早的春光，又给余寒初退、大地春回的景色增添了不少的生气和暖意。

课文的写物之美：曝沙，写鸟的安闲恬静；呷浪，写鱼的自由天真。作者通过鸟鱼一静一动的情态，概括了大自然一切生物在春光中的"悠然自得"之感。作者甚至发现和感受到在鸟的羽毛和鱼的鳞鳍之间都洋溢着一股喜气。

课文的写情之美：作者的情表现在出游之际。来到野外，看到堤岸两旁高高的柳树，闻到滋润的泥土的芳香，他快乐的心情就像脱笼之鸟一样，飞向那辽阔的春天原野。作者的情还表现在写景写人写物之中，表现在他游玩之后的美好感受中——春在郊田之外，而居住在城里的人还不知道。辜负春光，岂不可惜！表达了向往大自然的美好。

至此，同学们完成了对课文的多角度的整体理解。

上述教学设计，有着这样突出的特点——教师想方设法把学生从整体的角度引入课文，使课堂教学结构有了极大改变，使很多新的教学内容被创生后达成很好的效果——促进学生自主学习的时间和空间大大增加，自学能力和自学习惯同时得到培养，学生参与朗读、思考、讨论、交流等成为课堂教学活动的主流，课堂教学过程显得生动活跃。这样的课堂，当教材资源得到很好的开发后，其优势自然地便会在教学中得到彰显，从而促进课堂精品生成。

▲积极寻找教材与学习的有效衔接

课堂教学，要求教师有较高的课程力，有对课程的把握力，对"本体"内容的甄别力和选择力，能够依照教材本身的特点，创造性地对教材进行处理和运用，并抓好教材资源的创生与学生有效学习的衔接。这也要求教师应努力找准教材与学生学习的结合点，让学生能用自己喜欢的方式走进教材，研读教材，始终牢牢把握住学科教学特点，紧扣教学目标，让各种手段很好地为教学服务。这样的课堂教学中生成的课程产品，更有利于强化对学生情感的培养、知识技能的获得，更容易让学生高效学习。

▲注意课堂教学中随机资源的生成

课堂教学中，教师要有能够依托教材抓好课堂产品生成的资源建设的能力，为此，必须注重课堂教学中随机资源的生成，能够充分发挥随机资源的效能促进课堂教师最优化，以便让课堂更为灵动，更为丰满，更为充分而具体。

纵观课堂教学我们发现，很多教师课程力低下，对课堂中随机资源生成的捕捉力低下，这源于没有精品教材的意识。最可怕的便是产生"蝴蝶效应"，以至于很长一段时间内思想认识一般，能力素质一般，工作干得一般，永远游离于课程建设的边缘。可以说，一个教师要想实现自己的人生价值，挥洒自己的智慧，创出自己的品牌，就需要有随时把握课程资源生成机会的能力，从而造就出"我，我的"课程精品。

第二节　打造精品教法

卓越教师与高效课堂紧密相联，教师的精品意识主要体现于强大的课程执行力，能将杂多信息给予有效的处理，能将"教什么"与"怎么教"之间有机衔接。其实，就像前面小节中提及的那样，精品课程需要有主角意识，如此，课堂中教师的主体地位才会淋漓尽致地呈现，像进入同一个平台竞技一样，即使拥有相同的条件，执行过程也会带有"我，我的"最为明显的标识。

课程力是基于课程（产品）生产方法的总和。一个哲人曾经说过："一个人追求的目标越高，他的才力就发展得越快。"总体而言，课程精品意识属于服务教育的范畴，除了需要物质性产品给予支撑，同时也需要有非物质性产品给予服务，才能因促进课程力提升而达成高效课堂。努力打造精品教法，无不是当下教师全面提升课程力的追求。但这却需要教师除了系统学习课程理论，更是需要教师敢于在实践中去不断历练和提炼，才可真正练就专属于自我的课程力。

我们应充分认识到，精品教法犹如庖丁解牛，是立足课程力长期修炼的结果，其中包含学习与充电。因为就整体而言修炼其实就像一个充电的过程。工作之余开始充电，工作时才会拥有更多的内驱动力，以促进教学按预想的设计有效有力地推进。如果不充电，哪怕面对精品教材，依旧因缺乏课程执行力以及技巧，难以达到理想的效果。打造精品教法，课余和工作都需要充电，这才是最有效途径，它不但会防止内驱动力不足发生疲软，相反更能使教师在教学中充满精气神。只不过一边工作一边充电，就像一台机动车辆一样，是动力系统的一次综合调控，是教师不断前行的重要保障，但需要讲究的也更多。

打造精品教材的技法

课堂需要智慧的传承，需要高效的首创知识习得的彰显，但没有强大的课程力做保障，一切将会是空想。全面打造精品教法，能给予高效课程提升课程力的重要支撑。我们应该明白，打造精品课程，全面建构服务意识，从而拥有精品教法，那么高效课堂才有保证。这里包括科学地处理教材，精选教学内容和教学资源，有效抓住教学重难点，以及对教材转化为教学内容的研究，全是练就课程力，提高教学质量的必需选择。

课堂是教育教学改革最终归属与落脚的地方。新课改为人们打开了一个新天地，大家描绘理想课堂的同时已开始着力于理想国的构建与实践。当人们开始明白课程力的重要性时，也着力打造精品教材，因此，高超的技法无不成为一种追求。因为人们越来越精明，特别是在这个易于生成精品的时代，课堂中哪怕拥有再多的精品教材，若没有与教师强大课程力配套的精品教法，不但会浪费过多的精力，也会让课堂凌乱。

课程改革总在不断推进，可很多教师依旧不明白课程力提升的重要性，课程技法依旧粗劣，以至于将课程导入歧途而不知，也自然不知出路。纵观很多一线课堂，便会发现一味地追求课堂表演与浪漫，达到"乱花渐欲迷人眼"的程度，导致新知和本体知识的训练时间不够，其直接原因便是不注重教学方法的具体落实，间接原因直指课程力没有得到提升。结果是课堂很难有精品课程生产的真正落实，更谈不上对课堂主体实施的人本关怀。

一般来讲，全面提升课程力，打造精品教材技法，应朝向四方面努力。

▲根据教材学科特色确立处理方法

课堂教学精品技法因任课教师精品意识的存在而形成。很多人因为追求教学环节的完美，拒绝自我因课程力低下所致的平庸，坚持高标准、严要求推进精品课程生产，不满足过得去和扁平化，能结合学科特色抓好本体性内容的设计，也总能在具体的教学实践中达成"无处不精心，无处不精细，无处不精美，无处不精彩"的效果。

每一门学科都有本体特征，都有独门学科教学要求，但能否达成高效课堂，直指新课程改革以来教师课程力的变化。不难得出一个结论：一个教师若结合学科本体内容，开始关注教学中操作层面的改变，能围绕"本体"内容进行知识、技能和方法的整合性教学，说明他的课程力已日趋成熟；一个教师若开始关注课程理论的更新，增强课程意识，给予明确的本体性教学内容，能围绕本体性内容展开教学，能清晰检验学生的学习成果，研究教学内容，重视知识积累，强化训练运用，全面实现课程教法的转型，说明他的课程力正在快速嬗变。人们更应该明白，没有课程力的提升，没有教学方法的修炼，课堂不但达不成高效，相反，高耗低效的尴尬局面就难以扭转。

链接4—4

整体阅读教学方法的尝试

教学《哨子》一文时，余映潮老师结合语文学科的特点进行了整体阅读教法方法的尝试。

教学过程中，余老师引领学生以"哨子"为线索，突出"哨子"一词，一步步一层层地向前推进，从课文整体的角度，要求学生理解四个方面的内容。

1. "哨子"像一线串珠。课文以"哨子"为线，贯穿全篇，作者列举丰富多彩而又饱含哲理的"哨子"现象，使论点的阐发散而有序，丝丝入扣。

2. "哨子"妙喻生辉。第四段至第九段依次用"哨子"比喻权势、名望、财产、玩乐、虚荣、依从父母之命或贪求荣华富贵，第十段又用"哨子"比喻对其价值作出错误估价的事物，归结全篇并提出中心论点。既使抽象的说理变得形象通俗，饶有趣味，又能给人以深刻启示，令人警醒。

3. "哨子"虚实相映。作者开篇叙述有关"哨子"的一段亲身经历，然后由实而虚，以物喻理，虚实相映，行文摇曳而富有韵致。

4. "哨子"的写法同中有异。课文主体部分连续用六个自然段举出事例，充分说明"哨子"现象之普遍，从而有力地突出了论点的启示和警戒意义。六个段的写法大致相同而又同中有异，使课文的语言体现出生动活泼的表达特点。

当下，着手教学方法的更新需要多方面的努力。余老师在《哨子》的教学中，抓住一个或几个关键实施整体阅读教学。从教学过程看，突出学科本体的完整性，效果定然会大大优于肢解课文、架空分析、教师独占讲台等乱象；从教材处理看，余老师因有强大的课程力做支撑，教法小巧灵活，更不像很多人所采用的单元教学那样，令人望而却步。这不难让人体会到，一位教师拥有强大的课程力，更多地还体现于对教学环节的细微处理上，体现于抓住学科本体特征对教学内容的精准理解上。

确立教材处理方法，确立精品课程生产的方法，能根据学科特点进行教学设计并创造性地落实于课堂显得尤其重要。在课堂教学实践过程中，需要人们能对教材进行整体感知，能对教学流程精准把控。只有真正地超越课堂、超越教材，才可能走出机械采用教学方法的束缚。其实，教无定法，但教需切合此课，以此促进自我课程力的发展。对于学科的整体把控，才可能真正抓住制约课堂成败的核心因子，并在教学中呈现出体现个人魅力的教学方法来。

▲**根据教材的章节特色确定教学方法**

当今的教材编排时，往往会根据学科知识的分类进行模块设计。不管近年教材如何改革，编者意图如何更新，其实都无法将学科教学内容给予更新重置。在课堂教学时，加强教材模块内容的把握，能结合教材特点对编撰者意图进行识别，而后科学的设定教学内容、教学目标以及教学策略等，无不是对教师课程力的检验。现实是，很多教师眼里只有当天的教学任务，而无对教材整个分析的过程，表面上是教师在捡便宜，实则究其原因是教师缺乏系统性的专业知识。建议人们在教学时，能对教材编排先进行整体解读，抓住不同模块知识特点，而后处理好教学内容在本章节中的地位，处理好教学内容与其他章节的关系，以及处理好所学知识与其他知识间的联系，方才可称胸有成竹。

▲**根据教材的内容特色确定教学方法**

教学内容不等于教材内容，但不等于教师抛开教材而另设教学内容。要知道，每一个知识点能被编者纳入其中，实则是教材编排者根据知识的传承性和关注学生整个阶段的学习而后做出的决定。教学时，需要教师能根据教材内容的特色，确定好教学方法，但这里包括教师的智慧，包括教师课程力的彰显，从而最终通过切实的方法而促成课程产品的生成。

将教材内容转化为自我的教学内容，并找到对应的教学方法，都是非常有讲究的。针对不同的教学方法、不同的教学重点、不同的教学特征，人们做过很多研究。如语文学科，就有人针对不同的文本进行了教学方法的开拓，指出散文教学方法与诗歌、戏剧等教学方法的差异。很明显，不同的教学内容因为教师处理时凸显科学性，致使精准的方法产生，精品课程的创生层出不穷。

▲**根据教材在全册或单元中的"地位"确立教学方法**

当今的教材，再不是千年不变任何人都通用的东西。教材往往会根据学生的认知规律，将学习内容分成很多的梯度，以分册的方式让学生逐级（逐步）掌握。人们在进行教学选择时，一定要考虑学生的年龄特征与知识点之间的联系，找出适合某一学龄段的教学方法，而不是孤立地根据教学内容而去找方法。诸如，游戏教学在小学阶段适用，对于中学阶段的教学便需要做出调整才行，否则就会造成课堂教学内容与教学方法间的脱白，让教学缺失整体感。

很多人由于对学科知识的理解欠缺，致使课程力低下，就难以打造出精品课程。这种对教学方法的追求因缺乏专业知识的支撑，往往会难以致远。人们在进行"双学目标"的设置时，专业知识的习得应先于教学方法的思考，才可能真正在具体的教学实践中，打破权威教材仅存的底线，而后将"教什么"和"怎么教"有机统一起来，促进教学达成理想的效果。

对于"教什么"从不与学生认知特点结合起来，对于"怎么教"完全从教学参考中借用，哪怕教学流程设计与他人都一个样，如果课程力提升中缺乏专业知识的修炼，毫无教材意识、教学内容意识和教法意识而采用拿来就用的行为，结果只能是拖着教学向前走却始终难以推进。打造课程精品，全面提升教学技法，并非需要高深的理论支撑，并非需要优越的教育教学条件，以及一群具有较高天赋的学生，关键在于教师课程力的高低，在于教师专业知识彰显的秉性。

追求简单适用的精品技法

课堂教学本就是一个非常复杂的系统，源于多方面的支撑与制约，它影响着课程精品的生成。教师课程力低下，致使基于课程（产品）的生产方法（总和）的缺失，总感觉自我离高效课堂生成有着无法逾越的距离。其实，这更像是在看剧，只知演员的精彩表演却不知背后有着高超演技的支撑。要知道，他们整体流程中的推进给人的感觉是水到渠成，是因为很多复杂的技法最终都是通过简洁处理而达成的。

精心呵护课堂，创造出自己的精品课程，往往得力于最简洁的技法。我们在教学中必须抓好专业知识的落实，做好教学方法精准运用。特别是在当今多媒体融入课堂的时代，课堂教学中更应该注意教法的简洁化，要明白，不在于追求教学手段的酷和炫，而在于找到适合本节、本体性强的教学内容的教法，而且越简洁越好。

打造精品课程生成的技法，只有在真正进入到具体的教育场域，才能达到修炼的目的。精品技法是用心去坚守出来的，是用脚去丈量出来的。追求简单适用的精品技法，得法非常重要。

▲讲求手段的简洁

手段的简洁,就是没有肆意地使用、没有泛滥地乱用,脱离学科非本体知识的繁多和杂乱;一切教学实践活动、一切课程生产手段,都是围绕着教学展开的,都是为教学服务的。课程力提升后的教师更会明白,过多的手段、花哨的形式,有时会让我们的课堂教学陷入一种华而不实的泥淖,要以更加明快的方式投入教学,在课堂中删繁就简,像追求阳光普照一样,简洁而富有七彩内涵。

链接4—5

真的"极其不简单"

——王崧舟《一夜的工作》教学片断

师:同学们对总理的这一夜都有了自己独特而真实的感受,哪一点让你感触特别深呢?让我们选择某一点,再次走进总理的一夜,从具体的语言文字中去深切地体会和理解。(生读画句子)

生:我对总理"简朴"这一点感受特别深,如"那是一间高大的宫殿式的房子,室内陈设极其简单,一张不大的写字台,两把小转椅,一盏台灯,如此而已"。

师:了不起的发现,还有哪些同学也发现了这句话,(生举手示意)还没有画出的赶紧画出。(生补画)让我们一起读读这句话,有没有哪个词儿跳了出来?为什么?(师示句,生读句)

生:极其简单。(教师点画)

师:"简单"的前面为什么要加上"极其"呢?请大家再读读句子。

生:因为周总理办公室内的陈设还比不上普通的人,所以作者在"简单"前加上了"极其"。

师:"普通的人"是指什么人,而你现在见到的是谁的办公室。

生1:普通的人就是千千万万一般的人,就是平民百姓。而我见到的是中华人民共和国总理的办公室,陈设只是一张不大的写字台,两把转椅还是小的,台灯也只有一盏。

生2:总理的办公室很高大,而且是宫殿式的,但里面的办公用具却少得可怜，真的是"极其简单"。

师："高大的""宫殿式的"，请大家注意这两个词，再读读句子，你想到了什么？

生1："高大的宫殿式的房子"是非常豪华的，里面的陈设也应该是很高档的，但没想到里面的陈设非常非常的简单。

生2：今天这间"高大的宫殿式的房子"是总理的办公室，过去也许是一位大人物住的。

师：这屋原来的主人，比皇帝还要大，想知道吗?我来告诉大家：他是清朝最后一个皇帝溥仪的摄政王，什么是摄政王?就是专门管着皇帝的那位亲王。够大的了吧!你想想当时这屋里可能会有些什么？

生1：可能会有许多珠宝玉器、名人字画。

生2：会有琳琅满目的古董文物、金银器皿。

师：大家说得真好，会有的，肯定会有的。但是这间曾是如此金碧辉煌的屋子，现在成了我们敬爱的总理的办公室，我们只见到——（生读句）。

师：总理的办公室里有名人字画吗?有珠宝玉器?有金银器皿吗?……（生逐一答："没有"）是呀，我们万万没有想到，总理的办公室里只有——（生："一张不大的写字台"），只有——（生："两把小转椅"），只有——（生："一盏台灯"），如此而已，你说这"简单"之前能不加上"极其"吗?让我们一起再去看看中华人民共和国总理的办公室——（生读句）。

师：你能给"极其"换个词吗？

生1：非常。生2：特别。生3：十分。生4：超级。

师：能换吗?(生：不能）让我们再次去感受一下总理办公室陈设的"极其简单"——(生读句)

品读王老师的教学片段让人感慨多多。王老师在教学时仅仅靠巧妙引导，利用"同学们对总理的这一夜都有了自己独特而真实的感受，哪一点让你感触特别深呢?让我们选择某一点，再次走进总理的一夜，从具体的语言文字中去深切地体会和理解"这一要求，然后围绕问题引导学生进行

153

读书、领悟，让学生在语言环境中去感悟，这样的教学教法近乎无形，何来烦琐？

"怎么教"围绕"教什么"着力，教学方法的辅助作用，没有强大的专业知识与技能作背景，实则很难达到"极简至极"的效果。紧扣学科知识，讲求本体知识的教学效果，简洁至上才会达到理想的效果。往往这样的课堂之上，精品课程产生时，一定少有繁多的教学手段，它没有烦琐的分析，有的只是引导学生观察和感受知识产生的过程，在感悟中得到收获，得到发展。

▲**讲求手段的实用**

课堂教学中，手段的运用在于一切为了精品课程的生产服务，不能独立于这一宗旨之外。为了展露教师教学技巧的高超，展露教师教学艺术的高明而故弄玄虚，这是最大的忌讳。其实，人们在教学手段的采用时，应力求达到抗干扰的效果，让学生视觉、听觉更集中体现在学习上，而不是削弱教学效果。

诸如语文学科，崔峦先生曾指出："教学的最高境界是真实、朴实、扎实。"现今的语文课堂，教学理念开放了，上课的形式丰富了，孩子的笑声也多了，但却是表面的繁荣，高效的没落。我们也发现，在追求精品课程生产的同时，一派欣欣向荣景象的背后却暴露出种种令人忧虑的现象：教学手段多了，教学内容被淡化了，学生的纪律散漫了，师生的思维模式化了……其实，只要是没有真正促进学生成长，便是手段选择的失误，是为人所鄙夷的。

链接4—6

某教师执教六年级语文《白鹭》一文，其中处理描写白鹭活动部分时，采取了三种活动，引导学生三次画画。其课堂中，学生手执彩笔，无一不专心致志。课至成果展示时，《白鹭钓鱼图》《白鹭栖息图》《白鹭低飞图》等贴上黑板，"唧唧喳喳"地评头品足，大有向全世界宣布教学的成功——因为有课程产品的生成来佐证。

这样的课堂，如果抛开学科本体知识，考察其课程产品，不免会感觉其教学方法的"时髦"、教学效果的高尚、教学成果的丰硕，甚至得出这便是创新教学的体现,这正与现代教育倡导的创新理念吻合。其实,如此的教学,人们并没有感知到简洁的教法后面所呈现的课程产品,因为它完全与本体教学内容相背离,这其实是低效的:其课已经忘记语文教学的根本,而是将非本体内容贯穿于课堂,并作为本学科生成的重点。这是本末倒置的典型。

在当前追求自组织学习的时代,多媒体充实课堂之后,人们总在努力追求着课堂的简洁与高效,因为使用手段带有更高的技术含量,致使人们越来越感觉繁琐,投入了大量的精力与体力进行课程产品生产的研究,但所干的尽是教育信息技术提升方面的工作,并没有投入太多的精力与热情对学生的教育心理学进行研习,没有对教材教法切合本体及本节教学内容进行钻研,表面上让课堂与信息教育技术接轨,而其结果呢?却令人难以信服。在此并不是对现代信息技术学习的否定,而是提醒人们明白手段只为课程生产服务,当它在课堂教学发挥辅助功能上过甚时,其结果只能导致教学错位,学科本位隐身。

打造精品课程建议拥有创课精神

打造精品课程,离开创新几乎不可能成就课堂。打造精品课程不存在着任何可复制性。它并非可向工厂流水线一样加工,将零件分成单元或模块,分散到不同的加工点处理,最后由总装厂整合便算推出产品。真要全盘描绘课程生产的过程,流水线的负责人就只有教师,产品绝对不是人,而只能是与人相关的课程。整个生产线上的工序极为复杂,从没有可以复制的模式,只有做好每一道切实的工序,以及切合本节的教学内容部件,才可称完成一次生产过程,才有可能生成精品课程。课程产品的生产直接考验教师的课程力大小。创课精神近乎成为了人们推进课程改革的新追求。所谓创课精神依旧以课程力提升为前提,核心直指"思想+现实",其环节主要有创思想、创教材、创设计、创教学、创成思、创发表等,整个一个循环往复、螺旋上升的体系,是一种在完成精品课程生产的流水钱上,追求快乐的精神,除了体现首创精神,处处都闪现思想的流光。

▲**让创课成为课堂中的一种创新之力**

打造精品课程,推崇创课,你会发现课堂中更多一种向上的力,让一切都向着"真"字进发。在教学中，总是善于用有情有趣的情境，去引导学生深入地思考；善于用尊重宽柔的情怀，珍视学生带有个性的思考。

创课，体现课程力及时性的一种力。只要深入课堂创课，你会发现一个个问题因特殊的人而产生创新之举，师生借着这些"把手"一步步进入探究、学习、领悟的天地，让参与者享受着快乐，同时发现带有自己观点的声音，变成有独立思考能力的人，找回真正的自我。课堂上，推崇创课，老师精心创设的问题，多会犹如一个个路标或像一棵棵幼苗，拥有无穷的正能量和内驱动力。

链接4—7

"牵一发而动全身"的提问

师：此时此刻，春风轻轻从诗人身边吹过，绿色慢慢映入诗人眼帘……大家想象一下，还会有哪些春景进入诗人的视线呢？

生：可能还会有桃红柳绿，莺歌燕舞。

生：还会有滚滚向前流去的长江水。

师：是啊，春来江水绿如蓝。

生：还有小桥、流水、人家。

生：可能会有一些酒店，还有那种酒旗，不是有"水村山郭酒旗风"这样一句诗吗？

生：还可能有很多鲜花，以及很多蝴蝶飞来飞去。

师：呈现在诗人眼前的应是一片生机勃勃的景象，可我不明白，他为什么偏偏吟出"明月何时照我还"，而不是"黄莺何时伴我还"，或者其他的"江水""桃柳"等景物？你们明白吗？

（学生面面相觑，一时无语）

生：老师，"举头望明月，低头思故乡"。

师：明月和故乡之间有什么联系呢？

生：明月代表了思乡之情。

师：哦，是吗？你们还知道哪些借明月来抒发思乡之情的诗句呢？

生：露从今夜白，月是故乡明。

生：海上生明月，天涯共此时。

生：小时不识月，呼作白玉盘。

生：野旷天低树，江清月近人。

生：举杯邀明月，对影成三人。

师：大家说得真好！明月千里寄相思。在古代人的心中，月亮是一种意象、一种象征。它在人们的心中，已不仅仅是月亮，它还是——？你们知道它还是什么？

（学生略加思索）

生：它还是游人思乡的心。

生：它还是一个圆，喻示团团圆圆。

生：它是团圆的符号。

生：它是明亮的灯火，照亮游子回家的路。

师：月圆人团圆。月亮成为游子心底永恒的情结，成为诗人笔下不尽的主题，成为中国文化中一种浪漫的存在，这就是月亮上的乡愁。所以，诗人王安石看到"春风又绿江南岸"时，情不自禁地吟出——

生：明月何时照我还。

师：明月——

生：何时照我还。

师：明月何时——

生：照我还。

"牵一发而动全身"，用问题带动学生的思考，实则是创课时的真实情境再现。"儿童就是儿童"，自有其童趣、童真和天性。在问题创设中，教师引领儿童用自己的眼睛看万千春景，用自己的心想诗人情有独钟的月亮，用自己的手写诗人笔下不尽的主题，用自己的嘴说让月亮伴他还乡。"牵一发而动全身"时，谁还不会被课堂浸染？月亮深邃的意境及丰富的内涵，让学生在创课的牵引下，在你一言我一语中慢慢明晰起来，诗意横生，意境悠远。就这样，学生在不知不觉中对月亮的认识从具体到抽象，由感性上升到理性，思维从模糊趋向清晰，而至真真切切地走进诗人的内心世界，感受着古诗所蕴含的情怀。

风生水起，水到渠成……月亮所承载的乡愁自然而然地弥漫在教室的上空，弥漫在每个学生的心头。如此的创课，无不是打造精品课程的一种潜在力量，无不是当今高效课堂的一个缩影。人们在全面提升课程力的同时，推崇创课的最佳好处在于及时现学与现用。若长期推崇创课，定能促进跨越式成长。

▲创课让课堂充满生活的意义

打造精品课程，课程力在精品课程产品的生成中往往会得到提升。践行创课之理念，每一位教师都能在课堂中成为首创者，关键点在于人们能真探索、真质疑、真思考，拥有精品意识和创课精神，敢于打破"填鸭式"的"满堂灌"的课堂，将创课作为一种自己努力的方向。

综观课程改革，不难发现打造精品课程的艰难，推崇创课也不是容易的事。这一切，源于课堂并没有成为影响自我生活的关键因素，源于课程并没将自我的观念转化成行为并进而变成习惯。当前，不少课堂上得花哨、热闹，但热热闹闹的背后呈现出来的却是空洞和肤浅。没有深刻问题让学生思考，没有颇费斟酌的事情让学生去做，怎又能将课程力激活呢？一个教师自己不会思考或思考力不深，怎么能引导他人思考；一个教师自我身处黑暗之中，意识不到黑暗的存在，他又怎么能给学生思想的启蒙。

打造精品课堂，推崇创课，需要人们抛开一切杂念，让自我过上有意义的课堂生活，享受教学、热爱学生。这需要教师有学识和智慧，有人本意识和平等观念，并将这一切融入创课的所有环节中，处处有用意，处处有设计，让其课程既有理性思维，也有灵感迸发，有冷静分析，也有情怀担当。

倡导让我们的课创起来，需要我们勇于提升自我的课程力。建议我们课前能精细地阅读教材，精致地提炼教材，充分利用教材培养学生的能力；课堂上要放飞学生的思维，让学生灵魂远翔。当下，需要我们树立精品意识和拥有精品情怀，敢于打破权威性课程束缚，勇于创设耳目一新的场景，能用激情演绎一场"真创"，让教学艺术被锻造，让自我的课程行为有意思、有意义，如此，定能生产出精品课程，给属于自我的高效课堂以佐证。

第三节　打造精品媒体

当今社会，科技进步，互联网、云计算、大数据等现代信息技术深刻改变着人类的思维、生产、生活和学习方式，深刻影响着人类的发展前景。"互联网+"时代的到来，教育面临着生态系统全面的重构。"教育+互联网"是以信息技术为手段，使得既定的教育教学流程运转得更加顺畅；而"互联网+教育"则是应用互联网思维，促进信息技术与教育教学在融合中创新，实现结构重组、流程再造、观念变革，教育信息化将发挥革命性力量。

互联网不可能替代学校与教师，但会改变教育的"基因"，重塑教师的角色与价值。"互联网+教育"，将扩大优质教育资源共享，催生混合学习、协作学习、同步课堂、翻转课堂等多样化的教学新模式。但人们应该看到，"互联网+教育"不能简单地理解为将现有教育内容和方式放到互联网上，它不是物理变化，应该是化学变化，是产生新技术、新内容和新方法的结合。努力打造高效课堂，以开放的心态重构教育新生态，这无不是一位现代教师应具有的素养。"互联网+教育"重构教育生态，具体表现在学习环境的重构、教学内容的重构、教与学方式的重构以及管理与评价的重构。当前对于课程力依旧平平的教师而言，信息技术与教学未达到深度融合的水平，导致数字化教学模式给一线教师带来了巨大的工作量，眼花缭乱、操作烦琐的数字设备，更让人望而却步；教师缺乏科学的理念做引领，缺乏课程力的提升做后盾，课堂教学结构仍旧是以教材为中心；学生享受到了技术的乐趣，但并未习得掌握知识的学习方法，学习方式并没有发生根本性改变。目前，加强自我课程力建设，努力打造课堂中的精品媒体，在传统教育理念的基础上实现思维方式上的超越，必然面临课堂教育教学的裂变和系统重构，当然，其前提是我们必须做好一切应对准备，才不会在这一次"互联网+教育"的重构中被边缘化和淘汰。

打造课程精品从改造"课程+媒体"开始

信息技术是驱动课程变革与创新的重要力量和支撑，对教育理念、模式和走向都具有革命性影响。课堂教学中，推动信息技术与教育融合并创新发展，是"互联网+教育"时代赋予每一个教师的使命。

纵观现代教育技术应用对近年课堂的影响，不难发现它已经渗透在多个层面。诸如，采用混合式学习，通过线上与线下的混合学习方式，教师被解放出来，将注意力转向关注小组学习中需要帮助的学生；发现式学习日益增多，学生运用批判式思维、学习资料、自身的生活经验、实验等解决开放性问题，增添了更多与周围环境交流的机会；重设学习空间，讲授式为主向更多动手参与模式转向，通过在教室模拟真实世界和社会环境，以增添学生互动机会并解决跨学科问题；向深度学习转变，通过创新方式向学生提供丰富的教学内容，使其学以致用，并开始基于项目的学习、基于问题的学习和基于研究的学习。

"互联网+教育"时代的到来，广大教师更应明确，课程力提升是目标，将信息技术与课程有机结合，打造精品课堂，改变课堂的基因，重塑教师的价值和角色，才可能走得更远。在此，将结合习惯性融入教学媒体的行为方式，探讨媒体精品打造和应用的规律。

链接4—8

课例：用7、8、9的乘法口诀求商

教学时，教师采用多媒体课件，展现了一幅"春天图"。

师："春天到了，万物复苏，百花盛开，百鸟争鸣……小朋友们，你们想在这美丽的季节中去春游吗？"

师："这节课老师就带你们进行一次特殊的春游。如果你们能做对我手中的计算题，就能得到春游的车票。"让我们一起努力吧！

课件出示课题：用7、8、9的乘法口诀求商

师：咱们已经学习了用1~6的乘法口诀求商，今天咱们继续学习用7、8、9的乘法口诀求商（同时引导学生完成两个算式的计算）。

大家表现得真不错，车票都得到了。请小朋友们赶快站好。

1. 咱们班有多少位小朋友（56人）？大家站成7列（课件出示）。

师：你会根据这个数学信息提出数学问题吗？你会解答这道题吗？先想一想，再试着做一做。

（教师引领着学生，采用探究式的方法做一做，而后让说一说计算方法。）

师：56个小朋友，现在需要站成8列，每行应平均站几人呢？

……

师：通过刚才的学习，你有什么发现？

教师引导学生得出：一个乘法口诀可以转换成两道除法算式（课件展示）。

师：让我们赶快上车吧，坐好了吗？

多媒体课件展示：云台山

师：出发，咦？这是什么地方？

师：云台山深邃幽静的沟谷溪潭，千姿百态的飞瀑流泉，满山覆盖着碧绿的树木。种树的叔叔阿姨告诉我们要植树造林，保护环境。听说二班的小朋友非常聪明，给我们出了2道题，要考考大家。

2. 种56棵树，用8小时种完了。平均每小时种多少棵？（课件出示）

3. 种54棵，平均每小时种9棵。要用几小时种完？

教师留给了5分钟的时间，让学生说一说，做一做。

师：学了这么多，小朋友们一定累了，我们休息会吃点面包吧。

教师出示课件：把49页的算式放在面包图里。

4. 小猴做算术（多媒体课件展示）。

师：让我们继续前行吧！到了哪里（神农山）？

师：神农山有如诗如画的奇峰异石，还有许多珍禽异兽，太行猕猴尤为喜人。看小猴们在干什么？

教师出示图片[50页的第一题]：小猴做算术。让学生做一做，试一试。

5. 踏石过河（多媒体课件）

师：我们再向前行，来到了素有小江南美称的青天河景区。碧波荡漾，妩媚婉约，水随山势，百转千回。青天河最有名的就是丹河，下面我们就做一个游戏：踏石过河。

教师引导学生分组抢答，每抢对一题向前边石头进一步，最先到达河对岸的小组获胜。

　　媒体应用于教学并不等于就是现代信息技术的运用。如果缺乏课程理念与信息技术的有机融合，其课堂并非就会像想象中那样高效。以上的案例，实则是无数教师应用媒体进行教学，渗透现代信息技术而展开的一种新型课堂，其中涉及媒体产品的设计、生成、媒体服务教学理念等。很明显，在这样的一节渗透多媒体的课堂教学中，通过媒体导入课堂情境，并与"用7、8、9的乘法口诀求商"有机整合，方让课堂增添了魂。

　　当下值得注意的是，无数教师仿佛染上了媒体依赖症，课堂中造成多媒体课件泛滥，似乎无多媒体课堂教学就难以继续。教师一会儿用计算机控制、显示画面，一会儿又使用投影，一会儿又播放录音，各种手段都尽可能地在短短40分钟内用上。尽管给学生创设了生动形象的学习场所，激发了学习的兴趣，然而课件中用了大量无关的信息冲淡了学科的教学特点，并没有让学生进行深度学习，也没有引导他们进行发现式学习。

　　全面建构精品课程意识，从媒体打造开始，发挥媒体的驱动性，必须坚持教学需要才用的原则。媒体运用可以帮助教师拓展教学资源，教师可以凭借各种有利媒体资源，融入教者的智慧，在课堂上彰显创造性、丰富性、灵活性。但我们必须明白，媒体教学手段虽然能给人们带来意想不到的诸多方便和好处，但在课堂上并不是使用越多越好。人们不能过分夸大它的作用，不能让它替代自己应有的创造性工作；更不能滥用，以录像代讲解，以录音代范读，以屏显代板书……精品课堂，媒体使用在于体现实用性，杜绝泛滥无度。

　　媒体在课堂教学应用上必须谨慎。刻意追求多媒体的运用，如果度没有把握好，往往会造成本末倒置，影响学生对学习内容的重视度。诸如，教师刻意地追求教学手段的现代化，黑板上没有出现任何的板书，所有的都用课件来代替，把课堂教学变成单纯的多媒体课件展示课。这样的课堂，教师成了不折不扣的"放映员"，实则是教师将自己的主导地位让位给多媒体，一味地依赖电教手段，让学生眼睛始终盯着屏幕，看得眼花缭乱，结果不免使课堂走样、变味。

　　打造课程精品需要从改造"课程+媒体"开始。现代信息技术不是异化课堂，不是简单地将其搬到课堂，而是需要创设一种教育生态。多媒体教学手段虽然能给我们创设课程带来诸多方便和好处，但在课堂上并不是采用多媒体课件就是好课。我们不能过分夸大媒体的作用，不能让它替代自己应有的创造性工作；更不能随着"放映结束，单击鼠标退出"而结束我们的教学。

教学媒体永远不是主体

教学媒体是课程中的产品之一，但它永远不是课堂的主体。当前，运用数字媒介的素养日益成为教师职业领域的关键技能，但它更多强调的是数字化思维方式，而不单单是使用数字化工具。课堂教学中多媒体应用，把握教学媒体是介质和工具的内涵，因受课程力的限制致使面临着诸多挑战。诸如，个性化学习，目前面临的最大挑战便是需要将各种方法和技术整合起来而实施；能将信息技术与教师教育相融合；重塑教师角色，善于运用各种基于技术的方法传授内容，帮助学生及时进行学习评估，能与校内外专家、教师合作，将数字化策略运用到日常教育教学中去；创造真实性的场景的学习机会，将真实性学习带入课堂；促进教学创新，将新思想全面融入整个课堂教学之中；培养复合思维能力，帮助学生理解世界是如何运转，并让他们掌握解决复杂问题所需要的基本技能，帮助学生掌握沟通、合作、数据处理、判断力等技能，使之综合运用。

打造精品意识，必须回归课程才是教育的产品、人永远不是教育产品这一本质性问题的遵循。在当前信息技术进入教育教学重塑新生态的过程中，媒体融入与应用于教学是大势所趋。人们应该充分认识到，多媒体毕竟只是教学的辅助，它并不能包打天下，不能成为我们课堂教学的主旋律，更不能取代我们的思考与思想。在我们的课堂教学中，不能抛弃传统教学法中合理有效的东西，不能由过去传统教学教师一言堂走向新媒体的一言堂，否则整个教学会因为媒体的渗透，失去更多除了掌握媒体技术以外的传统中智慧与人文的东西。

▲**媒体设境，兴趣激发**

捷克教育家夸美纽斯说过："兴趣是创造一个欢乐和光明的教学环境的重要途径之一"。是啊，兴趣是最好的老师，兴趣能激发出学生强烈的学习动力。多媒体的使用，关键在于能否使学生借助多媒体对教学内容产生兴趣，而不是让学生仅仅对媒体产生兴趣。正如，身边同学做游戏时有趣的情形，蔚蓝色天空上朵朵美丽的白云，悠扬动听的音乐，本身就是对学生的极大的吸引，如若在课堂教学中不能吸引学生对学科知识产生兴趣，注定这样的教学只能是低效学习。

使用媒体创课，激发学习兴趣依旧有很多讲究。课堂伊始，教师能结合教学内容利用多媒体创生课堂情境，往往便能将学生的注意力快速地吸引过来，如果整个创设能把握好知识学习的深度，促进学生主动参与的积极性，其教学效果便会得到保障。

链接4—9

一位数学教师教学《9的乘法口诀和口诀求商》，根据电视剧播放的《西游记》的情境，采用激趣导入揭示了这一教学的课题。

师：请大家听首歌。（播放《西游记》主题曲）

师：知道这是哪部动画片的主题曲吗？

提问：你们发现歌词里有哪些数呢？

师：歌词里有好多的数。告诉你个秘密：其中有两个数与我们今天学的9的乘法口诀和用口诀求商有关。待我们上完今天这节课就能揭开它了。对呀。孙悟空运用自己七十二般变化，唐僧师徒四人经历了九九八十一难终于取得了真经。刚才在动画片中我们看到了这两个数字，告诉你个秘密，这两个数字和我们今天学的9的乘法口诀和口诀求商有关系呢。

（板书课题：9的乘法口诀和口诀求商）

媒体需立足于教学，为教学服务。本节课堂中，教师利用多媒体创设生动、形象的教学情景，激发学生的学习兴趣和想象力，其教学辅助效果自然已不需再多评鉴。很明显，简洁得体，立足教学，服务教学，才可能真正保住教学质量。

▲巧用媒体，突破难点

课堂教学中的关键在于重点的把握和难点的突破。在现代的很多课堂中，我们发现，媒体应用全在于时机的把握，特别是当学生在课堂中出现了困难的时候，教师巧妙地引用媒体，非常轻松地便化难为易，化抽象为直观，化平淡为神奇，从而突破教学上的难点，进而提高了课堂效率。

教学中应用多媒体，真发挥其作用，必须充分体现"巧用"才行，但前提是能把握住教学难点。通常，课堂教学中的难点主要体现在三个点上，一是学生不容易理解和掌握的地方，通俗点说，它是学生学习上的"拦路虎"；二是指对理解全文起关键性作用的地方，通称"重难点"；三是指教师在正常教学中不容易讲懂、讲透因而常常被忽略的地方。

其实，每一门学科在知识的安排上都具有较强的系统性和阶梯性，如果某一环节出现疏漏，势必影响本门教材之间、各学科之间的衔接。因此，教师在课堂教学中对于难点必须予以突破，绝不能见"难"生畏、知"难"而退或围绕难点转圈圈。如，识字教学是低年级语文教学的重点项目之一，在识字教学中巧妙地运用电教媒体，加强教学的直观性，强化信息的传递，强化学生的有意识记忆，提高识字效率。小学生由于生活经验少，知识面窄，学习中会碰到不少不容易理解的词语，理解词语的方法有许多种：联系上下文，查字典等。但教学中我们常常出现教师用语言表达而学生仍不太明白的情况，此时，若能恰当地用上电教手段，能收到意想不到的教学效果。如：低年级的小学生学习《小蝌蚪找妈妈》一课，对"追上去""迎上去"不大理解，教学中，可设计活动幻灯片，通过抽拉幻灯片，学生仔细观察后就会明白：小蝌蚪面对面向鲤鱼"游"过去叫"迎上去"；小蝌蚪从乌龟后面朝同一方向"赶"上去，叫"追上去"。这样，学生就自然而然地理解词义了。

计算机多媒体技术在教学中的运用已成为时代潮流，它有着巨大的发展潜能。多媒体教学以文字为基础，配合图像、声音、动画等手段，以多元化的教学方式，从多方面刺激学生的感官，调动学生学习的兴趣，从而使学科教学化枯燥为生动，变繁难为简易，有力地突破教学重难点，大大地提高教学质量。然而多媒体是课堂教学的辅助性手段而并非课堂教学的全部，课堂教学应始终以学生为主体、教师为主导展开教学。为此，在教学过程中，我们不能毫无节制地运用多媒体，忽视了传统教学中严谨的学科语言对学生的引导，使学科教学变得华而不实。我们应充分发挥多媒体在学科教学中的优势，变静为动，化难为易，变抽象为形象，化枯燥为生动，以达到对课堂教学的优化，为提升自己的课程力助力。我们坚信，在吸收传统教学的精华的同时，应该合理运用多媒体技术，让信息技术走入课堂，我们的教学会更上一层楼。

▲频度适中，拓展适度

有些教师为体现教学手段的现代化，在一堂课中尽可能多地使用多媒体，他们认为：多媒体用得越多，学生的参与率就越高，所教授的教学内容越易于让学生掌握，因而课堂效率也就越高。其实，这种看法往往会架空课堂教学的主体，让教学的主基调没有生成和落实的可能。频度过快地滥用多媒体教学，就会喧宾夺主，违背多媒体"辅助"教学的宗旨，使学生在课堂上走马观花，只看热闹，不重内容。课堂教学流于形式，未能由表及里、由浅入深，更谈不上真正发挥学生的主体性。更把学生和教师、学生和学生之间的对话变成冷冰冰的人机对话。只有使用频度适中，多媒体才能真正起到作用，只有恰当地运用多媒体，才能真正点燃学生思维的火花。

打造课程媒体运用于课堂，服务于现代课堂的教学，实践时要求频度适中，拓展适度，这无疑是课程实施力提升后的基本要求。打造精品媒体是促进服务课堂的前提，人们应看到，精品媒体的创生，无疑是课程领域里的又一块大蛋糕。当前，课程精品媒体的创设，如微课的制作，已被大家所热衷，大有试图颠覆教师已有专业素养的趋势。在课程力提升的过程中，我们应以积极的姿态投入到精品媒体的创设中去，不能继续持观望的态度。

打造教学媒体面临的挑战

近年，课堂教学中的媒体产品，随着硬件与软件的更新，时时发生着高频率的变化，让我们时时面临着新挑战。很多新知识、新技术、新理念都以势不可当之势进入我们课堂。诸如，云计算，让课堂教材资源的选择拥有了更大的空间；翻转课堂，将课堂内外的时间进行重新安排，力争把学习的主动权交给学生，克服技术不足、劣质视频、教室设计等障碍；创客空间，提供所需要工具及学习体验，帮助学生实现自己的想法；移动学习，方便学生进行录制访谈、收集实验数据等；3D打印和3D视频，让学生感知设计到生产的各个环节，以及增添展示和参与的机会。

打造教学媒体，面临着不断更新的新技术挑战，这无不给教师的专业素养更新带来考验。但我们应该知道，媒体精品的打造，不是停留在对传统教学方式的缝缝补补，而是在发挥信息技术优势的基础上的理论创新和实践创新，通过改变教育教学的基因，变革教学结构，通过教学模式的再创新，创设一种富有活力、充满生机、灵活创新的个性化教育实践。

为此，教学中运用多媒体，我们应讲究媒体运用艺术，增加课堂容量，拓展主题，使视野得以开阔。

链接4—10

我们不妨看看并体悟浙江省杭州市萧山区体育路小学教师钱佳音执教《地震中的父与子》的教学实录，通过教学片断感知媒体教学的艺术性与挑战性。

师：咱们班同学很会提问，老师整理了一下大家的提问，主要有两类。（出示投影片1）

1. 为什么不直接写38小时，而要写8小时、12小时、24小时、36小时？

2. 为什么"不论发生什么，我总会跟你在一起。"这句话要反复出现？

3. 父亲为什么能坚信自己的儿子活着？儿子为什么能坚信自己的父亲会来救他？

师：第一类涉及理解这篇课文的重点和难点，很有价值，咱们已经在课堂上做了深入的研究。还有一类在课文里找不到答案，很有意思，我觉得也很有价值。（出示投影片2）

1. 我知道洛杉矶大地震发生在凌晨四点，这个时候怎么教学楼里还会有小学生？

2. 消防队员平时很勇敢，在文中为什么这么胆小？（何金晟）

3. 一些父母怎么会哭了一会儿就离开？（程佳玥）

师：关于第一个疑问，你的信息没有错，洛杉矶地震的确发生在凌晨。老师也找到了这个资料：地震发生在1994年1月17日凌晨4时31分，损失很严重，但人员伤亡不多。

1994年1月17日凌晨4时31分，在洛杉矶市西北35公里处发生里氏6.6级地震，震中位于市中心西北200多公里的圣费尔南多谷的北岭地区。发生地震时大多数人还处于沉睡之中，还没有来得及反应，灾难就降临了。在持续30秒的震撼中，大约有11000多间房屋倒塌，震中30公里范围内高速公路、高层建筑或毁坏或倒塌，煤气、自来水管爆裂，电讯中断，火灾四起，直接和间接死亡造成62人死亡，9000多人受伤，25000人无家可归，财产损失300多亿美元。

师：来，第二个问题，何金晟同学，你为什么这么问？

生：消防员和警察应该是最勇敢的，地震当然会有危险，他们怎么可以这么胆小，因为危险而不去帮助人们救孩子呢？

师：看来，警察们在这篇文章里给大家留下了不好的印象，事实上，美国政府的救灾能力还是相当强大的，咱们还是再来看一段资料吧。

1978年7月28日中国唐山大地震，7.8级，死亡人数约24万。

1995年1月17日日本阪-神大地震，7.2级，死亡人数约5千。

1994年1月17日美国洛杉矶大地震，7.1级，死亡人数62。

从这组数据中可以看出，面对突袭而来的地震灾害，美国联邦政府于1987年通过的"对灾害性地震的反应计划"起到了重要作用。该计划涉及协调美国25个部委一级的部门和机构、联邦政府、州及地方政府各部门的紧急支援和救灾工作，突出显示了美国政府紧急救灾的整体功能。

（摘自中国国家地震局权威杂志《地质科技情报》1996.3）

师：看了这个资料，你有什么想说的？

生：从这里看似乎美国警察吸取了唐山大地震的经验，所以防备做得比较好。

生：那为什么作者要把其他人写得这么白痴呢？

师：很显然，这篇文章为了突出父亲的形象，弱化了其他人物的塑造，包括那些警察、消防队员。看上去这并不高明。

师：第三个问题，程佳玥你为什么这么问？

生：我觉得这些父母的离开不符合常理，我在电视上看到汶川地震中那些孩子被埋的父母都是几天几夜守在废墟旁边的，生要见人，死要见尸，不可能哭了一会儿就绝望地离开。

生：我也觉得奇怪，仅仅38个小时，难道这些父母这么容易放弃吗？四川地震170多个小时后都有人活着。

师：洛杉矶是个地震多发的地区，通常美国的父母会怎么对待自己的孩子呢？让我们来看一段视频：

师：你有何感想？

生：我觉得地震中死的人这么少，跟这些演习是分不开的。

生：那课文为什么要这么写呢？

师：看来，马克汉林成功地塑造了一对了不起的父子，让我们领略到灾难中的人性之美，但是这个文本却并非完美无缺。它还存有很多疑点，当然，你会觉得这也许是个文学作品，可以虚构。但老师觉得不论哪一种创作，基于事实和常识是对读者最大的尊重。很高兴同学们提出自己的疑惑。咱们可以把这些疑问集中起来给编辑教材的叔叔阿姨写封信，让更多人来讨论。很高兴和大家一起经历这次美妙的学习之旅，下课之前，老师还要给大家留个思考题：

如果这个故事由儿子阿曼达来写，他会怎样来讲述这黑暗的38个小时里发生的一切，想象一下，阿曼达在废墟之下会想些什么，说些什么，做些什么？我想这会是一件很有趣也很有挑战性的事……

（摘自《小学语文教师》2009年7-8合刊）

媒体呈现于课堂，带来挑战的同时也带来机遇。在这节课中，教师充分利用多媒体，既扩充了教学的内容，又增加了教学的深度。很明显，教师在课堂教学中引入媒体教学，不但需要掌握教学媒体的应用技术，需要拥有创设媒体课件的能力，需要媒体教学的技巧与方法。如果一位教师缺乏课程力修炼，应用所致的效果是不难想象的，诸如微课件的设计与制作，自组织学习方式与自适应学习技术的引入等都会不到位，就只能是空谈误课。

多媒体应用的过程中存在过分强化多媒体教学而淡化教师教学主导作用的问题。现在的多媒体课件在整个教学过程中，从头到尾完全由多媒体教学主导，教师难以发挥作用，学生的思维完全被课件演示的内容所引导，更没有独立思考的时间和空间。看似课堂活跃，实则学生成了被随意填塞的知识容器。这与过去传统的"填鸭式"被动教学模式没有什么区别，仅仅是变换了教学的媒体，由原来的"黑板+粉笔"变为"屏幕+计算机"而已。尽管教学信息量大了，教师的教学速度加快了，但是，因不重视教师的主导作用，学生难以消化和理解课堂所讲授的内容，更谈不上思考与辨析。

在多媒体应用的过程中存在过分强化计算机功能而淡化学生主体地位的问题。在多媒体教学课件的设计与制作中，往往以教师预想的教学过程和教学思路为基础，更多地关注了计算机在多媒体课件中发挥的功能，忽视了以学生为主体的教学过程，使学生仍处于被动学习状态，导致学生产生厌学情绪。

在多媒体应用的过程中存在过分强化媒体技术而淡化教学内容的问题。多媒体教学课件能使枯燥、抽象、复杂的教学内容变得生动形象、直观具体、简单明了。然而，有时我们在教学中只是一味追求课堂上教学过程中的"奢华"，没有考虑所涉及的情境是否符合教学内容的需要，是否突破了教学的难点。其结果是既影响学生学习知识的注意力，又削弱教学内容的重点。

打造精品媒体，永远是课程力提升中的一项追求，它关键在于能否促进课堂的有效生成，并达成高效课堂目标。抓好教学媒体产品的生产与运用，建议我们应该努力做好以下三点：

▲扩充容量

媒体进入课堂，教学内容往往会自发地膨胀起来。在《地震中的父与子》的教学片断中，钱老师抓住课堂教学的前十分钟，引领学生对前面建构的教学内容产生深刻的怀疑，其实，钱老师所要的就是"前四分之三是华美的绽放，最后四分之一是冷酷的瓦解"的效果。多媒体的运用促其后续教学顺利推进的一个主要原因在于，利用媒体扩大了教学容量。

▲开阔视野

教学多媒体的使用最大的优点在于开阔视野，还原了真实语境的文本，使学生可观察感知，在身临其境中加深印象和理解。只要再次审视《地震中的父与子》一课的教学，对教师提供的"来自地震科技情报的一些数据和洛杉矶地震前美国普通家庭的地震演习视频"，便可清晰地让人感知到，多媒体教学最大的优点在于能将教材朝向多维方向拓宽，有时更是把学习新知的判断权留给学生，使课堂呈现出一种开放的姿态。

▲深化教学

利用多媒体进行课堂教学，往往能促进课堂向纵深方向发展。深化课堂教学实是多媒体运用达成的一个境界。通过多媒体的运用，不但调动起学生对问题的深入探讨，调动学生的深度思维，往往还能因为媒体对教学的深化，促进课程力的发展更有向度和效度。

当下，媒体进入课堂，已经全面影响着课程改革的推进速度，已经开始解决信息技术与教学内容不相融合的弊病。课堂中，适度使用打造好的媒体产品，适度根据教学内容创设教学媒体，不仅能充分调动学生的积极性，激发学生的求知欲，活跃学生的思维，拓展学生的想象力，而且已经被证明传统教学工具与媒体工具之间存在着不可比拟性，运用媒体教学时存在着强大的优越性，诸如在提高课堂效果、优化课堂结构等方面，都起着不可估量的作用。但我们依旧得反复强调教学媒体只是"辅助"，它只是人在课堂中使用的工具，永远也不可能代替教师的职位，否则便会适得其反，干扰人们的视觉和听觉，分散注意力。

教学活动是教师和学生双边的活动，任何一方不积极参与，都不会有好的效果。多媒体教学也不例外。教师方面，多媒体教学对教师个人素养及课程力的要求不是降低而是提高了。它要求教师从哪些方面来参与呢？

一是认真钻研教材，深入了解教学对象。只有对教材、教学对象都有深入的了解，才知道用什么媒体最合适，以及怎样用这种媒体。多媒体教学特别强调"功在课前"，原因就在这里。

二是选择最恰当的媒体，准备好软件。在深入了解教材、教学对象的基础上，教师要事先准备好"软件"，包括板书设计、投影片、教学挂图等。

三是课堂上认真观察教学对象的反应，作出正确判断，迅速采取调整措施。这一点是增加课堂信息量，增加密度，提高课堂效率的基础。

四是课后及时反馈、调整。课后进行调研，一方面接受教学对象对教师"教"的反馈，这是教师改进培训方式、方法的重要依据；二是教师对教学对象的反馈，这是教学对象对自己的学习或肯定或改进的依据。

教学对象方面，多媒体教学从视、听两方面为学生学习提供了较多的信息，其中许多信息是听讲所无法替代的。这就为学生的积极思考、积极参与提供了良好条件，而学生也只有积极参与到教学活动中去，才会有较大的收获。为使培训对象积极参与，教师就要作好组织工作，如提要求，作提示，组织讨论，要求学生发表看法等。

总之，信息技术教学手段在教学中发挥着十分重要的作用。如果能在教学中适时恰当地运用好多媒体教学手段，不仅可以减轻学生学习的负担，帮助学生进行理解，提高课堂教学的效率，而且可以培养和提高学生的多种能力，从而更加有效地提高教育教学质量。

第四节　打造精品课堂

加强课程建设，我们需要练就一身过硬的本领，提升我们解决实际问题的本领。拥有强大的课程力，不等于拥有精品课程，不等于拥有精品课堂。课堂往往也像生产中的流水线一样，输出的环节中需要硬件做保障，需要有拥有精品意识一样的软件来助力，才可能真正地保证高效课堂的生成。整个过程需要在"精"字上下功夫，有出"精品"的思路，出"精品"的举措，才会出"精品"成果。不放松每一环节，不忽视每一细节，从目标设置到措施制定，从思路谋划到具体实施，都需要体现高水平。同时还应看到，除在工作态度和付诸行动上加倍努力，更需要加强课程力的提升，否则决心再大，行动再快，也难出精品。

打造精品课堂，无不是对教师专业素养的考验。打造精品课堂，我们应该强化四个意识：一要突出整体意识。从整个课堂来看，各环节应突出特色，整体打造教师应先行先学，严格强化课前预设，努力形成模块特色。二要强化精品意识。无论是物质的和非物质的课程产品,在课堂应用时一定要突出精品意识,突出细节,准确定位,精益求精。三要把握质量意识。课堂教学质量关乎大局。在整个教学过程中,要严把质量关,使整体质量水平进一步提升。四要强化管理意识。教师要对过程进行科学管理,狠抓细节管理,提升自我的服务水平,正确引导学生,多渠道提升管理水平。在具体的课程建设过程中,四个意识实则是促进自我出色,朝向特色成长的写照,这不仅是生成课程精品并发挥应有的作用,不让资源浪费,更重要的是通过课堂确立自己的信仰和职业追求方向,用精品课堂树立自信和地位。

因势利导,精彩生成

精品课堂依旧属于课程建设的范畴,它拥有产品属性,包括应有的价值和产权。对于每一位教师而言,经常性地只注重课堂这一产品,却忽视属于课程建设中的其他产品。其实,打造高效课堂,如果没有其他课程产品的支撑,精品课堂的打造只能成为虚无。相反,精品课程不能有效生成,其他产品的价值便会下降到忽略不计。为此,在促进精品课堂产生的过程中,作为教师的我们必须抓好各课程产品的有序调控,做好因势利导,精彩才可能生成。

精品课堂其实带有非常强的权属性,带有非常强的"我,我的"标识特征,特别是在"课堂调控"时,教师在教学中对精品教材、精品技法、精品媒体等调节和控制,都带有非常强的个性化要求。当前,精品课堂几乎成为了一种奢侈品,这从另一个侧面反映出我们的课堂在生成的节点上存在着诸多不尽人意的地方,或条件不成熟又不注重创造条件。

打造精品课堂,虽然课堂属于教师和学生的产品之一,但人们拥有课堂的前提在于,必须认可"人不是教育教学产品"这一理念,而后构建课程产品为达成"双学目标"服务的思想,才可能真有作为。新课程理念下的课堂,是以人为本的课堂,是生本的课堂,教师与学生的关系已有了一些微妙的变化。教师变身成为课堂观察者、主导者,学生学习的协助者,把课堂实实在在地交还给学生。但是,有很多时候,学生囿于生活、阅历、经验等多方面的不足,对于内容的理解显得肤浅一些。在这样的环境下，教师必须学会调控课程产品的出场秩序，让课堂因为人的需要而变得活跃起来，让课堂因为讲究变得艺术而充实起来。

链接4—11

给"生成"一个表现的机会

一位教师开启了执教《麻雀》之旅，以下是他与学生一起赏析课文的教学片断。

师：范读课文"猎狗慢慢地走近小麻雀，嗅了嗅，张开大嘴，露出锋利的牙齿。突然，一只老麻雀从一棵树上扑下来，像一块石头似的落在猎狗面前。它扎煞起全身的羽毛，绝望地尖叫着。"

师：同学们，刚才听老师读这段课文时，是否感受到了一种伟大的爱呢？

生：感受到了，是伟大的母爱。

师：我也深深地被伟大的母爱感动了，我在读这段课文时，内心总会因为这种爱而激烈地颤动。

一生意外地问：老师，课文中的老麻雀是妈妈，还是爸爸呢？

教室内一片哄笑。

师和气地问：你认为它是爸爸，还是妈妈呢？

生：我认为这只老麻雀是勇敢的爸爸，所以我感受到了爸爸在面临险境时那种英勇无畏的精神。

师：(给学生鼓掌)这位同学的感受非常好。同学们还有其他观点吗？

生：老师，我认为这只麻雀是爷爷，它是一只老麻雀呀，所以我感受到了家庭成员之间的那种关爱与互助，爷爷也是无畏的。

师：真不错。还有其他想法吗？

生：老师，我看老麻雀是一只麻雀大侠，它路见不平，挺身救弱，所以我感受到了一股侠义之气。

师：这位同学的想法同样精彩。

师：同学们对麻雀身份的认定，真是异彩纷呈。大家想一想——在这么多的身份中，最让人感动的身份是什么呢？

生：是妈妈。

师：对，母爱是一种最贴心的爱，看来同学们在生活中都已深深感受到这种爱了。我要找一位同学带着对母爱的尊重再来读这段课文，希望同学们也带着对母爱的尊重去倾听。让母爱成为我们心中神圣的风景，好吗？

生：好。

很显然，在这节课堂教学中，教师的教学预设是想让学生感受到母爱，多数学生也接受了教师的预设方向。但是课堂却节外生枝，有学生提出"老麻雀是勇敢的爸爸"一个看似"无聊"的问题。这个无聊问题显然干扰了教师的教学预设。可贵的是教师面对课堂意外并没有置之不理，也没有一晃而过，更没有批评呵斥。教师把握住教学要求，关注学生的课堂生成，抓住"老麻雀是勇敢的爸爸"这一节外生枝，顺势开导，全面激发学生的理解、辨析、赏析、归纳和总结的能力，让课堂之变成为课堂出彩的一笔。很明显，课程生成是对教师课程力的检验，学生思维的火花能否被点燃，教师能否小心地将这火花捧在手心呵护起来，无不是产生智慧或泯灭火花的关键。

课堂是课程生成的关键时空，这里包括对很多多变因素的及时处理。一位有着强大课程力的教师，除了对课堂中恒定的少有变化的因素，诸如教材、教室、生源等信息的精准把握，同时对课堂中多变的因素，诸如学情、知识难易度、教学流程等做好调控的准备。在整个生成的过程中，我们应以积极的姿态善待"意外"。一般来说，教师备课向来是非常详细的，且不说内容的环环相扣，即使学生可能出现的问题，可能出现的回答，所用的教学时间均在教案中有所体现，若是照着教案"教"下去，那应该是一堂较完美的课。但"教是为了不教"，"教"是为了"学"，宗旨是为了学生的发展。如果一堂课只有"教"的行为没有"学"的行为，学生没有收获，那么，表现所呈现出来的学生的"学"就不是真正的"学"，学生的"发展"也谈不上真正的"发展"。所以教师在教学设计中坚持既有"教"的设计，也应有"学"的设计，有"教"的行为，也有"学"的行为，如果遇到实际教学时间、环节与设计的时间、环节不一致时，应忍痛割爱，将精彩留给学生，让"学"的环节充分发展。

教学中存在着确定性和不确定性，这些构成了师生共同参与、共同创造的空间，尤其是"不确定性"构成了课堂教学中的动态生成之美。我们以为，抓住一次精彩的回答、一个具有错误倾向的问题，或者一些狭隘的理解，由此拓展下去，积极引导学生在发散思维、阐述见解、交流思辨中明确应有的价值取向，这样的教学才会生成精彩。

如今的课堂上好坏参半，自然，课程产品也良莠不齐，但纵观整个课堂教学质量却是不升反降，使课堂教学的色彩褪色。我们应努力肩负起课程建设的责任，抓好课程的生产，才可能真正因为课程力强大而拥有自我为师的价值。

顺应自然，多维开发是最高法则

打造精彩课堂，抓好生产过程，十分重要。在课程这一产品的生产过程中，经常出现妄动现象，我们真还不能盲目地追求浮华的活动表演，弱化或变相弱化精品课程的服务功能，忘记学习的本质去没原则性地提高参与者生命质量的需要。应该坚守教师的课堂教学本色，顺应自然变化，调控得体有法，回归教育的本真状态，通过有效的体悟与反省，不断获得新的自觉，然后引发学生的自觉，真正达成"双学目标"。

▲放飞风筝，紧握手中的线

精品课堂的生产有着特定的时空，教师的生产性往往受到限制，如若没有开放的心态，不能适时放飞心灵，或许就会显得浮躁无华。课堂有效的时空就像一个集装箱一样，将课程这一产品容纳，但这里需要教师的思想、知识和智慧的力量，才能促进课程产品有序进入生产之列。

开放、有活力的课堂是我们追求的理想课堂，然而不管怎样放手，学生的思维如何活跃，课堂如何生动，教师的引领作用至关重要，恰如一只飞翔于高空的风筝始终不能脱离调控它的这条细线。否则，课堂教学就会成为一个没有目标，随风而逝的纸片。在这调控的过程中，课堂不但需要教师的理想，更需要教师的思想和爱，才可能将受限的课程力在有效的时空内予以扩张，从而像放风筝一样，把风筝放上天空却又能紧握手中的线，有效控制局面。

链接4—12

《九寨沟》教学片断

（苏教版小学语文第八册）

上课了，教师用诗一般的语言导入对《九寨沟》的教学。在学生大体了解课文内容后，教师问："要想深入了解九寨沟可以用什么方法？"同学们说出了读课文、查阅课外书、上网、看影碟等方法。"现在同学们最想干什么？""看影碟！"异口同声。于是教师放影碟。学生看完后，接着用了25分针时间交流课前从书上、网络上查到的文字、图片资料，有风土人情、地形地貌，甚至连旅行路线介绍也进了课堂。还评选出多名"信息之星"。终于读书了。读到第三节，教师播放多媒体课件，让学生给画面配音。学生不是读快就是读慢，直到第六个同学才读得图文相符，课堂中响起了热烈的掌声……课后抽查几名学生朗读，他们连课文都读得不正确。

在课堂教学中，真要达成"自组织学习"，少了必要的硬件与软件等条件支撑，是难达到理想教学效果的。带着教育的乌托邦，如果没有操作课堂的精妙技法，在课堂中放纵，结果往往比传统教学的效果更坏。

以上这则案例让我们警醒和思考：课真能如此做吗？针对此课的生成，让人不禁追问：满足需要的课就是好课吗？教学中课程生产的过程不是想当然，只有真正地围绕学科本体需求满足学习要求，促进教室里精品课程生产有序推进，真能达成"双学目标"，这样的课堂才会产生风景，才会成为有吸引力充满智慧的成果。当然，精品课堂属于非物质性产品系列，必须增强服务意识满足教育教学的需求，否则其价值就会被人们怀疑。

打造精品课堂，必然需要教师拥有精雕细刻的本领，能术到极致，几近于道。能充分发挥自我的"匠心"，懂得用力与专注，才能让课堂走心。而不是像以上案例中那样"看影碟"，随心所欲，缺乏对课堂的深刻理解，随便放风筝。那种没有发挥教师熟练的灵巧与高超技能，却让自我"淡化出场"，这实则不是教师角色淡化，不是课堂教学的主体淡化，而是现代"放羊式"教学的出现。我们不禁要问，这就是"自主学习"吗？频繁使用早已准备的媒体课件，以"媒体"代"文本"，这种"散乱的活跃"，只能说明教师的心态变得更浮躁。

打造精品课堂，一位高明的教师，一定会是一个有"匠心"的人，他始终不会放弃自己调控的权力，他会记得在课堂上精益求精，别具匠心，不会让学生偏离飞行的轨道。他会顺应课堂的自然生成，积极调控，让课堂教学在正确的轨道上平稳运行。

▲口吹竖笛，声声可闻

谁不向往得到精品，谁不希望跟在大师门下学艺，谁不希望让学习的过程自得其乐，如诗如画。为拥有精品课堂的情怀而来，这里包含着教师的信仰，其内涵全是爱与善的结晶，如此，才会有信心去赢得人们的价值认同和自我对自身价值的认同。

大家都知道学生有向师性，多数学生会因为喜欢某个教师而爱上一门课。类似电视剧《十八岁的天空》中古越涛那样的麻辣教师幽默风趣，甚至有些"无厘头"，这样的个性很容易吸引到新时代的孩子，赢得教育。但是单纯依靠幽默时尚的话语吸引学生，没有把内在本质的东西传授给他们，往往会使麻辣教师陷入"死胡同"，不但没让学生获得真知，同时也没有让教师赢得课堂。

链接4—13

《比一比》是小学义务教育课程标准实验教科书一年级上册中识字(二)中的一篇识字韵文。描写的是美丽的农家小院，温馨的生活场景。一个大，一个小，一边多，一边少，是一种简单的比较，一种充满童趣的比较。

一位教师在教学这一课的第二课时时，紧扣文章语言特点进行对比朗读，激发了学生朗读的兴趣，学生朗读情趣高涨。加上黄牛和猫、鸭子和鸟的表演对读，苹果和枣、杏子和桃实物比较对读，这些琅琅上口的韵文，仿佛依稀听到孩子在院子里诵读的清脆嗓音。

教学中，刚刚完成杏子和桃的比较，突然一个孩子站起来问："老师！比多少，刚才不是已经比过了呀！怎么还比一次？"霎时间，学生、老师都望着他，课堂似乎也变得很不和谐。老师微笑着回答："是呀！大小不是也比了两次吗?"那学生还是好奇地望着老师。为了能改变这一窘境,老师和蔼地说:"我们还可以一边拍手一边来读一读,来!你上来和老师合作一下。"老师欢快地和他拍着手,兴致勃勃地读着,但是那位同学还是满脸的疑惑,怎么也进入不了情境。

打造精品课堂,这里必然少不了创意教学,人们只有真心走进课堂,拥有足够的勇气将自我的真知与才情展露,让学科本体性知识充满鲜活之味才会吸引学生,呈现出富有时代气息的课程精品,其教育才会有感染力,才会引领学生走向精神层面,情感共生。

赢得课堂,教师才会拥有课堂中的产品。课堂往往在人与人、生命与生命这一层面悄悄地发生。"人与人之间的自然语言是最具亲和力、最具有灵活性的,师生之间课堂上互动性的交流应该是最有效的教和学的途径。"加强教师的语言修炼非常重要,它往往是引导学生心灵之旅的风向标,课堂中教师若能口吹竖笛,声声可闻,学生定能跟着教师找到回归教育本真的路。

▲静心等候,花期在望

精品课堂的产生,必然需要一个炼狱的过程。

现今的课堂,似乎有效的"串"便是课程精品的全部。有一个奇怪的现象,在低年级上课,教师提出问题,小手如林;往高年级走,只有那么几个学生会把手举起,大多数学生都一副沉思状。或许这和学生的年龄特点有关,但是这与教师教学行为、对学生的评价也脱不了关系。教师提出一个问题之后,马上就让学生起来回答,学生的发言中没有几句是经过他们自己深思熟虑后发表的,大多或是回答不得要领,泛泛而谈;或是只是读出文中相关语段,就算是解决了问题。更让人吃惊的是,当教师抛出一个个问题后,经常不留足思考的时间。教师害怕课堂出现"冷场",一部分教师采用自问自答方式,一部分教师则会说一些无厘头的笑话,企图激起学生回答的欲望,帮助自己完成教学任务。在课堂陷入沉默时,教师选择自己唱主角,这并不是明智的教学手段。其实,教师在提出问题后,应该给学生一个宁静思考的时间和空间,供学生进行深入的独立思考,只要教师肯放慢脚步,课堂中的宁静,有时是一帖思维清醒剂,会让你收获意想不到的惊喜。

解决课堂问题的方式很多，有效的"串"问只是其中之一，如若课堂中呈现的只是单一的课程产品，如果教师将"串"问作为一维的办法，时间久了还会造成堵塞。倡导面对课堂全方位的努力，多角度的开发，多维度的求索。特别是在这信息纷飞的时代，需要定力，需要智慧，需要信仰的融入，才可能真正在课堂中打好组合拳，才可能真正拥有多维的空间，从而因生产了高质量的课程显现价值。

课程调控机智灵变不可少

清楚教育的产品是课程而不是人之后，依旧还需要弄清课程的内涵与外延才行。当前，课程的概念正在经历着不断被深化和拓展的过程，但其拓展已经超过了产品的界线，出现了概念泛化现象，致使课堂资源、课程观念、课程功能之间边界模糊。

在课堂课程的实施中，课程的学科界限常常被打破，课程概念的确定性取向被否定，更多地停留在表面层次的认知上。课堂是动态的，面对动态的课堂，教师对课程的调控机智是不可少的。回归课程本真，强调课业的进程，无论是强调跑道功能，还是将其变成特殊的路线，必须通过课堂中有效的建构，努力促使课程力得到提升，避免理论与实践的脱节，才可能真正体现课程的价值。

链接4—14

苏教版《爱因斯坦和小女孩》教学片段

在学生初步感知课文内容的基础上，授课教师随即提出了一个问题：读了这篇课文后，你们觉得"爱因斯坦是不是一个最伟大的人"？举手的同学寥寥无几。片刻，教师笑着说："你们可以反复读课文，联系课外阅读、生活体验等来思考。"先请同学们分成小组讨论一下，并提示学生需要说出赞同或反对的理由。听了教师的提示，教室里顿时"活"起来，学生开始自主探究，合作讨论，僵局瞬间荡然无存。

师：谁愿意来说一说？

学生纷纷举手，高呼"我来！我来！"

生：我认为爱因斯坦是"最伟大的人"。因为爱因斯坦是一个著名的科学家，在当时来讲，全国甚至全世界的人都知道他，这样的人在我看来应该是高高在上，高不可攀的。你看现在有些明星见人总是一副傲慢、不可一世的样子，拒人于千里之外。可是课文中讲了他与小女孩第一次相撞又相遇后就主动等待小女孩。从他的言行举止以及他向小女孩请教穿戴要领、整理房间这些事，我知道了他是一个和善可亲的人，他有着小女孩一样的童心。

大部分同学纷纷点头，表示赞同。

生：尤其是他说的"我是爱因斯坦，但并不伟大"这句话，更说明了他还是一个十分谦虚的人。他的谦虚让我感到他是一个伟大的人。

师：同学们说得真不错，能结合课文内容来表明自己的观点。

生：我也认为爱因斯坦是"最伟大的人"。因为课前我搜集了他的一些资料，知道他是一个著名的物理学家，他的一生中发现了许多科学理论，尤其是他的"相对论"比牛顿物理学还要先进呢！1921年他还获得过诺贝尔物理学奖，被确认为整个人类历史上的科学巨人。难道这不能说明他是最伟大的人吗？

师：搜集资料是我们积累知识的途径之一。用搜集到的资料来说明这一问题，使人更加信服。你真了不起！通过刚才的讨论，我们明白了爱因斯坦是一个"最伟大的人"。

（接下来，课堂似乎可以结束了，教室安静了下来。个别学生举手，欲起立。）

师：你想说什么？

生：我认为爱因斯坦并不是一个"最伟大的人"。

教室里一片哗然。教师似乎是皱了一下眉头，示意学生坐下，可学生仍然站着。

师：你提出这个观点，能在课文里找出理由吗？

生：他平常出门散步，竟然也不给自己梳梳头，好好打扮一下，"衣衫不整"的样子倒有点像我们现在经常看到的流浪汉，这与他那个大科学家身份也太不相称了。还有，他一个五六十岁的人了，竟然要向一个12

岁的小女孩请教穿戴、整理房间，都要让人笑掉大牙了。我看，他还不如我呢！

许多学生听了，哈哈大笑起来。教师点点头。

师：他说得也挺有道理的，那爱因斯坦到底是不是"最伟大的人"呢？

又一学生举手。

生：老师，我不同意他说的。因为课文中虽然一开始讲爱因斯坦"衣衫不整"，但毕竟后来他已听从小女孩的建议，去重新打扮了，以至于后来连小女孩都认不出他了。凭这一点，我认为爱因斯坦还是一个勇于认错和改错的人。

生：对！"爱美之心人皆有之"，课文中讲到，爱因斯坦一打扮后，一下子竟年轻了20岁。我通过课外阅读知道爱因斯坦并不是不注重自己的打扮，而是他把所有的时间都花在科学研究上。

师：两种观点同学们都说得头头是道，老师也不知道该怎么评价了？

有一学生自言自语："那就这样说，爱因斯坦一半是'最伟大的人'，一半不是。"

教师笑了："那还得把爱因斯坦分成两半呢。"

众生笑了。

生：我赞成××的意见。爱因斯坦是一个大科学家，但他也是一个平凡的人，他能向一个12岁的小女孩请教，改正自己的缺点，更能说明他是一个伟大的人。平凡之中见伟大。

师：平凡之中见伟大！你说得真是太棒了！（面向全体）同学们，真正的伟人也是一个凡人。作为一个普通人，爱因斯坦可能是有许多不足的地方。就本文来讲，他不注重穿戴、不布置房间和收拾东西。难能可贵的是他向一个12岁的小女孩请教。他的平易近人、谦虚和一颗未泯的童心，相信已深深地印入大家的脑海里。然而，应该确定爱因斯坦之所以没有把时间花在穿戴、布置房间和收拾东西上，是因为他把精力完完全全地放在搞科学研究上，并且为社会作出了巨大贡献。因此，我们应该承认爱因斯坦是"最伟大的人"。

课程在课堂教学中我们既要认定他的确定性，同时也需要确认他的不确定性，只有真正地达到适量，才可能真正发挥引领学生学习的功能。在课堂教学中，不是什么样的内容都可以不加选择地进入课程，特别是课程的教育性不能随意地泛化，必须防止无效性与虚无化，防止课程内容的膨胀与拥挤。我们必须认识到，只有经过教师精心打磨与选择的本体性知识，能促进学习者认知水平提升的内容才能进入课程。

"课程"属于教育教学的产品，为此我们必须抓好课程的"产品"特性。课堂上抓好课程建设，课程才能发挥达人的作用。诸如案例中呈现的一幕，课堂上发生的意外事件是教师课前预设课程时没想到的。但是，面对学生这一猝不及防的回答，教师却能保持镇定，从容应对，并机智地将这一问题化作教学的课程，借此把它巧妙地化解为学生学习的跑道。在这里，他给了学生一个说的机会，给了学生们一个思考的空间和平台，课堂上便听到了更真实的声音，他们敢说"流浪汉、笑掉大牙"这样的话，敢于跟爱因斯坦比，让学生独特的智慧火花在课堂上闪现，让学生除了语言表达能力得到提升，其他能力也一同得到了开发。

呵护课堂，调控得当没有噱头。打造精品课堂，从打造精品课程开始，这里无不充满着教师智慧，需要用教师的课程力说话。如果没有教师的灵巧应变，引领不到位便会使学生在学习中陷入"迷茫"的境地。这需要教师在课堂中带有几份沉稳，让课堂灵动起来，重构活力十足的教育新生态，让参与者感受到课堂生命的快乐和成长的精彩，其课程的品位才会得以提升，同时课堂的品位也才会提升。

第五章　课程责任意识

——兼谈课堂信息

题记：有责任，才有对高效课堂的担当，才有对课程力提升的落实，自然也才会探索呵护课堂的具体操作策略。责任意识是打造成功课堂的有力保证。

课堂、教材、教师和学生这四大要素，是课程（组织）的核心组成部分。虽然人们早已对课程概念下了定义，指出"课程是指学校学生所应学习的学科总和及其进程与安排。广义的课程是指学校为实现培养目标而选择的教育内容及其进程的总和，它包括学校教师所教授的各门学科和有目的、有计划的教育活动。狭义的课程是指某一门学科。"这一定义很长时间以来就没有发展。在我们看来，很多关于课程概念的论述都只是演绎推理的办法，从课程的外延指明课程"有什么"，并没有指明课程"是什么"。在"有什么"的基础上，沿袭物质与意识等质性分析，我们得出了"人不是教育教学的产品，课程才是教育教学的产品"的结论，直指课程的本质属性是教育教学的产品，拥有课程产品等同于拥有教育的价值。

课程"是什么"，课程"有什么"，在思考课程力提升的过程中，教师的责任意识尤为关键，我们直接提出："课程力，是教师基于课程（产品）的生产力总和，以及课程（产品）生产方法的总和。"在我们看来，教师的价值在于思考课堂中如何生产课程（产品），将课程生产作为自我的责任意识，它事关课堂的成功或失败，事关教师的价值认定与人生意义的取向，事关"我、我的"实践行为对课程改革的影响……对于课程力及其提升策略的思考与践行，这绝对不是小事。

谈到课改，有人说重点是"改课"，这话不无道理。我们所学习的课程理念，探索的课改策略，都需在课堂中落实。因此，我们必须从课堂的内外找回自我的担当与责任，这对于教师因教而彰显自我的价值显得十分重要。在我们进行课题研究及探索的过程中发现，责任意识中包括理性的回归，包括教师课程力理性的提升与发展。

深度的理解，创设高效的课堂教学，是教师的一种责任。

广度的理解，创设高效的课堂教学，是学生的一种幸福。

实践的理解，创设高效的课堂教学，需要依赖教育教学秩序的调整。

在我们看来，现代课程改革，其核心多是对课程秩序的调整，从而最终实现教师课程力的全面提升和发展。我们用自己的责任意识及对课堂极其负责的行为对课堂教学中教师、学生、教材和环境四要素进行有机整合，使四者和谐地存在于课堂上。当这四大要素得到呵护与秩序的理顺，课堂自然便会高效起来。

打破传统教学的秩序，建立新的规则，找到适合课堂焕发新的生命秩序的方式，近乎成为一种改革的习惯。在这一章节中，我们将围绕教师的课程责任意识，围绕课程四要素的整合，以打造高效课堂为目的，抛砖引玉。

《国家中长期教育改革和发展规划纲要（2010—2020年）》在"第一章 指导思想和工作方针"中指出："把教育资源配置和学校工作重点集中到强化教学环节、提高教育质量上来。"也就是说，提升课堂高效是我们下一步努力的方向，教师的责任体现于如何让课堂高效。

全面提升教师的课程力，促进课程改革的成功，必须紧紧抓住课堂中一些关键信息与要素进行改革，才可能在一轮改革中获得成功。因为课堂不是真空的，不是随心所欲的，不是独立的空间和领域，只有教师课程力的活力迸射，只有充分利用好教育教学资源融汇到强化教学环节和提高教育质量上来，只有将科学的课程理念融入其中，才算真正对教育负责。

课程是师生实体，课程是时空立体，课程是多重因素的组合，课程是多重音符的协奏。课程是教师，是学生，是师生双方合奏的一首乐曲；课程是文本，是环境，是文本和环境融合为一的整体。因此，只有拥有强大的课程力，我们才可能真正对课程实施呵护与保护，才算是对高效课堂尽到了责任。

课堂上教师课程力的提升与发展，需要体现责任意识，需要用心浇铸才会拥有课堂、赢得课堂。只有让四重信息不由自主地得到呵护，课堂才会彰显人尽其才、物尽其用的效果，达成教学过程的最优化、课堂效益的最大化、"双学目标"达成的最优效果。

可以肯定的是，教师拥有的课程力在课程改革中发挥着十分重要的作用，只要教师责任意识胜过课程力，并充分融入课程力，我们的课堂才会高效。

第一节　课程四大信息源的支撑

课程和课堂之间的关系，我们往往搞不明白。课堂是一个三维的时空，课程呢？一维、二维、三维或多维，由于难以有效对"有什么"准确的集合，致使人们对其的认识显得模糊。提及课程的生产，人们更会不知所措。不知道课程生产是谁的责任，不知道如何下手开发课程；不明白教师自我与课程的关系，更不知自我源于课程的价值取向等。面对课程生产之种种问题——"提及谁都知道、忽略谁都不会提起"的尴尬现状，无不为我们的论述带来难度。

多年来，课堂缺失信息平衡的安全感，这是本来就存在并没有解决的一个问题。只要深入追问，自然便会发现解决问题的支点不对，解决问题的方法不对等。诸如，课堂只是一个即时性权属的三维空间，没有对信息安全的保存功能，教师离开课堂所有努力几乎再难从中找到价值认定的东西，致使课堂从来都不是带有产权的价值认定的地方。其实课堂中的价值体现于很多方面，但课程作为产品所占有价值占据了绝大部分，所以我们都知道"课程，才是教育教学（教师）的产品"。

保证课程产品的质量，保证课堂信息满足科学与前瞻性要求，保证课堂教育教学（教师）的价值安全，回归到对课堂信息源的关注，无不是又一次理性的回归。人们其实已明白，课堂教学中的四大信息源——教师、学生、教材和课堂环境，直接构成了课堂的四大建构要素。接受信息的能力与态度，处理信息的技能，都是对教师的考验，只是没有全面提升到打造课程的高度给予关注。在平素的工作中，或抓住主要信息而推进课堂，或抓住次要信息牵扯课堂，或有较强的信息整合能力，或对存在的信息置若罔闻，因为人们并没有弄清课程与信息之间的联系，致使投入精力大小的不同，其课程产品最终产生的本身价值及社会价值之间的截然不同。致使哪怕对课堂中已有信息的关注，其结果没有因为投入而让自我在课堂中缺失安全感。

课堂中建立信息安全意识，实则是对自我发展与保护的一种责任意识的体现，集中于课程产品的生产，集中于全面提升课程力，更会让课堂中的一切行为目的明确。至此，我们需要进一步明确己任，对课堂中的信息需要用心去捕捉，否则很难保证自我存在的价值。

全面提高课堂教学质量，全面打造课程，全面提升信息安全责任意识，必须上升到"我，我的"责任，才能真正为当下的努力找到方向。当前很多课堂效果低下，一个主要的原因在于，教师总处于极不安全的职业状态，总是给课堂提供一些陈旧的信息，把一些二手或三手的信息拿出来交流。为此，必须真正懂得现有信息与过时信息的联系与区别，懂得如何应用于学习实践。而这才是课堂中每一个参与者最需要的东西，这也正是课程建设中，打造课程产品所需要的东西。

全面提升课程力，在课堂上加强对教师、学生、教材和环境这四种要素的呵护，以及对信息源的关注，是我们必须修炼的学问。抓住关键信息有效处理课堂，包括对四重要素里折射出信息的"咨询—计划—决策—实施—检查—评估"，才能更好地达成"双学目标"，在提高学生素养的同时，全面提升教师的课程力。当前亟待研究和解决的问题是如何围绕这四重信息，设计与创设出高效的课堂活动，提高课堂的实效性。

学生、教师、教材和教室是信息源

会分析、解读信息是破解事物密码的关键，善于捕捉信息是破解事物密码的前提。任何事物的发展都有自身的关键密码，课堂教学也是如此。达成高效课堂，必须对高效课堂信息密码有效破解才行。

破解课堂密码并不是一件容易的事，必然包含着较高的专业知识素养，以及习惯性捕捉课堂信息的专业能力。课堂中信息呈现往往不具有条理性，以多维的庞杂的即刻消失的方式存在。捕捉即时课堂信息而及时分析与破解，需要教师拥有较强的理性思维能力和强大的课程力，否则就无法解题与破题，最终只能破局而出。当下，众教师课堂信息认知水平并不理想，近乎是现代教育教学的一大白板。进入课堂开展观察便会发现，我们的教师习惯莽撞做事，习惯于应用已经生成的课程，很少在课堂中停留片刻分析课堂信息，为新的课程产品的生成奠基。我们所采用的很多信息多是僵尸似的"呆滞信息"，近乎拿来就用，从不对其信息有效性、正确性进行分析与处理。试问信息失真其价值还会有多大？

课堂教学中，教师处理信息的能力，是核心素养中的一个重要组成部分。只不过在其专业素养修炼的过程中，只是对教材教法、教育心理学等进行过专门的训练，几乎没有从信息处理的角度加以学习。学会捕捉课堂信息，学生分析与破解课堂信息密码，如若想在课堂教学中有所建树，带给自我职业生涯更多的安全感，这绝对是需要弥补的一大修炼。

在课堂教学捕捉信息，抓住信息源是关键。课堂教学的主要信息源有：教室、教材、教师和学生。只要人们善于从信息源处着力，哪怕信息再杂乱，人们也易于理顺。当前，人们在处理信息时，凭借的多是感性经验，只注重对产生矛盾冲突的特殊信息进行处理，以为产生了矛盾冲突才最有价值。课堂中，凭借感性经验处理信息，往往抓住的是一些关键信息，但这样的信息是不全的，只能是对一些可体验的可感知的信息。处置信息不全面，除了不能全面把控课堂的进程，甚至还会顾此失彼，带给课堂更多不安全感。

课堂教学中的很多信息，如果没有理性的思维，如果没有习惯于从四大主要信息源着力，只能说明教师处理信息的能力还处于一个非常原始的层级。课堂中源于主要信息源产生的信息,对于课堂把控都有着很大的价值,但无法凭借感性体验予以捕捉。对于建构高效课堂而言,我们需要理性的、全面捕捉课堂信息。这种理性更多的是建立在科学的基础上,能给予课堂参与者更持久的帮助等。课堂教学中,凭借作为人的感觉与知觉的自然性而受到刺激,从而给予存在信息的判断,只能称作原始级的信息处置能力。凭借感性方式处置课堂信息的教师,除非本身具有极强的信息处理天赋,否则整个被处理的信息哪怕有存在价值,也只能是以片断的方式存在,对于整个教学而言不会有太大的价值。

课堂教学中,学生、教师、教材和环境都是信息源。如何接受好信息源的信息,如何利用好信息,如何让信息最大化为教学服务,是课堂教学中的一门技巧。加强课程建设,全面提升课程力,除了在课堂中应有的理性行动,更需要我们用责任心去练就捕捉信息的慧眼,才可能真正保证课堂信息的准确,带给课堂教学安全感。抓住学生、教师、教材和教室这些信息源,全面捕捉处理课堂信息,我们需要突出四个维度。

维度一:注重品质

创设高效课堂,必须基于课堂中的真问题处理才行。其实,很多有用的信息产生于真实的课堂实践环节,必须受到重视才可以将其抓住并发挥应有的作用。

课堂信息有着极强的真假品质。教师一进入课堂就开始对信息进行处理(运用、干扰、拓展等),但很多信息需要重新建构,需要有意地将信息进行即时的处理,而后再投入到教学之中。但如果不能建立起与参与者的联系,不能与参与者的经验有机联系起来,其教学往往会低效或无效。课堂活动中,应该尽可能模拟和贴近课堂的真实世界,以尽可能地创设真实的语言环境,使学生在一种自然、真实的情境下进行活动,以解决现实生活中遇到的真问题,从而引导学生完成学习任务。在具体的处置时,教师不能对信息放任不管,不能对其做过于简单化的处理使其脱离真知场域。教学活动中可以让学生经历与专家解决问题相类似的探索过程,使自主创造性得到充分的发挥,这样就使教师对学生探索精神的培养成为可能。

创设高效课堂必须基于学生"最近发展区"的心理基础,让学生的水平处于"最近发展区"区域,借助课堂抓住真问题和课堂信息源产生的新信息,进行最具挑战性、激励性、探究价值的探索,以此拥有"现在进行时"的处理能力,提高学生的认知水平。现实是,我们总远离于信息源,凭借感性捕捉矛盾冲突信息或突发性信息,致使把无数假信息当作真问题处理,把无数假问题当作真问题进行探讨,才导致了课堂的失真、失效。

高效课堂中很多信息具有真假品性,具有任务取向、目标导向的功能。捕捉真信息,做好前期准备依旧重要。教师在预设教学活动设计时,应该对学习任务、学习目标、学习结果及任务执行方式等做到心中有数,在教学时只有充分把握教学方向,才可能及时采集到真信息。有时,也完全有必要让参与者知道任务是什么,明确学习的任务,知道学习的具体目标是什么,明确学习的流程,这样更易于促成课堂信息集中而不散乱。

维度二:突出方式

创设高效课堂,必须引领学生经历多元体验,积累多元经验,并注重信息产生的方式。从心理和年龄特点来看,学生一般喜欢参与包含大量"创新意识"的有刺激性内容的活动,喜欢不断转换各种信息场,从倾听到谈论再到动手操作,整个课堂动静相宜,学生在这样一种全新的信息场域才不会疲劳,学习效率直指课堂的高效。课堂信息的产生,往往需要调动多种感觉通道,借助多种平台而导入,才可通过理性处理促进参与者全身心地投入学习。从发展的角度看,学生自主发展是多方面的,活动对象、活动类型、活动性质和活动水平的差异都会影响到信息的产生,影响主体发展的质量。因此,在课堂教学中我们应抓住课堂活动的信息源,在丰富多彩的活动中抓住关键信息与主要信息,遵循信息产生的规律,动用多种认知手段使"双学目标"更有效地达成。

创设高效的课堂活动,突出信息彰显的方式,能帮助教师在课堂中处理好各种信息的相互链接。活动设计非常有讲究,凸显层次性,由简到繁,由易到难,层层深入,呈阶梯状分布,使间断的、琐碎的信息成为一个个具有逻辑关系的有机整体,形成由初级任务向高级任务的循环,以及高级任务涵盖初级任务,并由数个微任务构成如互联网似的"任务链",

像任务阶梯一样使教学层层推进。

维度三：把握主体

高效活动是有较高效能感、有成功体验的活动，更利于信息的接收与处理。在教学活动中，只有对于先前活动有积极、良好的、成功的、愉快的体验，才会使他们在心理上再期待参与这些活动。因此，高效活动产生的信息，应设法形成效能感，在活动一开始教师就应表现出积极期待的状态，明确信息要求以及参与者应该承担的责任，及时发现并传递积极信息，尤其是给予学习困难的参与者更多的关注和鼓励；而低效活动中呈现的常常是过时信息，是教师没有描述学习目的或对学生少有期望，对低层次的活动结果或过程随便迁就，久而久之，才导致学生对教学活动失去了兴趣。

高效课堂往往能产生引领参与者积极参与、高效参与的信息。积极参与的信息能促进参与者心理上、情感上的积极体验，保证学生产生积极而活跃、主动而自觉自愿的态度，而不是让他们总处于消极被动应付的状态中。在教学中应把握信息的主体，学生在课堂上一方面表现出对活动呈现信息具有浓厚的兴趣和高昂的热情，自始至终体现出了参与的积极性；另一方面，从参与活动的范围上审视，不是少部分人参与，而是全员参与，欲罢不能。课堂中信息处理产生高效，更多地依赖于认知深度和思维品质。那种简单思维和简单信息的处理方式，只能称作浅层次或低效参与；那种人人参与达成高效的处理方式，涉及内在思维和复杂信息之间的深度融合。有效信息是课堂参考者认知发展、高效学习的保证，离开学习主体对信息的灵敏度与认可度，不可能有很好的学习效果。为此，把握课堂主要信息源，针对学习主体所需收集的有效信息，是积极参与促成高效课堂生成的有效保证。

维度四：注意条件

高效课堂的教学，非常注重信息产生的条件，给学生创造必要的探索时间和空间。他们往往能在较短的时间里，围绕课堂信息源产生的新信息，组织学生投入积极的学习状态之中。诸如，在小组合作的过程中，从组织规模到组织人数，以及小组合作中参与者承担的任务等，都是有效信息捕捉的凭证。若小组规模过大，学生人数太多，其学习过程中难免会呈现出合作困难、信息交流不通畅的信息。再比如，我们在课堂中限制了学习活动的生态环境，学生难免会表现出消极。课堂信息的产生，必须保证促成通畅的条件，给予有限的时间和空间，才能使学生进行深度探索，防止认知浅尝辄止。

赢得课堂，必须有良好而积极的课堂生态环境，其教学才能满足信息生成的条件。师生之间若处于对抗状态，学生态度消极，不参与教学活动，不举手、不回答老师的提问，甚至还公开扰乱课堂秩序，表现出对立性和破坏性，不但所获信息甚少，还会产生反作用。

赢得课堂，教学须有丰富的活动资源与材料作为支持条件，才能满足信息生成的条件。对于教学来讲，使用丰富、大量、具有开放性的活动资源是活动得以展开的保证。活动资源与材料可从文本、影视、互联网、工农业生产、大自然和社会生活中寻找。

赢得课堂，教学离不开教师对信息的高效处理，才能满足信息生成的条件。在活动中，教师适时参与和引导，对于达成高质量的信息生成至关重要。如果一味强调学生的自主探究、自主活动而放任自流，那么学生的活动最终只会流于形式，探究水平、思维水平、表达和交流能力的提高也就无从谈起。教师的指导除了活动前要精心准备好活动的情境、活动的材料外，最主要的是体现在活动过程中，要密切关注学生的行为与反应，观察学生在活动过程中的对话与交流，要有意识地对活动的各个环节进行质疑，以激活学生的思维，指出学生逻辑上的问题，揭示矛盾，从而激起学生的认知冲突，以产生更加丰富的信息。

链接5—1

课程资源在互动中生成

教学片段：

师：学习了这节课，想不想对老师的课发表意见？最好打个分。

生：老师，今天学习求平均数，课前我已经预习过了，但发现书上的例题与今天学习的例题不同。如果这节课满分为10分，我打8分。

师：好，这个同学很勇敢，是第一个敢于吃螃蟹的人。还有谁来评说？

生：我认为老师这节课上得很好，我们学得轻松、愉快。我给老师打10分。

生：这节课的内容结合了我们的生活，把唱歌比赛、单元测试的成绩都作为求平均数的教学内容。我们不知不觉就学会了如何求平均数。我也给10分。

生：我认为这节课的内容很贴近我们的生活，如果再帮助我们解决书上的例题就更好了。我给老师打9分。

师：这么多同学都想当评委，看来打分是个好主意，每个组选个代表来吧！

生：我打10分。

师：为什么呢？别忘了你代表的是你们的小组哦。

生：我认为这节课，老师的语言亲切、教态自然。

……

（板书：8、10、10、9、10……）

师：刚才，很多同学都给老师打了分，但是有高分也有低分，怎样才能公平地评价老师呢？

生：我们可以用求平均数的方法，先把黑板上所有的分数加起来再除以打分的人数，求出平均分，就能公平地评价老师了。

生：我认为这样还不够公正，应该像电视里的比赛那样，去掉一个最高分，去掉一个最低分，再算出平均分，这样就更公正了。

师：这第二种算法和第一种算法有什么相同和不同的地方呢？

生：这两种算法的方法是一样的，都是用总分除以人数。不同的是，第一种算法是算出8个评委的总分，然后除以8；第二种是算出6个评委的总分，然后除以6。

师：这个同学说得真是太好了！那咱们就用第二种方法去算吧！

教学中增添学生评课环节，实则是教师有意识处理课堂信息能力特意安排。正如上述教学片段所示，课程信息在互动中快速地成为教学资源，这里包含了更多信息处理的能力。课堂中因创设一个评价平台，依托"打分"和"评语"，让师生信息互换，突破了"师道尊严"界限的同时，教学间的信息安全通道同时也被打开。

倡导关注信息源，教学时把住关键信息。从学生的点评中，不仅能感知到他们新知识的掌握情况，同时也能间接地感知到教师提供的信息是否被他们接受，不仅能让感知课程学习生活化的情境再现，同时也能对教材与教学内容之间呈现出的信息把控。很明显，虽然教学环节依旧需要前期的教学做铺垫，需要结合数学概念掌握、习题演算等的完成情况，才可能促进教师对源于教师、学生、教材和教学环境等信息的综合处理，但如果没有教师对课堂信息多维度的精心处理，教学效果的好坏是可以想象的。

呵护课堂信息产生的四个源头，加强课程资源的开发，加强信息的综合处置，往往更能保证课程的有效生成以及学习者的满意度。教材能提供大量的信息，但它不是唯一的课程信息源，我们可以根据学情，合理地选择和利用其他课程资源，以促进鲜活信息的产生，保证课堂教学信息沟通时的有效性。其实，教师和学生本身也是重要的课程信息源，特别是在课堂教学互动环节，将有大量的信息来自于这两个信息，只有被我们及时发现和捕捉到，才可能在具体的教学场域中对具体情况进行对应信息的调控，真正促进课堂有效性的生成。

呵护过程讲求"力"的作用

打造高效课堂，全面提升课程力，保证课堂信息的安全和有效，从感性到理性的过程，关键在于能对信息进行有效的沟通、控制，关键在于能结合信息的普遍性、客观性、依附性、共享性、时效性、传递性等，在对课堂进行有效的把控中形成正能量，帮助参与者主动而能动地进行学习和发展。

人们必须认识到，信息是课程建设时最基本的元素。课堂教学时，减少感性的处置方式，增添理性的成分，教师的责任意识主要是通过课程力的提升呈现出来。我们有必要加强对四重信息源产生的信息进行筛选，能对促进发展的信息进行呵护、重组、建构和运用，对具有破坏性的信息进行抑制。

▲ **呵护目的明确，把"力"用对**

　　课堂教学的信息需要呵护，才可能真正促进信息在课程建设的过程中彰显作用。当今的课堂，多以"以活动促学生发展"为指导思想，强化对课程的理解、设计、组织、实施和评鉴等。在一过程中，有计划地促使活动顺利推进，必然少不了综合各方的信息，而后筛选出有价值的信息，用于指导课程的生成。不知大家发现没有，更多有用的信息往往因为教学活动的目的而具有倾向性。如果活动缺乏明确的目的，活动中呈现出的信息或捕捉到的信息定然缺乏指导性与适用性，只有围绕教育活动目的，才可在信息处置时彰显强大的生产性。

　　课堂教学必须目的明确，绝对不能捣糨糊。教师有责任将课程力发挥到极致，对教师、学生、教材和教学环境等共同构成的信息空间与平台进行拓展。赢得课堂，成为课堂中信息处理的高手，首先需要明确自我在课程建设中能做什么，需要做什么，准备怎么做。对自我的教学行为没有明确的认识，很多已经存在的信息哪怕呈现于眼前也会视而不见，更不会有把控教学全程的教学眼光，这便致使教学难以找到真正的着力点。不但浪费信息，而且师生在课堂上如无头的苍蝇一样，昏昏然度过每一节课。当前，由于教师课程建设力不强大，更多课程信息处理没有明确的目的，导致教学活动缺乏生机，缺乏动力。

　　我曾听过一次公开课。教室是一间很宽敞的报告厅，讲台距离学生的座位比平时在教室里的距离稍远一些。执教教师的教龄约15年。可能是有人听课的缘故，教师在教学过程中，总习惯性地把目光聚焦在听课教师的身上。课堂中不少学生被忽略，致使信息接收源受堵，师生交流处于一个较低的层级。据我观察，由于教学预设的安排，整节课就只是教师一个人叙述和学生单方面表演，师生双方几乎没有信息沟通、交流，以及新信息的产生。

　　课堂之上教学目的不明，缺乏对关键信息的呵护，缺乏有效信息生成，难心激起学生兴奋点，教师有着不可推卸的责任。教师对教材的领悟、解读，与学生一块对教材的学习、思考，若没有处于同一平面，没有信息的交融，这样的课堂，实则就是一个无效的课堂。很多原本应有的课堂教学资源没有得到发挥，而新的教育资源也没有产生，这种教的目的不明，导致缺乏信息安全的课堂，无论是对教师还是学生，都是一种折磨与难堪。

▲呵护要求适当，把"力"用准

关注课程建设，课程以产品的方式存在，但人们必须认识到课程组织的方式。其实，前面已经提及课程概念采用演绎推理与综合推理，有着本质的不同。对于沿着"有什么"的方向给课程下定义，特别是对课程的构成要件进行探讨，便会发现课程建设包括教师、学生、教材和教学环境等各种元素有机组成的总和；对于沿着"是什么"的方向给予课程下定义，便会发现课程作为产品固化的方式存在，它更是由"关系"组成，各种信息源只不过是关系的支撑点。

在我们看来，促成高效课堂的生成，促进精品课程的生产，只有尽可能找到组成课程的尽量多的元素，只有尽可能把准各种信息源之间的关系，才可能真正对课堂予以把控。其实，课堂教学的秘诀便是对各种元素的有效整合，对各种关系的有效处理。这里必然包括对各种信息元素自身意义的保持，包括元素的互换，不改变整体结构等。但各种信息元素关系的变化必然导致课程结构的变化，更多时候最重要的在于将各种关系转化成联系，呈现在课堂中便是各种要求的凸显。为此，人们在进行课程建设时，一定要读准各种信息元素之间的关系，通过教师自我这一富有课程力的主导者，满足各种关系之间的要求，从而建立起不同信息元素之间的逻辑意义的和本质性的内在联系，才可能真正在信息处理及引发新的信息源时使上劲，使出劲，使好劲。

▲呵护突出内在品质，把"力"用好

课堂信息由于多以多维的方式存在，要完全把握信息量肯定存在困难，真要搞懂课堂信息包含着什么或没有包含什么、彼此之间有什么或没有什么依旧存在着困难。但这并不表示难以精准把握便不去探讨其表现形式以及对应的作用，相反，更需要加强不同维度的信息之间的联系，理性分析彼此之间的联系方式，特别是能抓住有形信息与无形信息之间的相互影响，这样才利于破解课堂中的密码。

通过大量的观察发现，课堂中不同信息之间的联系方式，主要是通过教师课程生产时特殊的课程力而相交融，并且当彼此之间达到合目的性时，其课程力似乎像促其达成神韵效果一样。对课堂信息深入进行分析，需要我们能真正对不同信息本身以及彼此信息之间的品性进行探讨，并且也只有深入实践方才能真正破解其密码。为此，人们在课程信息的交互过程中，应努力抓住课堂主体间思维与思维的对接或碰撞的过程，包括对智慧、勇气和才情闪现的解读。值得注意的是，信息产生与交融的过程中，更多时会是以信息群的方式呈现，并且相伴各种教学活动而显现出来，其间需要对信息进行有效性的提炼，去伪存真，方才能给予学习者接收信息的指令，从而扩大信息源。信息处理的过程正是课程产品生产的过程，它佐证着教师课程力的存在，此时建议能结合具体的教学活动情境，捕捉能激发学生复杂的思维和高水平的认知信息，使外部信息有着较强的指令性和目标性，促成有效教学生成。

信息拓展需立足"人"去纵横提升

准确捕捉课堂教学信息，最大的难处在接受源于课堂中人的信息，包括教师在课堂中产生的信息，以及学生在课堂中产生的信息，以及二者交互所产生的新信息。这两个信息源是所有信息的核心，虽然前面提及的精品课程，包括教材与教室环境等信息源，但它们只是以产品的方式存在，更多地体现客观性，容易被捕捉。然而，课堂的参与主体不管是教师还是学生，他们不只是精品课堂这一产品的主人，在教学过程中依旧是信息源，其体现出的信息更多地属于主观意识的范畴，只有在课堂中随时保持着清醒的头脑，才可能真知道自我"怎么想""目的是什么""打算怎么做""态度是什么""遇到何种困惑"等。体现客观性的信息，往往通过感性思维便能感知，体现主观性的信息，若没有强大的理性思维，在课堂中便会忘记自己是谁，忘记自己应该干什么。为此，要求我们在处理信息时，必须拥有强大的理性行为。

根据课堂信息的产生源，我们完全可以将信息分成源于人的主观性和源于教育教学产品课程的客观性这两个源头来进行有效捕捉。其实，课堂中的信息主要是沿着这条线予以拓展与衍生。哪怕直面当今日新月异的互联网、云计算、大数据等现代信息技术，作为课程产品，依旧以客观的方式出现在课堂；但如若考虑它们进入课堂后，教师和学生对它的主观态度，或者因他们而改变的思维或态度等，甚至是对应的学习方式等，都更多地带有主观性，只要真能抓住"双学目标"的主体，便更能准确地把握人的需求，才能促进信息的合目的性。其实，在捕捉课堂信息的过程中，只要能准确地给课堂信息源定位，定然能找到信息产生的地方，以及找到对信息进行整合产生新信息的策略。

当下，课堂教学信息源非常庞杂，课堂信息仿佛就像一张渔网撒在课堂上，但人们对这张网采用的态度显得尤为重要，可现实的课堂中却并不明朗。若能跳出这张网的束缚，教师与学生定能在网外遨游，并且收获网中的知识；若不能跳出这张网的束缚，教师与学生只能浑浑噩噩地被包裹在其中，将其与知识一起混淆成产品，其课堂也只能是失去生命的课堂。

▲**教师本身是重要的教育信息源**

课堂中，教师把握信息的最大困难是源于对自我的认识。很多源于自我的信息，要么属于无意识部分被忽略，要么属于潜意识部分其存在价值没有给提取。其实，那些只要是被实践检验的信息就没有价值，很多源于自我的信息，就因没有价值发现而最终影响了课堂教学的质量。

这是作为学科教学的教师本身所应该具备的人格资源。记得著名语文教师陈日亮著的《我即语文》这本书，用了大量篇幅指出语文教师应具备素养：语文教师应该自己感觉是个学者，别人看你是诗人；语文学科需要倾以热情，语文教师应投入、沉醉于学习语文的趣味中，对祖国汉语有一种永远不满足的文化渴求……其实，作为教育者，对于自己所教的学科，本身就有着一种"移情体验"。"腹有诗书气自华"，很多时候只要用心去捕捉源于教师的信息，便能根据教师教学行为与语言去判断"主张什么""反对什么""坚持什么"。作为课堂教学的主体，捕捉自我的信息，实则是对自我认识的过程。而自我认识的过程是信息产生和捕捉的过程。其中，除了需要我们在课堂中激情充溢，更需要我们让自我信息与其他信息融汇，而后做出充满理性的抉择。

▲学生永远是最珍贵的教育信息源

在学生参与课堂教学过程中，学生提出的新问题，师生对话、碰撞中诞生的创新火花，学生处理问题的独特思维方式等，都是非常珍贵的课堂教学资源。尤其是学生之间知识水平、思维方式、智力、学力的差异，更是最为重要的课堂教学资源。而这恰恰是易被教师淡忘乃至忽略的课堂教学资源。有一节语文公开课，教师授课内容是：诗歌"意象和情感"专题赏析。在这节课上，教师准备了丰富的材料，开课时借助一些写景的著名诗句导入新课，而后拓展到诗歌"抒情"目的的讲解，再到意象对于诗歌表情达意的作用渐次展开。授课时教师对意象分门别类进行归纳整理，如花草类，兰、梅、菊……，如动物类，猴、鹰、狗……，树木类，如松柏、杨柳……然后讲述意象的表达效果，如营造一种凄凉、忧伤等的氛围。接下来，授课教师再次列举了若干首诗歌，让学生分析诗歌的意象及表达的感情。一直到下课铃声响起，这节依旧没有完成教学任务。整个课堂教学，只有教师的"精心"预设，没有一点学生思想情感的"生成"，学生只是在生拉硬拽之下，跟着教师在课堂中走了一圈。本节课的教学内容看似充实而丰满，其教学效果呢？问题出在哪儿？可以肯定是，课堂中教师对学生信息的忽略，也更没有对学生知识水平、思维方式、智力、学力等与其他信息整合，课堂教学效果定然不会高效。人们更应该看到，学生永远是最珍贵的教育资源信息，任何忽略学生所产生的信息，结果只能是杯水车薪。

▲对教学环境信息源充分关注

课堂教学环境信息包括自然环境信息和人文环境信息。很多时候，人们很少通过对自然环境信息的有效利用，从而促进积极向上的人文环境信息产生。刘国正先生曾说："教室的四壁不应成为水泥的隔离层，而是多孔的海绵，透过多种孔道使教学和学生的生活息息相通。"事实上，教学环境产生的信息是不能被忽略的，如教室前后位置的影响，人们通过想象得出坐在教室前排学生因与教师距离较近学习时不会分心走神。事实往往相反，只要深入观察便会发现因为与教师近距离，最容易出现"灯下黑"——距离教师最近的学生反易跳出教师视界，从容做起小动作来。教师与学生关系的好坏、学生与身边学生关系的好坏、学生距离灯光距离的远近等，都会不时给课堂提供着新的信息，这些看似不经心的信息，无不在影响着学生的学习状态，也无不在影响着我们的课堂教学。试想，如果一位教师能对课堂环境信息积极关注，不但能产生更加丰富的信息，并有效地捕捉以供课堂教学之用，从而达成课堂的高效。如果忽略，课堂便只能是教师的"独角戏"，教师昏昏，学生更昏昏，课堂高效遥遥无期。

第二节　科学呵护信息

教学实践中常常会看到这样的现象，同样的课程，不同的任课教师其教学效果大不相同；同样的教学条件在不同教师手中，其综合利用水平也总会大相径庭；同样的班级学生在不同的教学方法诱导下能表现出迥异的课堂气氛。有的教师在教学中能"点石成金"，弘扬师德，教给学生受益一生的学习方法和做人之道，因而大受欢迎；有的教师则"滥竽充数"，在无奈中浪费着学生的大好时光，因而为学生所鄙夷。诸如此类，不胜枚举，究其原因，关键在于教师课程力的大小，在于教师能否及时地把握住课堂信息，并积极有效地转化为推动教学的能量。

加强教师、学生、教材和教室环境等四重信息呵护，是老生常谈的话题，只是人们对其认识时，并没有朝向信息论方面加以修炼，以提升自我的信息收集、理解、概括、辨析、赏析等能力，从而促进课程力发展。不知大家感知到没有，由于教师信息素养低下，他们哪怕有心于课程建设，都会因心有余而力不足，导致最终难以体现出责任意识，也无法体现出对谁能真正负责任。我们全面倡导科学呵护信息提升责任意识的一个原因，即指在现代教育科学理念指导下，通过对课堂教学中影响实现人才培养目标的各种信息进行分析和归纳、优化和淘汰、调整和融合，构建起一个促进科学完整、动态高效的教学活动体系，而后精心呵护课堂中的有效信息，使教学信息在交互中发生量变和质变，在课程生产中全面实现内在的"系统化"或"一体化"。

精心呵护信息源，预创高效课堂

有多大能力素养就能做多大事，能做多大事就能负起多大责任。加强预设过程的管控，增添预设过程的责任意识，即做好一切准备工作，更利于后续信息朝向符合目的性的方向呈现，从而精心呵护信息源，促进高效课堂的生成，全面加强精品课程的生产，全面推进教育教学质量。

将学生、教师、教材和教室环境等信息源科学地分散进行准备，而后在预设中科学地综合在一起，这是预创高效课堂最有效的手段。通过大量的对比研究发现，加强四重信息的呵护，主要应从5个方面着手，更利于后续的课程生产与生成。

▲呵护先进教育理念

没有先进的教育理念做指导，课前预设难为课堂创设提供有价值的指导。课堂中各种信息呈现时体现出的品质，往往与课前渗透的教学理念相关联。没有先进的教育理念，预设时对课程的理解，对教材的解读，对"应该教什么""学生应该学什么"都是模糊的，而且选择的教师教育方式方法多是守旧与落后的，学情把握没有增量与发展意识而总是处于僵化与封闭的状态，上课时教师更是以绝对的权威控制课堂，结果呈现的尽是"死"的知识，教学环境因其物性似乎没有一丁点有用的信息提供给课堂……同样的，因为没有先进理论的渗透，整个预设也是封闭的。这就要求广大教师要积极学习研究先进的教育理念，特别是"互联网+"时代到来后，能做到即时的创课理念的引入；另一方面，不断地将先进的教育理念具体化，能分门别类地体现于不同的信息源呈现信息时的精准安排之中。

▲呵护教学目标

各种信息的产生不会是无缘无故地呈现的，明确的目标意识是提供科学信息的基点。在课前预设时，全面权衡所有信息源，提前综合所有信息后设定出科学的教学目标，将课堂中的知识习得点、方法训练点和技能上升点等目标给予细化和分解，并且结合学科特点努力体现"学科本体"教学，降低各种干扰，才更利于培养目标的层层推进。

首先是改变传统教学目标观。课堂中的所有信息都是为达成教学目标服务的，传统的封闭信息已经不适应"互联网+"时代的教育需求。为此，我们必须重新审视"教"与"学"的关系，建立现代的课堂信息网络，全面服务于创新人才培养的教学目标。为此，所有提供的知识信息不能是终极呈现，更必须将其当做新信息源的起点，为"终身学习"奠基；不仅于信息中渗透谋生技能，更应体现技能创新。

其次，构建教学活动目标体系。每一条信息都不可能独立存在，也不会独立发挥作用。整个教学都是以活动模块的方式组成教学的流程环节。在预设时，抓好信息单元，才更利于每一活动模块教学目标的有效控制。进行信息单元预设时，建议能根据确立的教学活动模块目标，能对结合认知目标、技能目标、心理目标、教学方法及手段等，努力找到信息传输和呈现的载体；二是单元信息有效预设，为达成活动模块目标，建议能按照主次、轻重、缓急、难易等要求，对所有信息进行划分，使目标达成具有科学性、层次性、可操作性和整体性。

最后，对活动模块与信息单元予以科学评价。努力抓好教学活动模块与信息单元之间的组织联系，搞清楚彼此之间的关系，这是达成教学目标的关键。这一环节中，必然包括教师的主观意识呈现，能对预想信息在课堂中的呈现、即时生成的信息及其他干扰信息进行有效判断与筛选是确保课程生产安全的关键。

▲呵护知识点

以知识点方式组成教学内容，是现代课程教学中的主要呈现方式。在本人新著《与新教师谈教学基本功的修炼》一书谈《教适用性知识，建构保底工程》一文中曾指出有用新知识与适用性知识的区别，建议大家由习惯性的有用性知识的建构，转向适用性知识的建构，倡导思考知识的当前价值，提出所有适用性知识应以有用性知识建构为前提，而后抛开陈旧的知识，选择有用知识凸显知识的有用性。主张教适用性知识，根据课程标准选择教学内容，根据教学评价调整教学的目的和手段。这些思考，实则是为新知呈现努力找到价值抉择方向。在课前预设时，对于习得知识目标的把控是教学成败的关键。为此，要求我们在进行知识点信息建构时，不但要考虑呈现信息的有用性，更应考虑其适用性，其信息价值才可能最大化地得到保护和提升。

▲呵护教学方法

课程能否有效生成，教学方法发挥举足轻重的作用。特别是在"互联网+"时代，教学方法更是以数字信息的方式体现于课堂教学中，而非传统的讲解、演示等举措。为此，我们课前预设时，一定要善于捕捉快捷的利于课程建构的方法信息，诸如将翻转课堂、微课件制作等全面纳入，为知识的训练与掌握提供方便。在现代课堂中，对教学信息先进或老套的区分，主要在于审视数字信息与人文的交互或依旧是单一的呈现。因此，教学方法呵护需要教师敢于立于"互联网+"时代的潮头，能吸纳先进的数字信息与传统教学方法的整合。

▲呵护个体技能

考究课堂教学的效能，可以通过两个视角得出结论。一是整体考察教学质量是否提升，二是深入课堂考察学生个体的学科技能是否得到提升。前一个视角通常采用监测等手段，对课堂呈现的信息整体分析，后一个视角通常采用增量测评的手段，对每一个孩子学前与学后的结果做比较分析。

全面提升教学质量，关键在于做好提升的预设，而不是在产生最终结果时再给予价值筛选。为此要求预设前期，每一位教师能根据学生技能信息给予差异性分析，并且为每位学生知识技能的提升准备好一些可以提供的信息，促进个性发展，促进自身通过课堂教学对比有着明显的提升。为此，要求人们于呵护中增添保护，能真正找到促进学生发展的信息并有效利用和转化。

精心把控信息渐变过程，预创高效课堂

课堂信息交互的方式主要是通过渐变而达成效果。课堂中，针对各种信息收集、理解、概括、辨析、赏析等，最大的难处在将各种信息进行有机整合的过程中，对信息渐变规律的把握。通常，渐变的过程从相同逐渐变化到整合后的不同，信息渐变也存在着各种要素的渐变，有的可能是量的渐变，有的可能是质的渐变。渐变是产生和谐的方式，使得不同的信息通过渐变体现差异和统一。渐变存在于课堂空间概念里，渐变存在于课堂时间概念里，只要静心观察便能发现渐变存在于课程生产的过程中，是信息转化的一种规律性很强的现象。需要明白的是，将渐变过程中产生的信息量进行有效的控制，便能促进其有秩序、有节奏地变化。

我们控制好信息渐变的程度，才可能通过课前预设以及课堂生成，促进高效课堂及课程产品的有效生成。抓好设计环节方能把握好课堂中信息渐变的程度，渐变程度太快，速度太快，就难以把控信息；反之，信息程度渐变太慢，会使信息堆砌，阻碍课堂有效生成。信息渐变往往会打破某种较为规范的联系方式，我们必须运用有效的手段对信息形态、大小、方向等进行三维或多维的处置，才可保证课堂生成中的统一性和差异性。

课堂信息渐变的过程是生命成长过程的常规形态。课堂中的信息渐变过程存在于人类生命提质过程，各种信息的呈现总是带有人为的因素，总是充满着特殊的期待与追求，充满着人的成长满足社会发展的审美诉求。为此，要求我们在教学过程中，努力抓住并抓好各种有效信息的交融，促进其有秩序、有规律、循序的无限变动中获取渐变的效果，形成独具特色的呵护教学的新智慧与新艺术。

下面是全国著名特级教师吴正宪的一个课例：

链接5—2

吴：你们喜欢什么球类运动？

生1：我喜欢足球。

生2：篮球。

生3：乒乓球。

吴：由于受到场地的限制，我们只能在这里进行一次拍球比赛，你们看怎么样？

生：好——

吴：那我们以这里为界，一分为二，这边算一队，那边算一队。第一件事，你们先给自己的队起一个你们喜欢的名字，然后派一个代表把名字写在黑板上。第二件事，咱们得商量商量，这么多小朋友参加拍球比赛怎么个比法，你们得出点招儿。听懂了吗？

学生七嘴八舌商量开了。一分钟后，一个同学在黑板上写了"胜利队"。另一队也写好了"吴正队"。

吴：这是什么意思？

生：因为您的课讲得特别好，所以我们用您的名字，一定能赢他们。（一个女孩抢着解释）

吴：行行行。队名产生了，那咱们怎么比呢？

生：选出每个队最厉害的一位同学参加比赛。

吴：那你们选吧，再挑一个裁判，每队再请一个小朋友记录。

"预备——开始！"20秒后，吴老师喊"停"，然后统计，"'吴正队'：30；'胜利队'：29"。

"下面我宣布：本次比赛胜利者为'吴正队'。"吴老师又转身问"胜利队"："你们服不服气？"

"胜利队"：不服气！

吴：为什么？

生：就一个人能代表我们吗？应该每队再选几个。

吴：你的意思是一个人不能代表全队，应该再多选几个人。好，我建议每个队再选3人，好吗？

每队选出3人，继续比赛。边比边把每人的拍球数写在黑板上。

吴：下面用最快的速度算出"胜利队""吴正队"的总数各是多少——报数。

生：118，124。

吴：现在胜利者是"吴正队"，可以吗？

生：不可以——

这时，吴老师走到"胜利队"同学面前，"别急，虽然现在咱们暂时落后，但吴老师决定加入'胜利队'，欢迎吗？"

"胜利队"喊：欢迎！

吴：现在把吴老师拍的22个加进来。算一算，多少个？

生：140个。

吴：下面我宣布，今天的胜利者是"胜利队"。

生：不同意！

吴：为什么不同意？

生：胜利队有五次拍球的机会，而我们队只有四次，不公平。

吴：噢，在人数不等的情况下，我们还用总数这个统计量来比较，显然不公平，那么，在人数不等的情况下，我们能不能比出两个队总体的拍球水平呢？

学生开始积极思考，相互交流。

终于有一个声音出现了："在人数不等的情况下，可以先求出平均数。"

吴：怎样求平均数啊？

生：就是用拍的总数，除以拍的人数。

……

精心把控信息渐变的过程，不同信息在渐变的过程中更会产生相互的联系，致使彼此之间形成和谐的关系。这里包括信息处理的技巧，同时也包括课前的精巧预设，对于方向的渐变把握。教学中吴老师巧妙抓住学生信息、教材信息（平均数）以及教室环境信息的逐级渐变，使得主问题与次级问题形成明显的不同，这里涉及特殊设计产生的对比，从而引起学生的注意。只要精心观察便会发现，随着信息渐变的程度不同，最终致使学生对平均数的认识逐级发生微小的变化，直至完全明白学习的主要目的与任务。在每次教学活动中，并非只有单一主问题相关的信息，同时还会存在着次级信息。高效的课堂最常见的渐变过程，能将同时呈现的信息给予渐变处理，随着时间的推移最终与主问题相关信息被扩大，逐渐将次级问题相关的信息隐退至隐身。很显然，如此的教学包含着对教师处理信息能力的要求。

课堂中抓住信息渐变的过程，教师的作用在于能有针对性地捕捉信息，特别是对渐变中的变化做到心中有数。越是在平常的课堂中，越需要教师能抓住不同信息之间的干扰关系，对于那些易于调动参与者的情绪，同时又与主问题形成矛盾冲突的信息进行合理处置，从而使课堂形成信息律动。

▲系统分析法

教学中对于信息渐变过程的把控是一项系统工程。采用系统分析，往往利于抓住课堂全局中所呈现的信息，利于把握引起量变与质量的核心信息，将一些与突出主问题无关的信息抑制，以凸显教学的效率。具体而言，就是教师在教学活动中通过系统分析来把握信息渐变过程的关键信息，促进信息融汇过程最优化。系统分析法有利于呵护教学中的"点与面""重点与一般""个体与集体""方法与手段"等信息的渐变过程，能够避免或减少干扰信息所引发的教学失误。

▲优劣转化法

优劣转化法就是指教师根据教学目标的需要，能对呈现的所有信息进行优劣分析，同时权衡各种信息之间的相互影响因素，并随着教学活动板块推进，及时、动态、灵活地转化次级信息，使其对教学效果产生直接的、积极的作用，将不利于达成教学目标的次级问题通过辅助手段有效的控制，从而全面提高课堂效率。一般方法转化为重点方法、低落气氛转化为高亢气氛、单向信息输出转化为双向互动沟通等，只有教师具备丰富信息的处置能力，才能临场控制。

▲重点控制法

课堂教学中的所有信息都或多或少地对教学效果产生作用，但在信息处置时需要遵从教学活动规律，能抓住主要矛盾，适时进行重点控制，才能真正促进信息渐变而达成理想的效果。不知大家发现没有，只要把控好重点信息，就控制了教学活动全局，就能减少失误。值得提示的是，采用重点控制法对信息渐变过程的管控，能否获得较好的教学效果，还在于教师能否自觉、科学、动态地识别和把握教学过程中的信息突变关键点，才能做到有的放矢。

▲随机应变法

把握信息渐变过程，要想取得较好的效果，必须包含着更多技巧的应用。信息渐变并非都向着好的方向发展，特别是对各种主客观信息的干扰若处置不当，便会让教学产生"危机"。在整个信息渐变的过程中，需要教师能针对突变信息随机处理，以避免负能量的形成。

课堂教学中的信息并非都具有正能量，很多信息不但不利于教学，甚至带有极强的负能量，严重干扰新信息的生成，并对学生产生消极的影响。教师在信息渐变的过程中，能否及时发现信息的品性，并恰当处置，反映教师的随机应变能力。处置信息的关键在教师若能准确把握学生心理的信息，一般都能取得化解"危机"的好效果。教师在信息渐变的过程中，能否随机应变需要讲究方式方法，如借势法、比喻法、转移法、引导法、启发法、幽默法、微笑法、反问法、缓和法、强制法、激情掩饰法、头脑风暴法、方案征询法等，这更易于将主矛盾转移，将主问题分解。

培育信息渐变过程中的责任意识

把握信息渐变过程，促进课堂中的信息成为精品课程的有机组成元素，促进课堂产生高效，最终的决定因素不过于两个，一个是教师拥有强大的课程力用以处置好信息之间联系与变化，另一个是教师必须拥有责任意识，对于信息渐变过程的全面负责。通过大量的观察发现，前者需要在一个相对较长的时间段里才可以练就，为此我们倡导通过"双学目标"的实施，以逐渐促进自我课程力的提升与发展；后者更是反映着一位教师的职业道德与专业理念，只有全面提升自我的责任意识才可能真正让自我拥有课堂安全感。针对培育信息渐变过程中的责任意识，在此做出如此建议：

▲源于教材信息的渐变

教材是课堂教学的一个重要的信息源，但不是唯一的信息源。在整个教学过程中，教师必须建立正确的教材观，即必须理顺是为教材负责还是对学生发展负责的问题。现代教育主张教材不等于教学内容，教学中需要立足于教材，却又不能仅限于教材。教材观处理的是为谁负责的问题，这里必然包括责任意识的彰显，用责任全面提升教育教学质量，实现课程建设的超越。很明显，必须以正确的教学理念为前提，才可促进源于教材产生的信息生成所需要的东西。只要教师拥有责任意识，信息渐变的方向便能把准，其高效课堂产生的过程便会越来越好。

全面把握教材信息源呈现出信息的广度和效率，与教师的责任意识有着密切的关联。教材有广义和狭义之分。广义的教材指课内和课外教师和学生使用的所有教学材料，如课本、作业本、活动手册、故事书、补充联系、辅导资料、自学手册、录音带、录像带、计算机光盘、复印材料、报刊、广播电视节目、幻灯片、照片、卡片、教学实物、互联网等。总之，广义的教材不一定是装订成册或正式出版的书本，凡是有利于学生增长知识或发展技能的材料都可称之为教材。狭义的教材就是教科书。义务教育阶段学生拥有的教材主要是指发给他们的教科书。在课堂教学的过程中，如果一位教师没有强大的责任意识做支撑，往往会忽略除教材之外的信息。现代教学中的教学内容早已不是只有教材，课堂往往会因为教师责任意识的强弱，而后决定提供与选择对应的教学信息。

在对教材信息渐变过程的把握时，主要是指教师基于服务于学生学习的目的，根据自己的教学智慧来重组、优化、丰富教材信息。由于现在教育教学资源非常丰富，优化教材信息成为我们的主要任务。但同时应该看到，教材信息的收集与处置，绝对不是简单的拼凑、增加或删减，保有组织内达到和谐，才更利于达成理想的教学效果。需要指出的是，教师对教学内容的选择与组织，教师对教学方法的选择与构想，教师对教学组织形式的设计与架构，都得以促进学生学习为本。教师如何"用教材来教"，如何在教学过程中"用好教材"信息，应以在教学过程中对学生学习现状与进程的把握为决策依据。

其实，无论怎样处置教学内容，信息渐变的过程中最能够反映出的就是为谁负责的意识。没有教师的责任意识，没有渗透责任意识包含教师的智慧和能力，教师就不会主动走出教材，去收集到专属于广义教材所提供的信息。我们更应该明白，将教材信息与教师自我之间建立起联系，即将教材信息变成"我，我的"带有倾向性的教学内容，特别是课堂渐变生成的过程中因责任意识的融入，才会让其信息渐变过程拥有价值。

▲源于学生信息的渐变

学生做课堂的主体，主体信息的重要性直接关系教学质量的好与坏。然而人们在课堂教学中，关注学生主体小于关注学生成绩相关的信息，关注学生主体小于关注学生所学的知识，这是一种极不正常的现象。这种脱离主体而只关注有适用性的信息而不以有用性为前提的行为，是急功近利的表现。课堂中源于学生的信息对课程产品的生产,更受学生智力和非智力相关信息的影响。

课堂教学中,学生是课堂教学的主体,只有真正凸显学生信息的渐变过程,才可称是将课堂主体落实。对学生信息的关注并不完全等于对学生的呵护,但应该明确,呵护学生是关注学生信息源的一个重要前提,即在呵护学生的过程中注意这一信息源产生的信息,而后通过理解、收集、处理、赏析等推进课堂进程,让学生信息对整个信息渐变产生积极的影响。

▲对智力渐变信息的解读

教育心理学认为,任何知识的学习、能力和素质的提高都包含着一系列复杂的心理活动,学生的心理素质决定着学生的学习活动和学习效果,学生的学习活动是智力因素与非智力因素共同参与、协同合作的过程。在教学时,如果不能结合所学内容对学生在课堂中的智力与非智力信息进行捕捉,让其与其他信息有机整合,共同对课堂产生作用,其教学是很难真正促进学生有满满的收获的。

对智力渐变信息的解读,通常的策略包括对学生的认知力、记忆力、思考力、想象力等在课堂中所表现出来的反映进行信息提炼,而后根据后续的学习信息做调整。整个信息渐变把握的关键在于有效利用提炼后的信息,对课程的生产产生积极的驱动。

链接5—3

全国著名特级教师孙双金曾写过一篇《学生可畏》的文章。为了论述方便,在此节选了部分原文。

师:"现在让大家提出自己不理解的问题。如果你提的问题老师也回答不出来,那我就拜你为师!"

一会儿,一位叫黄菲飞的女生站起来,不慌不忙地说:"我有三个问题不太清楚。"

"你说。"我用鼓励的目光望着她。

黄菲飞:"课文第二小节说'我们趴在地上必须纹丝不动,咳嗽一声或者蜷一下腿,都可能被敌人发觉'。第五小节又说'我忽然闻到一股浓重的棉布焦味,扭转头一看,哎呀!火烧到邱少云身上了!'我的问题是：前面说必须'纹丝不动'，后面作者怎么能'扭转头一看'，这样做会不会被敌人发现呢？"

师："谁能回答她的问题？"

一男生说："扭转头一看，动作是很小的，敌人不会发现。"

师（对黄菲飞）："你满意他的回答吗？"

黄菲飞："不满意。"

又一男生说："燃烧弹烧着之后有烟雾，在烟雾的掩护下我扭转一下头，敌人是看不到的。"

师（对黄菲飞）："你满意吗？"

黄菲飞："我满意。"

黄菲飞："老师，我的第二个问题是：燃烧弹烧着之后，为什么只烧邱少云一人，而不烧'我'和'其他战士'呢？"

师（对全班学生）："你们谁能给她一个满意的答案。"

一女生说："因为邱少云周围有茅草，'我'们周围没有。"

黄菲飞："不对，课文第二小节说我们都潜伏在茅草丛里。"

（教师启发后）一男生（兴奋地）说："噢，我知道了，可能邱少云趴在下风，我们趴在上风，火往下风烧，所以没有烧到我们。"

师（对黄菲飞）："你满意吗？"

黄菲飞："我满意。"

黄菲飞："我的第三个问题是：课文第九小节写黄昏时候，漫山遍野响起了激动人心的口号：'为邱少云报仇！'其他人是怎么知道邱少云被烧死的呢？"

师："同学们，你们谁能回答这个问题，回答出来的同学就可以做黄菲飞的老师。"

一男生："因为战友看到火在燃烧，知道邱少云牺牲了，所以都喊起了'为邱少云报仇'的口号。"

一女生："我是这样认为的，可能是'我'先喊出了'为邱少云报仇'，大家听了知道是邱少云牺牲了，所以漫山遍野都响起了这口号声。"

课堂中教师的高明并不是自己对教学内容有多么高明的理解，教师的高明主要体现在让学生对教学内容有高明的理解。就以上案例中呈现的三个问题，课堂教学中如果换成是教师来提问题，其效果还会是如此吗？很明显，教学时教师善于调动学生的智力信息，做好了与教材信息的有机整合，功效大于任何单一信息的处置。事实上，那些只注重知识信息而忽视本体信息的教师，永远没有抓住两者的融合而有效。事实上，也只有充分呵护了学生本体源于智力因素所致的信息，才会彰显其具有较高的教学艺术，信息的渐变反映出教学技能的高超。

教学中，我们不能因为只要教学效果而忽略了学生的智商。我们应充分调动学生的积极性，从以上教学案例中黄菲飞的提问看得出来，这类学生有着深刻的感悟力和尖锐的批判力，这些学生有着敏锐的思维力和丰富的想象力。他们在某些时候某些环节完全有超过教师的能力和表现。课堂中，我们忽略学生的智力，实则是教师课程力低下的体现。我完全相信，有黄菲飞这么"厉害"的学生绝对不少，在其他课堂中只要充分调动学生的智力信息，能找到更多如黄菲飞一样聪明的学生，课堂所呈现的信息量就会很大，就更能促使高效课堂的产生。课堂中善于抓住学生的信息，需要充分相信学生的智力，只要在教学中给足机会和时间，学生可能会比教师探究得更深、更好。

▲对非智力渐变信息的解读

课堂中关注学生智力信息的同时，依旧不能忽略学生非智力方面的信息。注意对学生非智力信息的收集，主要策略有：激发学生的内在学习动机，培养学生健康向上的兴趣与爱好，培养学生积极的学科学习情感，培养学生良好的意志品质。

课堂教学向前推进，课堂信息渐变过程的完成，需要学习主体间的内驱动力的支持。在学生的课堂学习过程中，主体非智力所发挥的作用绝对不能低估，往往从非智力呈现出的信息对于整个教学过程会像发动机一样产生动力。围绕教学内容产生的正确的动机、浓厚的兴趣、热烈的情感、坚强的意志和独立自主的品格等体现出的信息，无不是克服学习困难、排除学习障碍的原动力。

在教学过程中，激发学生内在学习动机最主要途径就是激发学生的求知欲。教师要尽可能为学生设置兴奋环境，创造民主、平等、和谐、自由的氛围，在课堂中创设问题情境，使用问题教学法是激发学生求知欲的有力措施。学习动机即影响学生只注意一些信息而忽视另一些信息，产生选择性知觉，又影响学生对自己学习行为的解释，从而始终指引着学习的方向，使学生朝着学习目标的方向进行。如果学习结果在学习动机的指引下达到了目标，会对以后的学习行为产生强化作用。如果学习结果没有达到预期的目标，则会对学习起消退的作用，使有关的学习行为减少或不再出现。可见学习动机是通过对自己努力程度的自我调控来影响学习。

因而，学习动机提供的信息，在整个教学过程中具有始动功能、指向功能和强化功能。教师在整个教学过程中，激发学生学习动机的关键在擅长捕捉对应的信息，而对学生学习产生积极影响。有一点需要指出，并不是学习动机呈现出的信息程度越强烈越好。学习动机呈现出的信息微弱或过于强烈都不利于信息渐变时的和谐，只有当学习动机呈现信息的强度适中时，才会取得理想的学习效果。

课堂中，注重对学生健康向上的兴趣与爱好呈现出的信息的理解，更有利于课堂教学收到更好的效果。兴趣是求知的起点，是思维培养和能力提高的内在动力。在诸多的非智力因素中，兴趣处于一种特殊的位置，具有特殊的作用。也正因为如此，课堂教学十分强调对学生学习兴趣呈现出的信息给予关注。儿童早期的兴趣可以对他的未来活动有积极的影响，比如儿童幼年时对小动物的兴趣，以后可以转变为对生物学的兴趣。教师认清了这一点，就可以有意识地将学生与学习动机相关的信息收集起来，让其与他未来的活动相联系，激发学生的学习兴趣，从而促进教学活动的正向开展，助推课程产品的生成，提升课程力。

建议我们的教师能在课堂中关注学生的情感信息，注重培养学生积极的学科情感和学习情感。非智力因素是学生学习活动的动力系统。从教育心理学的角度分析，学生的情感与学习兴趣密不可分，兴趣可以直接转化为动机。但动机能不能产生行为，行为能不能最终具有创造性，这一切都与一个人的情感生活有着密切的联系。

列宁指出："没有人的情感，就从来没有、也不可能有人对真理的追求。"这句话充分地说明了情感的作用。师生之间的情感在课堂上相互作用、相互影响，直接影响教学效果。因此，教师在教学过程中发挥主导作用，调动起欢快的情绪，开发出丰富的情感智力，创造出好的教学情境，是搞好课堂教学的重要因素之一。

培养学生良好的意志品质，注意对体现意志品质的信息的理解，反映着一位教师的专业师德。在学习过程中，只有智力不行，有了学习的热情也不够，还必须有坚持到底的意志，才能克服困难，使学习取得成功。坚强的意志是学生优良的学习素质。意志是通过意志行为表现出来的。意志在学生掌握知识过程中的积极作用不可低估。如果学生具有坚强的意志，就会在学习上苦下功夫，锲而不舍，从而取得好的学习成果。有坚强意志的人，对人生对事业能表现出不屈不挠、矢志不渝的精神，会永远朝着选定的目标奋进，不达目的决不罢休。

坚强的意志不是天生的，是后天教育和实践锻炼培养的结果。要成为综合型高素质的人才，课堂教学中教师必须重视渗透一些促进学生意志得到锻炼的信息。比如根据学生的意志表现差异分析学生的意志品质，对优良的意志品质要巩固、发扬，对不良的意志品质设法帮助改正，并教会他们自觉地磨炼自己的意志，不断提高意志活动的水平等。

▲源于环境信息的渐变

课堂教学环境是影响教学质量的一个重要因素。特别是在"互联网+"时代，各种信息环境对教学效度的影响更是如此。对课堂教学环境呈现出的信息的理解与合理应用，往往能对达成理想的教学效果发挥辅助作用。我们应该看到，教师对教学环境信息的理解依旧是责任意识具体化的体现。

在呵护环境的过程中培育责任意识，我们要注意学生课堂座位的前后远近，对学生学习的影响的信息；要通过观察处在"盲点"学生学习状态，收集他们的信息；注意距离讲台较远的学生的学习情绪方面信息的收集；注意对角落边缘群体学生信息的收集，要注重对优秀群体适当调控的信息，不能因为优秀群体的行为、发言而挫伤其他学生学习的积极性和主动性。

第三节　有用信息成为常态

保证课堂信息的畅通，能对课堂信息正确理解，能及时对课程信息进行合理应用，只有当这些行为成为一种常态，才可能保证高效成为常态，才可能保证精品课程的生成成为常态。课堂信息理解与运用源于以教师的责任意识为支撑，源于以教师课程力发展与提升为支撑。因为没有课堂信息的支持，没有责任意识的渗透，"双学目标"的设想不可能变成现实。我们倡导：努力为课堂呈现一切有用的信息，一切有助于课程建设信息的理解与收集全是我们的责任。

课程信息是课程建设的基本资源，课堂信息应用多从微观入手。按照课程信息的功能特点，可以把课程信息分为素材性课程资源包和条件性课程资源包。素材性课程资源包指能进入课堂，成为课程建设基本元素或信息来源的资源，比如教科书、网络信息、社区提供的信息等；条件性课程资源包指有助于课程建设的推进，但只是提供有助于形成课程建设的条件，并不形成课程本身，比如教学大楼、电脑设备等。

教师在筛选课程信息资源的时候，应以"双学目标"的达成作为课程建设的基点。课程信息的理解只有经过教师和学生这两个教学主体的过滤，才可能真正形成课堂效率。某种意义上说，教师与学生依旧是最重要的课程资源。如若按照是与非的二元分类原则进行分类，课程信息资源可被分为：主体信息资源和非主体信息资源。主体信息资源包括：教师、学生的知识、技能、经验、活动方式、个性风格等学习主体所具有的特点；其非主体信息资源指一切有助于师生成长的信息资源。

在教学实践中，有用信息捕捉多需要从微观入手，这其实也成为对教师课程建设的考验。不知大家发现没有，很多隐性信息资源由于教师缺乏微观入手的能力，很容易被教师忽视，如学生信息资源包，包括学生所了解的信息、学生的特长、学生的个性等；教师自身信息资源包，包括教师所擅长的教学方式、教师的创造力；以及隐藏在物质资源背后的隐性资源。很多隐性信息资源往往最具有挖掘潜力，易于促进教育目标的达到。在实际教学过程中，教师往往习惯于用有形的资源，不时错误地以为看得见的信息才是资源，所以导致经常费时费力地制作一些形式多样、生动有趣的教学活动，恰恰忽视了那些用心便寻出的隐性信息。

课程资源在很多时候是努力开创的结果。让有用信息渗透成为教学常态，需要教师针对不同教学目标的达成对课程信息资源进行呵护，能使不同的课程信息资源融入同一教学目标之中，使这些资源都围绕教学目标这个"魂"来展开，而不是以杂乱的形态出现。值得提醒的是，对课程信息资源进行呵护的主体可以是师生共同体，这个共同体由多人组成，但教师首席作用不能降低。

不断追求信息渐变的最优化

课堂信息作为资源被开发利用是非常有讲究的。它绝对不是教学时没有原则的胡乱组合，也不是任由信息之间的随意不受约束的肆意排列，更不是打着创新的幌子任意杂糅发挥，当然，更不是迟钝似的置若罔闻，不求发展。课堂中教师的主要职责在于有效处置信息，能充分处置好各种信息间的整合秩序，促其为课程建设服务，为全面提高课堂教学效率服务。课堂信息在渐变的过程中永远追求最优化，只不过因为信息渐变致使整个过程处于动态之中，"最优化"只有不断追求才可能达成永恒。

▲让教师之我的作用发挥到极致

课堂中没有信息的处理，定然会没有教学存在。课堂中教师处理信息的能力无不关系着课堂质量的高低，无不关系着课程建设推进进程的快慢。提升课程力，进行课堂信息处置能力的修炼，让自己拥有捕捉有用信息的智慧，拥有处理信息的高超技能，将自我对课堂的责任倾注在信息的渐变过程中，定然会发现课堂中所有信息都会最终转化成"我，我的"教育机智，最后都打上教师之我特有的标识。为了全面提升信息处理能力，让教师之我的作用发挥极致，通过大量的课堂观察发现，建议教师在课堂中朝着以下几个方面着手。

一是激发和调动更多的学生信息，激发学生学习兴趣，调动多种感官，引发学生的求知欲。

二是能对信息渐变过程有机调控，化静为动，突出教学重点，突破教学难点，如弥补传统媒体的不足，化抽象为具体等。

三是努力增添智力信息，特别是教师主体带有教师自我标识的信息，增添"我，我的"专业知识，提高课堂效率。

四是注意非智力信息的引入，促进学生学习习惯养成，调动学生非智力优化教学。

五是加强环境信息的建设，通过班级、小组等建设，为学生自主、合作和探究的学习建构平台。

六是努力引入课程信息，通过先进理念的渗透，全面优化教学过程，努力创设教学直观情境，促进概念形成；创设动态情境，展示知识发生过程；创设实验情境，实现科学发现；创设探究情境，诱导自主探索。

▲加强信息管控遵循的规则

一是课程信息资源化的基点是促进主体发展。要求所筛选的课程信息资源必须利于学习知识及认知水平的建构，促进课程建设，生成课程产品，提升教师的课程力。基于主体发展选择信息的空间弹性非常大，要求教师必须加强有用信息的管控，能从学习需要出发，能将一切有利学生发展的信息都给予充分的调动，实现资源配置最优化。

三是排除一切干扰信息，促进课堂信息交互的有用性。如，无数课堂中采用了大量的微课件，然而人们并没有全面权衡多媒体过度应用所致的负面影响，使得大量媒体吸引了学生的注意力，占用了学生思考的空间和时间，降低了学生深度思考的层级。

三是善于捕捉隐性信息，而不必刻意追求新颖、独特。很多隐性信息需要教师生活阅历作铺垫，才可能在课堂教学中得以发现；需要教师教学经验的沉淀，才可能进行巧妙设计，从而使课堂的隐性信息被挖掘出来，为"双学目标"的达成服务，提升高效课堂的"质"。

链接5—4

余映潮老师《安塞腰鼓》教学片断

《安塞腰鼓》是一篇诗化散文。余映潮老师在教学这一课文时巧妙构思，将课文内容转化成为朗诵材料，从朗诵的角度让学生体会文字之美、语言情感之美。

男领：看！——

女领：黄土高原上，爆出一场多么壮阔、多么豪放、多么火烈的舞蹈哇！

众合：好一个安塞腰鼓！

男女领：百十个斜背响鼓的后生，如百十块被强震不断击起的石头，狂舞在你的面前。

男合：骤雨一样，是急促的鼓点；

女合：旋风一样，是飞扬的流苏；

男合：乱蛙一样，是蹦跳的脚步；

女合：火花一样，是闪射的瞳仁；

众合：斗虎一样，是强健的风姿。

男领：百十个腰鼓发出的沉重响声，碰撞在四野长着酸枣树的山崖上，

众合：只听见隆隆，隆隆，隆隆。

女合：百十个腰鼓发出的沉重响声，碰撞在遗落了一切冗杂的观众的心上，

众合：也是隆隆，隆隆，隆隆。

女合：每一个舞姿都充满了力量。每一个舞姿都呼呼作响。

男合：每一个舞姿都是光与影的匆匆变幻。每一个舞姿都使人颤栗在浓烈的艺术享受中，使人叹为观止。

众合：好一个安塞腰鼓！

男女领：容不得束缚，容不得羁绊，容不得闭塞。是挣脱了、冲破了、撞开了的那么一股劲！

众合：它使你从来没有如此鲜明地感受到生命的存在、活跃和强盛。它使你惊异于那农民衣着包裹着的躯体，那消化红豆角老南瓜的躯体，居然可以释放出那么奇伟磅礴的能量！

男女领：好一个黄土高原！

众四步轮读：好一个安塞腰鼓！

同样的教学内容，因为课堂提供的信息源的不同，因为对课堂信息渐

变的处置方式的不同，学生在课堂中所悟、所得尽会不同。这也是为何总没有相同的课程，课堂总不可复制的真正原因。课堂信息的处理，高明者近乎妙手回春，往往能点染一池的春绿。如余映潮老师在《安塞腰鼓》一文的教学中活用教材，妙用教材所生成的新信息对课程产品生成积极影响。我们也许没有听过余老师这节课，但仅从字面表述就不难看出课堂生动、激情洋溢的真正原因，便知学生学习激情高涨的原因。

四是专注于教材教学内容有用信息的挖掘，全面扩大教学内容的广度和深度。针对教材信息的处理，余映潮老师曾针对语言教材的处理归纳出多种处理方法：

一是从总体看：平实性处理与艺术性的处理；单篇教学与多篇教学的处理；教读课文与自读课文的处理；不同文体教材的处理；长文与短文、难文与易文的处理等。

从单篇看：全篇课文的整体式处理；知识内容的线条式处理；精美之处的板块式处理；突现目标的要点式处理等。

从多篇看：比较式处理；取舍式处理；联读式处理；交融式处理等。

领会以上处理方式，我们不难看出，同样的教学内容因不同教师不同的信息捕捉的视角，教学效果肯定会不同。如何能让教材教学内容信息最优化，值得人们长期研究。

全面迎接教学新理念的挑战

在实际的教学中，影响信息的理解与处置，影响课堂教学效果的因素非常多，但关键因素已不只是教师课程力大小的问题，受教育理念影响更大。

全面提升教学质量，加强对信息的优化处理，最终全体现于教师信息抉择转换为对学生的要求。当前，有些课早已不是教师专业素养的问题，而是教学观念偏颇反映出现的问题。诸如我最近参与一次研课与磨课活动，授课者同为小学语文国培学员，自身的专业素养近乎让听课者折服，然则因大家秉持的教育教学理论的不同，呈现出不同的信息抉择，不得不让我们感觉到不同教学所折射出的效果间的差距。

▲已不只是教师专业素养的问题

观课，审视授课教师沿着"教什么""怎么教好"提供的信息，往往能让人感知到教师专业素养的高低。观课，审视授课教师"不教什么"（包括知识与方法）的信息，也许除了让人感知到教师专业素养所致的影响，还能让人感知到授课者呈现出的教育教学理念所带给的课堂教学的影响。

以下是我从三位教师参与同课异构（教学内容同为人教版二年级上册《画家与牧童》）的课堂生成中抽取的几个片断。所抽取的教学时间段都为课堂最后3~8分钟，让我记忆犹新的是，他们在教学的最后环节，都围绕文本的两个主人公戴嵩和牧童，设置了近乎相同的教学点，因其涉入的信息不同，对信息渐变的把控致使其教学效果却迥然不同。

链接5—5

把学生带入沟的引领

师：牧童和画家戴嵩这两个人中，你最喜欢谁呢？请小朋友们谈谈你的看法。

生1：我喜欢戴嵩，他敢于承认自己的错误。

师：你真不错，你一定是一个有错就改的好孩子。

生2：我喜欢牧童，他敢于说真话。

师：你真棒，你会是一个坚持真理的人。

生3：我喜欢牧童，他善于观察，能观察到两头牛打架时，尾巴会夹着。

师：你是棒棒的，说明你在生活中像牧童一样，都是观察仔细的人。

生4：我两个都不喜欢。

师：你真聪明，说明你非常独立，我赞同你的观点。

学习课文内容，理解课文内容，走出课文内容，体现人文性，此案例中的教师为体现教学的扎实，于课文的最后环节引入"你最喜欢谁"这一问以引领学生。表面上看，教师能根据学段、年级和单元，按定篇、例文、样本、用件等课文类型，对课文的教学功能予以定位。在前面30多分钟的教学中，教师针对二年级教学要求，进行了大量的生字词等体现工具性的教学，看得出为全面体现人文性才特设了"你最喜欢谁"这一问。纵观当前的课堂，很多课堂都是类似地在课堂尾声提出大致相同的问题以给学生人文性的引领。目的在于从渐变信息中发现推动学生学习（受到思想教育）的信息。

其实，类似于"你最喜欢谁"的提问是不科学的。暂且不论"喜欢谁"之问，就像教师在引领对话交流时那样，出现谁都没有预想到的答案：学生既不喜欢画家戴嵩又不喜欢牧童的意外问答，让教师的肯定语显得力不从心，对话交流的语境也顿时显得尴尬。

其实，"喜欢谁"之问本就不属于语文学科探讨的核心话题，多属于思品伦理性话题。这一结合课文内容去让学生找到"喜欢谁"的答案，必然导致其答案的不合理性，喜欢谁的同时，也可以不喜欢谁，更可以谁都不喜欢。进行伦理判断就是语文教学中的人文性体现吗？这样的课堂已占用了"学什么"的时间，模糊的人文教育真让人难以给定肯定的答案。而且这一类信息往往会产生负能量，让学生从前面的学习中建立起来的东西瞬间摇摆不定，甚至倾覆。多年来，在语文教学中人们都非常反感"种了别人的田，荒了自己的园"这一做法，"喜欢谁"之问只不过是其中一个代表罢了。

链接5—6

显得有些空洞的引领

师：学习了《画家与牧童》这一课，牧童和画家这两个人给你们留下什么印象呢？请根据你对课文的阅读理解，谈谈你的看法。

生1：画家戴嵩是一个了不起的人，他不但画画得好，还敢于向牧童这样的一个小孩子承认错误。

师：其他同学还有不同的感受吗？

生2：我喜欢牧童，他真勇敢，他能通过平时放牧时观察到两头牛打架时尾巴夹着的样子，指出戴嵩画画时的错误。

师：同学们的理解真不错，看来你们已经读懂了课文。

与上一教学中"喜欢谁"之问作比，显然此时教学提问更具有客观性，更贴近阅读教学课堂情景教学的要求，学生不会像前面那样，让自我的思维受限于教师所设置的只要碰到伦理道德便需要作选择的圈子，会根据自我对课堂教学中的文本内容理解，作出更客观的判断。"留下什么印象"之问真体现了语文学科教学的人文性了吗？学生结合自我对文本内容的解读，作出独立的印象判断，表面上看，已经是对阅读教学中带有个性化阅读理解的尊重，虽然已是一定程度对凸显人文性的教学要求而作尝试，可这不得不让人质疑："这就是语文教学中的人文性教学吗？"这些即时的信息，因为偏离了语文味，同时会把学生引入歧途，与高效课堂同样相距甚远，课程产品未能生成。肯定地说，这也反映了教师课程力的低下。

表面上看，"留下什么印象"之问是教师精心的预设，属于理想的需要的课内生成。追问"留下什么印象"之问的课堂效果，此问给人的第一感觉显得有些空洞。实则，类似的根据课文内容回答"留下什么印象"之问，如此的预设早已带有普遍性，对学生的回答难以给出一个判断的标准。只要深入课堂探究，几乎可发现"留下什么印象"之问更具有"万金油"的嫌疑。诸如，在低段的语文教学中，很多人都如此地提出问题以引领学生；在中段也依旧如此；甚至在高段，还是提出类似的问题。这就陷入程式化之中了。随着学生语文学习的深入，完全应该转向工具性与人文性的融合，从"语用"上着力。在教学中，教师引领学生从"运用"上着力，即是把学生当堂的学习进行迁移，或重构经验，或关联生活，或熏染自己。这些即时的信息，不但具有满满的正能量，同时也体现出教师对教学，对"双学目标"达成的责任感。

链接5—7

符合语文低段学科特征的引领

师：我们在这一课学习了三个表示对他人含有赞扬、赞美意思的词语，请问同学们是哪三个词语呢？

生：称赞，赞扬，称颂。

师：相信大家学习了《画家与牧童》这一课，应该对课文中的两个主要人物（画家戴嵩的牧童）有着非常深的印象，希望大家能依照课文中第二、三和四段的样子，在这三个表示表扬的词语中选出一个或两个词语，分别对画家戴嵩和牧童写上一句对他们表扬的话。

（两分钟后，教师引领学生汇报交流。）

生1：画家戴嵩真是一个了不起的男子汉，他敢于承认错误。

师：看得出你搞懂了这三个词语的意思，你还能在你所写的句子中，加上其中一个表示表扬的词语，再对牧童进行表扬吗？

生1：画家戴嵩是一个值得表扬的人，我要对他说："你是一个男子汉，一个敢于向小牧童承认自己错了的人。"

师：还有哪些同学是对牧童进行表扬的呢？请举手。

师：看来真不少。有谁愿意像刚才这位同学那样，将你所写的表扬牧童的句子展示给大家？

（师让一大群孩子把自己所写的句子张贴在了黑板上，并让他们分别读了自己所写的句子，并让老师和其他同学能听出是在对牧童进行表扬。）

在语文学科的阅读教学中，最有效的办法是提供的信息能促进学生通过语文学习经验的积累达成教学目标。于课文的总结提升环节，此教学中的教师的预设信息和其他几位教师的预设初衷是一样的，都是想通过让学生对画家戴嵩和牧童的评价，以强化学生对课堂内容的理解，在让学生结合文本内容评价时能融入个人的思想情感，增添语文教学的人文性。加强字词句的教学是低段小学语文阅读教学的重点。然而，通过几个案例对比发现，"喜欢谁"之问不免有牵强之感，"留下什么印象"之问不免带有肤浅之感，与此教学的教学目标达成与落实上，有着质的不同。其成功的关键在于抓住所学重点词语写话，并且是结合阅读教学中所创设的语境，在学生已达成的语文学习经验的基础上，让学生把写话任务落实在对课文两个主要人物加以评价的过程中，让学生对所学的重点词语应用在写话、说话的课堂练习中，同时让学生结合对文本内容的理解，对文本主要"讲了些什么"等主旨内容加以梳理，让学生在写话说话练习时既巩固了字词教学的重点，并非常巧妙地达成对语文学科人文性的渗透和拓展。让人能感受到人文性与语文学科的紧密融合，而不是以口语训练为核心，让语文知识的习得弱化，让语文学科彰显的人文性与伦理道德教育不再知道姓什么，从而失去其源头。抓住信息渐变为学生的整个学习产生正向影响，需要教师先行先学，在预设时关注学生的发展，充分发挥教材的载体作用，让课堂生成的新信息对课程产品的生产起到积极的推动作用。

▲低效抑或教育理念所致

认真审视三个教学片断，着眼于相同的教学内容和教学环节，着眼于相同的教学点的预设，其教学生成效果显现出三个不同的梯度，这是为何呢？

这是教师的专业素养之差吗？非也！执教的几位教师都是基本功非常扎实的优秀教师。是教师教材理解之差吗？非也！看得出，几位教师在课堂教学时，引领学生对于文本的理解近乎大同小异。只不过，因为教师信息抉择的出发点不同，在教学目标的确定和教学内容的选择上存在差异，在教学活动、教学资源和教学目标上自然也存在差异，在对学生学习状态的关注上存在差异，自然，其教学效果间便存在着差距。

在当前的学科教学中，出现的一些问题其实早已经不是小问题，因为更多的已经超越了经验，已经成为了集体无意识的反应，已经属于受教育理论所致的范畴。面对当前低效的信息处置，我们该何去何从呢？大量的事实已经说明，教师专业素养依旧在影响着我们的课堂教学效果，但真还不能忽略教学理念带给课堂教学的影响。教师的主要工作在于充分理解教材信息，把握信息产生的规律，有效实施课程；教师的专业发展在于对信息进行有效的把握和处理，从而有效地提升课程力。看得出，只有在正确教育理念的引领下，教师的专业发展才可能在新课改的实施中见真效果。当下，我们除了全面夯实教师专业素养的同时，还应着重通过教育教学实践提升教育教学理念。

一是，**信息处理时，既要局部的精彩，又要整体的出彩**。观摩我们的学科课堂教学，往往会发现因为人们乐于追求局部的精彩，不时会将教材文本采取碎片化的处理方法，随意性地锁定一个知识点捕捉相应的信息，并以此作为教学的重难点突破之策。针对任何一堂课的教学，不能丢弃

"理解文本"而另设学科以外的其他重点。教学时，只有真正提供有用的信息，才可称把准了教学的重点。观任何整体出彩的教学，提供信息时虽然已经在课堂中出现了无数次的出彩，若没有整体的出现，哪怕虽见某一教学点教得精彩，依旧会感觉到其浮躁。

教师在教学中的主要任务在于能引导学生融入生活经验和人生经验，并提供信息帮助，引领学生抓住文本的关键词去理解内容。其实，也只有紧紧地抓住文本内容，在课前预设时备学情，预设学生可能有不懂的和没掌握的方法，教学生成时辅助学生学会真不懂的地方，如此围绕学科教学时才能重点突出、难点突破，加上恰当的教学方法应用，才会达成举一反三的效果。这种于局部和整体都彰显扎实的课，才会带给课堂局部和整体的出彩，属于有效的课。

二是，我们先是读者，再是教师。在教学中，由于职业性习惯，我们认为重要的地方，早与常人有所不同，其实任何人拿到一文本时，都不会像教师那样去处置。教学回归理性，首先在于教师回归自我，能让教师放下教师的身份，拿到文本时能按常态处理信息。第一印象不是怎么教，而是感知到自己是读者，方才可明白学生读文本时第一印象是什么。否则，我们会抱着一种固有的观念去预设和教学，让自我认定所教的内容与常人关注"是什么"的内容有所不同。我们作为教师，一定要用自己的眼睛去审视文本，而不是凭想象捕捉信息，出现教材有的东西没有看到，没有的东西却看到的非正常现象。我们真还不能出现教师看课文和常人不一样的情形。要求同时能以专业的姿态分析文本，依循学科特征抓住文本的关键点，并从普通学生的角度去捕捉，方才能达成教学的有效。

三是，只教不懂的，懂的绝对不教。经常发现这样一个怪现象，在很多教学中授课教师都因时间不够用而叫苦。其实，那些致使教学任务完不成，主要原因在于呈现的信息有问题，总把教学时间耗在那些不管怎么教也教不懂的内容上，而那些学生由于缺乏生活阅历而不懂的有关学科知识，却又不是教学的重点，这种死缠烂打怎不低效呢？真是教学时间不够用吗？观课中经常会让人感知到，很多已经掌握的东西，教师依旧还在教，也因此浪费了很多的时间，但学生真有不懂的东西却没教或不教。如在某个环节时，由于教师粗心或缺乏教学机智，让本该重点教的内容却蜻蜓点水，不充分点拨，不给充足的时间，一闪而过。追求高效的教学，该教的只应是那些不懂而又可能教会的东西，对于那些懂的或怎么教也不会懂的，真应该于预设前找出来而不教，对于如此的信息应尽可能地抑制。

把握课堂中的有用信息，促使"双学目标"有效达成，以课程产品的有效生成促高效课堂的产生，从而提升教师的课程力，是教师对自己的教学尽职尽责的表现。但善于理解和捕捉有用的信息，需要于预设中提前发力，它需要教师先行先学，融入于此课此境有关的教学理念。也只有让这一切实践成为习惯，成为常态，如此，教师之为教师，才是最有责任心的教师，高效课堂的生成也才会成为常态。

第六章　课程合作意识

——兼谈课堂生态

题记：课堂是一个生态系统，是动态与静态的结合体。一个教师开始关注课堂生态系统，他便开始感知到提升课程力的魅力，便可赢来专业发展的高峰期。

何谓生态？环境没有受到破坏，整个生物链没有受到破坏，大自然的一切保持着原有的勃勃生机，没有野蛮，只有文明，没有落后，只有创新，没有剥夺，只有尊重……何谓生态课堂？课堂里学习的氛围没有受到破坏，知识传递的通道没有受到人为的堵塞，人格在这里得到保护而不是践踏，人性在这里不是受到抑制而是自由张扬，身心在这里得到阳光普照而不是受到玷污，个性、理想、发展、积极、主动、和谐，成为这一特有空间的关键词。可现实呢？现实成了理想国，成了乌托邦。这么简单的要求却难得到满足。

人们关心的是速度，关心的是价值，关心的是满足……当人心像空气一样受到污染，当整个持续向上的生态平衡被打破，后续的修复更需要付出沉重的代价。促进课程力提升与发展，回归对人的关心，回归对课堂生态的关注，这将是未来很长一段时间里值得关注的焦点。

研究高效课堂的生成规律必须关注课堂中的人与教学环境之间的联系。我们应该看到课堂中的人与教学环境联系的本质特征是相互作用，通过彼此的影响而产生变化。由于人们过分看重教学的结果，往往忽略了课堂中人的变化与教学环境的变化两者之间的必然联系。事实上，两者之间的联系是非常深的。我们应该清楚，课堂生态影响教师课程力的提升与发展，反之，课程力提升与发展又影响课堂生态环境，彼此间建立的各种联系必然经历三个阶段：感性阶段（神化阶段）、理性阶段（辩证阶段）和科学阶段（成熟阶段）。实现三个阶段的跨越是教师课程力的提升与发展，是有效把控生态课堂的几个关键节点。

处理好自我与课堂生态之间的联系。人们都有着极强的课程合作意识，但并不一定就真能赢得生态课程建设，促进自我专业素养提升。带着满腔的热情进入课堂，却只是处于感性阶段，凭着一股子劲头在课堂中冲撞，课堂生态往往受到破坏，结果多是顾此失彼；进入理性阶段自然便会围绕课程生态建设思考如何获得成功，如何防止失败，如何能少付出多收获，如何少走弯路获得认同等；只有进入科学阶段，才会对生态课堂教学内涵发展开始关注，全面考虑不同人、事、物之间的联系，考查"我，我的"与"他者"之间联系的合理性，全面明白"我，我的"课程力提升与发展主要目的，尽一切可能从生态课堂的角度着力建构高效课堂。

通过课堂中或"动"或"静"的有效调控，全面实现生态课堂建设，把握住课堂中各信息间与"我，我的"课程力之间的有机联系，全面促成包括课程组织力、实施能力、评鉴能力、选择能力、设计能力和开发能力等的合目的性，其生态课堂才真正带给内涵发展。在课堂生态建设过程中不能忽视人与人之间的合作意识，包括教师与学生之间的合作，教师与理论研究者之间的合作，学生与学生之间的合作等；不能只是凭着感性一知半解拽着向着冲，不能考虑全面又忽视特色，不能考虑个性而失去原则，重要的是能建立起科学课堂生态建设的联系范式，建立起有序的、和谐的、促进"双学目标"达成的合作范式。

这一切无不指向课程生态建设，指向我们需要课程力提升与发展，只有真正抓好人与课堂彼此间的合作关系，才可能真正地建立起科学的生态课堂。对于一个教师而言，思考合作的表现形式，思考合作的技巧，思考合作的程度，思考合作的基本效果与理想效果等，这些都是教师课程力发展到一个阶段后，应建立起来的习惯性思维与行为方式。

在本章，我们将着力于课堂生态建设合作意识，着力于课程力调控课堂的表现形式（动与静的把握）的理解，通过这两个维度的论述，全面实现生态课堂建设，全面实现"双学目标"建构。

第一节 "动""静"与生态课堂

考究课堂生态链，众多的联系直指教师"我，我的"课程力，直指课程力对课堂调控特有的表现形式——"动"或"静"的理解，让人感知课堂生态变化的趋势、目的、内涵、时态、要求、效果等，让强大的课程力对课堂有效调节。人在课堂教学的特殊实践活动与特别教育目的（生态课堂建设）的渗透中，往往会带有明显的目的性、过程性和方向性。理解课堂中的"动""静"，不能仅靠眼睛更需要靠大脑，更需要专属于"我，我的"内驱动力范畴的课程力发挥作用，能对课堂生态影响展开审查与批判，做好辩证的能动的调整，才可能真正让课堂更符合要求。

必须理解课堂中的"动""静"是"我，我的"特殊场域意识活动，只能在一个地方（课堂）、一个时候（现在）对知识的学习与迁移发挥着即时作用。我们应该看到"动""静"都有着"我，我的"课程力的体现，包含着课堂主体之间合作时的感知、情感、欲望和希望，以及与调整思想和精神的教学活动联系在一起，组成课堂生态主体间生命体质的特有方式，包括人性与生活的内涵。

"动""静"结合产生课堂生态，换言之，课堂生态品质受到"动""静"绝对影响。课程力发挥的调控作用与课堂生态之间有着必然的联系，"动""静"之间都带有"我，我的"主动性，以积极的方式或对知识试图证明或反驳任何事物。或者说，"动""静"之间包含着促进主体参与者之间发展的内涵以及教育教学艺术，需要对这种发展内涵和艺术进行研究。

有必要对课堂"动""静"之间形成的条件进行理解，比如主体间是否有非常明确的合作意识。课堂主体在特殊的场域通过特别的教学活动引领生命之间的对话,让个性张扬与发展。缺少"我,我的"课程力支配,主体间合作产生的"动""静"变化因缺乏内涵必然失色。并非无论教师或学生随意使然,情感、思想和个性都融入其中,追求、理想都体现其中,动而井然有序,静而智慧生成,愉快课堂、和谐课堂勾勒了课堂生态。人们必须认识到课程力的存在,要么发挥干扰作用,要么发挥促进作用。课堂"动""静"之间的转换,不仅仅是"玩"或"学"等行为体现,而且是教学艺术的运用。这是一种很难掌握的调控艺术,只有充分的准备,才不至于让教学"迷茫"或走不出低效的"困境"。

人们必须看到,课堂中"动""静"之间的转换,实是对"我,我的"课程生产力大小的检验。包括对课程组织力、实施能力、评鉴能力、选择能力、设计能力和开发能力等单项生产力的检验,甚至是对课程生产力总和的检验,对"我,我的"课程生产方法和生产方式总和的检验。人们必须看到,课程生产力大小直接反映于"动""静"的把控,直接反映"我,我的"课堂生态环境建设能力品质。

动是一时的"形"动

课堂教学因"静"与"动"的结合,主体与客体之间合作关系方才形成,"我,我的"内驱动力系统使然。有了"动"就有了主体的参与;有了"静"就有了主体对客体的思考。课程力提升与发展的最大魅力在于,动中有激情,静中有智慧,不让知识僵化,让学生活泼起来,知识动起来,学习活起来。"动""静"之间实现课堂生态理性回归,实现课程力协同提升与发展,这样的课程符合生态课堂的基本要求。

▲ "动"——不能追求单纯的形式

课堂教学中的"动"更多的是一种课程力使动,是"我"对课堂活动秩序的调节,促进一种合作交流的平衡。它具有突生性、暂时性和多变性的特点。静心观察便发现,课堂中理想的"动"取决于几个不可缺少的因素,包括教师的天赋、学生的智力类型、对课堂学习目标的理解、特定时空提供的机会等。

教师课程力使"动"并不等于课堂中的"动",所有的"动"往往都会打破课堂中的平衡，需要教师课程力使"动"，能根据自己对教学的判断而后做出行为选择。课堂主体之间的合作达成使"动"的效果，取决于多种可变因素的精妙调整，包括激发求知欲、提升判断力、锻造复杂环境的掌控能力，让主体间在积极参与中体现出对知识的预见，其中更多呈现是人与人的思想在打交道，而且是简单的行动活动。

生态课堂建设，课堂中若能达成有效的使"动"，各种有效的信息便会被激活，更利于课堂主体的兴趣在此时被激发，课堂主体的能力在此时得到有效的训练，课堂主体的精神世界在此时得到展示，真正促进教学相长，达成课程力提升与发展。它的实现受制于施控者和受控者的课堂控制和应对策略，又依赖于课堂主体双方各自对课堂平衡关系的理解把控。很明显，课堂中的"动"不只是形式，更是对教师课程力大小存在的反映，它促进所有智力或情感认知能力的某种基本联系的形成。如果在课堂中不能通过"动"产生存在感，定然就不能很好地将教学计划嵌入任何活动之中。

看问题必须看本质。人们必须看到，课堂中的使"动"是课堂主体间内驱动力使然，是课程力的涌动。在我们目前的课堂教学中，很多教师对于传统的课堂教学秩序有着足够的认识，但很少把课堂运行形式与教学的内涵有效联系起来，很少将课堂运行形式与教师能力方向联系起来，导致对于使"动"的理解十分肤浅。往往课堂看似动起来了，看似热闹起来了，学生的积极性看似得到了最大程度的调动，而从教学的实际效果来看，因为少有将课程力与对教学内涵的融入建立起强大的联系，导致课堂效率依旧不高。

▲几种常见的误区

加强生态课堂建设，让课堂主体充分的使"动"起来，将所有学习计划放入其中，这里一方面需要教师课程力提升等专业方面的支撑，另一方面也需要教师文化修养方面的支撑。包括让课堂主体在较高的学习阶段对所学内容感兴趣，积极参与实证或反驳。这里更需要促成心智活动使然，除了对学习的基本内容产生特殊的兴趣，同时拓展学生的视野。由于大多数教师受到习惯性行为的影响，课程（产品）生产力弱小，导致课堂中的"动感地带"经常性出现以下误区：

误区一：片面追求课堂的"热闹"，忽略对课堂生态的破坏。课堂中经常看到这样的现象：学生讨论、师生对话、图片动画等一应俱全，课堂中看似热闹非凡，学生的学习积极性和主动性看似得到了最大程度的调动和发挥。而事实上，课堂中也没有教师课程力真正使然，学生注意力并没有集中，教学重点并没有体现在学生的学习过程中，学习的效果并没有在"热闹"之中得以达到，一节课就这样忙忙碌碌而收获无多。

表现之一：课堂活动漫无目的，学生活动五花八门。课堂教学让学生"动"起来，动口、动手、动脑，这无可非议，也应该这样，但时下有些教师上课，无论教什么内容，也无论有无必要，都将学生分成几个小组，酷似"圆桌会议"似的，有些学生甚至背对黑板。一堂课，学生很长一段时间自由活动、动手操作，教师在一旁无所事事。如上小学一年级语文《乌鸦喝水》一课，要求每个学生必须带上小石子和装有水的瓶子，课堂中，教师为了让学生通过实验探究得出结论，于是学生个个在自己座位上做实验，往有水的瓶子里装小石子。结果呢？由于学生年龄小，教师又缺乏及时认真的辅导，有的学生的瓶子的水已经溢出来了，还在继续往里面装石子，也有的毛手毛脚，将自己或他人的瓶子绊倒，水洒在课桌上、地上，甚至学生身上，将课本、衣服等沾湿，整个课堂看似气氛热烈，实则把语文课上成了实验课，课堂中的"动"完全成了一种"盲动"，其教学效果自然是可想而知——教师课程力的弱小带给课堂的更会是一种可怕。

表现之二：课堂之"动"无目的，师生形动无神韵，无智慧的传承和首创知识的习得过程。为了形成自主、合作、探究的课堂氛围，教师引导学生思考、讨论问题很有必要。但有些教师看见名师上课是教师讲的少学生谈论热烈，于是一上课就叫学生看书，发现问题，小组讨论解决，教师站在一旁东张西望。于是学生自己提问，发表自己的见解，看似课堂一下子活跃起来了。可如果仔细观察就会发现，少有的学生能紧扣教学内容展开讨论，学有所获，而相当一部分人对课文内容不感兴趣，也找不到讨论什么问题，即使找出一些问题，也是泛泛而谈，与教学内容没什么关系，有的甚至利用这个时间"吹牛聊天"。花费了一二十分钟的讨论，结果是一盘散沙，云里雾里，不知所云。

表现之三：多媒体课件充塞课堂，课堂之"动"使教学"变味"。曾经到某地听一堂示范课，课后听学生议论纷纷：今天的课真是太有劲了，看动画片都没看够，平时老师从未给我们看过……听到这些议论，无不让人陷入沉思。有教师上竞赛课或示范课，方才使用多媒体课件，本身就缺乏课程实施力的支撑，课堂游离出课程力的掌控范围，课堂生态只能是让其更坏。在如此的课堂中，教师展示（或者说是炫耀）自己制作课件的能力，没有促进课堂主体间学习交互关系的形成，没有课程（产品）生产力大小的具体呈现，实质只是掩人耳目，课程（产品）以假象的方式存在。

误区二：滥用"赏识"，弱化教师课程力的作用。很多课堂中往往会出现所谓的"以学生为主体"的美名，事实上却架空学习主体地位，让学习内容难以真正落地，教师一味的"赏识"表扬之语不绝于耳，不论学生回答效果如何，都会畸形似的给予"很好""很棒"的结论。看似想让课堂"动"起来，没有真正意义上的生成和落实，课堂往往会显得更乱。人们完全可以质问：课堂确实"动"起来了，实现"双学目标"了吗？课堂中"动"起来，只有课程力真正地发挥着作用，能对传达思想的力量、思想的美妙和思想的逻辑等有深刻的认知，让知识、学生与课堂之间建立起和谐的联系与促进的关系，其"动感课堂"才不会因缺乏内涵、缺乏心智支撑而显得浮躁。

课堂必须有教师强大课程力支撑，教育教学实践才能真正达到生态课堂的要求。课堂教学需要人们拥有强大的课程建设能力，当我们只是在大脑里有一个个新名词（新理念和新技术）便开始给课堂花样翻新，尽管能感觉到"动"已经存在，因缺乏对应的课程力给予支撑，教学的结果只能因教师自身内驱动力不足而偏离正常运行轨道。

静是永远的"神"静

马克思主义哲学告诉人们，"运动和静止相互依赖、相互渗透、相互包含。静中有动、动中有静。只有把握了运动和静止的辩证关系，才能理解物质世界及其运动形式的多样性，才能理解认识和改造世界的可能性"。课堂教学中只有"动"没有"静"，只强调"动"而忽视"静"，不仅违背了教育科学规律，也违背了对事物的认知规律，违背了人改变实践的能动性的行为发展规律。课堂中不仅需要使"动",同时需要神静,才可能真正促进"双学目标"的实现。

充分地调动课程力,让课堂"动"起来,让课堂"静"下来,都与教师课程力使然有着直接关联,往往"动""静"相得益彰,更是课程力强大的直接体现。"动"起来的前前后后,有时需要"静"作为条件;相反,"静"下来的前前后后,有时需要"动"作为条件。"动"或"静"作为课程力的两种表现方式,只有真正受之于教师内驱动力系统的调控,才可能保证课堂生态系统的平衡。人们应该看清"动"或"静"的确切表达方式,包含更多的思维训练以及智慧的传承,全因课程力的作用才让其有对应的呈现方式给展现出来;但若没有较高的课程力作为课堂"动""静"之间的延展调控支撑,其结果是能让人想象的。

▲"静"——无声中蕴含智慧

课堂中的任何存在必须拥有意义,才会促进生态课堂的建设。包括"动""静"两种存在方式,也是如此。我们应该看到,没有任何价值而盲"动",往往只会打乱课堂教学的有效秩序,给课程建设带来灾难。"静",往往是课堂中的需要,也像课堂需要"动"一样。"动""静"实则是课堂中的带有不同信息含量的面孔。

加强生态课程建设,必须全面强化课程力使"静",让课堂中的空间和时间因"我,我的"课程力使然,才可称其"静"中包含智慧的生成。"静"——无声中蕴含智慧。静,不是死寂,不是沉灭,而是一种课程力使然后的发酵和酝酿的契机,是春苗在地下的萌动,是课堂教学中朴素、真诚、有内涵、有品位的真实追求。很明显,使"静"更是教师课程执行力大小的彰显,让教学计划的结果增添可预见性。

▲课堂教学追求无声胜有声的"静"

课堂生态的建构与保护本身就是一个充满智慧的过程,是一个蕴含思考的过程。没有了静态下的思考,就不可能有智慧的生成,也就不可能有知识的习得者的积极发展,特别是教师课程力的发展更是在实践中得到价值体现。在我们的课堂中通过使"动"布局,同时应做好使"静"而布局,更能促其课程生态良性运行。

课程力提升的过程中使"动"成为习惯,更应努力地将使"静"成为习得。从学习互动过程来看,课堂里不能只有"动",特别是在论证知识的存在时更需要"静"。心理学研究表明,在一种静悄悄的没有嘈杂的气氛中,自然放松后思维更会迸发智慧的火花。若课堂中教师习惯性使"动",若没有强大的课程力牵引,课程在"动"起来后难以把握有"度",此时最需要能使"静",特别是在他者"动"起来时让其学会"静听"——转"动"为"静"之后,细细品味,默默体会,静静涵养,更利于学习效率的提高。事实上,智者需要"动一动",也需要"静一静",方能凝视中体悟,在倾听中彻悟,在沉思中顿悟,曲径通幽处悠然心会,细细品味中沁入心脾。

课堂教学只有充分发挥"我,我的"作用,因课程力强大才会让"动"使"静"下来。其实,在课堂中"动""静"都承担着不同的功能,让"静"下来往往比"动"更利于观察、倾听、思考和顿悟。大凡高效的、成功的课堂必须加强课程建设,在预设中注意情景的针对性,活动的启发性、指引性,做到有静有动,有张有弛,切忌"动"而没有"静",或"静"而呆板。我们都知道,静中生智,静中有得。只有"动"起来的实践,没有"静"下来的提炼,都难让学生得到真正成长。只不过,课堂教学中,让学生"静"往往比让学生"动"难,需要课程力做引领,让学生学会"静思"和"静听"。

在课堂教学中全面提升"我,我的"课程(产品)的生产力的总和,除了对"动"的场域有着必要的准备,同时还需要对"静"的场域有着充分的理解,在课程生态建设时让动中显静,让静中有动,才会真正达成课堂带给自由与浪漫的同时,达成对智慧的传承和首创知识的习得。

因使"静"和使"动"相得益彰而生课堂之美

加强课程建设,对课堂生态的关注,通过课程力使"静"和使"动",必须思考课堂教育的目的,正如怀特海在他的著作《教育的目的》中指出:"教育的目的是为了引导他们的自我发展之路。"在我们看来,教育的目的包括实现学生的自我发展,同时也包括教师自我课程力发展,即能在课堂教学中全面实现"双学目标"。我们更是主张教师朝向专家型方向发展，而不只是教学研究的业余爱好者，这样才可能在课堂实施中把握好使"静"和使"动"之间的度，除了让常规性教学表现出灵活性，更能围绕教学目的借助专业知识所赋予的预见能力，防止应该弹性的地方刻板、应该严谨的地方却放任自流。

课堂中使"静"和使"动"结合往往需要教师有着较强的课程审美感，在对课堂的把控中有着一种快感，通过实现和约束让课堂清晰地展现学习的轨迹。使"静"和使"动"，动中有静，静中有动，教师教学艺术化的处理，动静的完美结合，课堂教学才能形成互补，课堂环境生成才能相得益彰，和谐课堂之美才能真正形成。其实，这一切达成必须满足两个条件，一是教师对生态课堂建设拥有强大的信心，二是必须以教师强大的课程力做后盾。

▲动静结合——理性课堂的回归之美

很多有效课堂非常讲究动静结合，通过使"静"和使"动"彰显课堂和谐之美。特别是那些优秀的课程力强大的教师，其课因为使"静"和使"动"结合，才有学生的积极参与和智慧的生成，才有师生双方的合作与默契，才有理性课堂的回归之美；才能感到教师风格的形成，促成课堂效率得以最大程度的提升，促成使"静"和使"动"之间传递着的尽是教学艺术之美。

案例6—1

高三专题复习课:勒沙特列原理的应用

下面是一个中学化学课堂上的教学场景，也许你能更深刻地体会课堂教学中教学内容、教学方式、教学设计中"动和静"的关系。

教师叙述：在常见的复分解反应中，一般情况下难溶的碱不能和盐溶液反应，但这也有例外。

教师演示实验：向$Mg(OH)_2$溶液中投入固体氯化铵，可清楚看到白色沉淀消失溶液变澄清。

教师提问：在黑板上出题:在制得的$Mg(OH)_2$沉淀中加入浓的NH_4Cl溶液，沉淀完全溶解，其原因是什么？请设计实验证明你的猜想。

教学过程：个别同学跃跃欲试。可是教师并没有立刻让学生回答问题，而是发给每个学生一张白纸，让学生把想法以文字的形式写在纸上。原先喧哗的教室安静了下来，大多数学生陷入思考。2分钟后有几位学生开始环顾四周。教师俯身看他们写的内容，并略作提示。几分钟后，教师喊停，全班抬头。教师任选一个小组，开始逐个宣读本组学生所写的内容。教师只是倾听，不做任何点评。虽然学生回答问题的深度不一，设计的实验方案有许多不完善之处，但至少学生们都能发表自己的观点。尽管教师没有指点，但是随着学生的交替发言，思维逐渐引向深入，学生们越来越向问题的最佳解决方向靠近。在七嘴八舌的讨论中学生细细品味，渐渐明白了各自的问题所在。这时教师公布了正确答案：在溶解平衡中，加入的铵盐电离出的 NH_4^+ 与 OH^- 结合成 $NH_3·H_2O$ 而使 $C(OH^-)$ 减少，$Mg(OH)_2$ 沉淀溶解。证明试验：在 $Mg(OH)_2$ 沉淀中加入浓的 CH_3COONH_4 溶液，结果沉淀也完全溶解。

课堂需要动静结合，使"静"和使"动"之美是可以感悟的。课例中的教学与常规教学模式不同之处在于使"静"和使"动"之间存在着一个微小的差别，全体现于发给每个学生一张白纸的目的——课堂中实验证明猜想，已让课堂被使"动"起来，一张白纸让每个学生因为思考而"静"下来。

课堂中使"静"和使"动"，需要教师强大的课程设计力支撑。诸如通过提升课程理解力、设计力、实施力等全面促进课堂生态环境和谐，不应该单单只有使"动"或使"静"的位置之变换，而应该妥善处理"动"和"静"的主体关系，找准使"静"和使"动"之间智慧传承与习题训练之间的结合度，方可真正实现课程生态建设，达成使"静"和使"动"之间的理性回归。

使"静"和使"动"结合的课堂，往往能带给课堂无限之美。追求课堂中的动静之美，无疑应更多地关注思维、个性和情感，让师生在课堂中找到自由与快乐，让思想与知识在碰撞中产生无限价值。我们必须明白，在课堂让求知者成为真正的主体，调动成长的积极内需，让激情充溢、动感十足，让静默涵养，是我们每一个教师的责任。这样，我们游走于课堂间，使"静"和使"动"的作用才可能真正体现——唤醒、激励和鼓舞。

▲动静结合——感性课堂的回归之美

课堂中使"静"和使"动"，实则是教师内驱动力使然。很长一段时间以来，人们总是在使"静"和使"动"之间寻找平衡点，而真正有效的是能着力于混沌秩序给予更新，找到适合生态课堂建设的新秩序，找到适合学习发展的秩序，找到适合教师课程力提升与发展的秩序，促进课堂向纵深方向推进。

动静结合的课堂除了充满理性之美，同时充满着感性之美。使"静"和使"动"是课堂主体间合作意识的体现，如果教师没有与时俱进的教育观是难以达成教学目标的，难以真正促进教学相长。传统教育观念主张安静课堂的生成，教师为让学生少些玩的心思以便更好更快地完成教学任务为目的，往往会采用一些保守的教学行为方式。他们认为，让课堂动起来势必把课堂秩序被打乱，教师维护秩序必须花心思，费时间。正是基于这样的原因，大家普遍把课堂的静等同于课堂秩序井然。这样的教育观，其实是偏颇的，实则是教师课程力弱小到没有信心让课堂动起来的体现。

一般地说，静态下的学习多是被动式的、接受式的，而动态下的学习多是主动式的、批判式的。虽然从理论上讲，主动式和批判式的学习更有利于培养学生的自主精神和创新意识，但从教师的个人价值来看，被动式和接受式的学习更容易让教师有满足感。静态下的学习是在教师绝对控制的环境下进行的，对教师的知识结构和组织能力的挑战都较小，而动态下的学习是在一种无可预知的情境中进行的，这就要求教师有足够的知识储备和很强的组织管理能力；静态下的课堂教学更易于操作和管理，而动态下的课堂教学对教师的要求太高，因此人们倾向于静态的课堂教学。事实上，如何做到动静结合、相得益彰，这并不是能与不能的问题而是课程力高低的问题。无论如何，我们要想提高自己的课堂效率，使"静"和使"动"两个方面的考虑就不能不到位。否则，出现动而无序、静而死寂的现象，结果就会与我们的教育目的背道而驰了。

课堂教学中或"动"或"静"，理性与感性共存，两者并不矛盾。对于课堂中使"静"和使"动"产生的影响评估，除了需要更多理性认知，依旧还需要感性认知才行。否则，人们在课堂中依旧会因为追求静而更显得拘谨，很难真正让课堂因缺乏感性而生动起来。事实上，课堂教学不但包括静态课堂和动态课堂，不但提倡学生多思考，更是强调创新课堂的产生。

▲让课堂动静从有序转向有效

每一位教师都希望拥有强大的课程组织力，把课堂教学之中的使"静"和使"动"作为自我意志的体现，并纳入自我的掌控之中。因为大家都明白，游离于课堂教学之外的动与静不但会降低学习效率，还会破坏整个课堂的教学秩序。为此我们会发现，很多教师在课堂教学时无法把使"静"和使"动"纳入掌控时，常常会采用"镇压"方法来让课堂"静"下来。其实，这样的处理效果往往是不太好的，源于仅仅只是保证了课堂教学的有序，却让课堂失去感性之美。

要让课堂教学有效，教师首先得根据自我课程评鉴力，区分什么样的动与静是有效的，什么时候的动与静是有效的，从而在课堂教学中恰当地调动学生的动，适时地保留学生的静，使课堂生态建构中充满和谐。比如，在做实验时就需要学生动起来，动手操作；在讲授新课时就需要学生安静下来，专心聆听；在做练习时就需要学生思维活动起来，勤于思考；在做体操时就需要学生的思维静下来，活动筋骨……如果教师课程评鉴力太小，不能很好地区分学生动与静的教育意义，就难免会打击学生动的积极性，助长学生静的消极性。课堂上，虽然最终表现动与静的是学生，若学生始终处于被动状态，不可否定如此的结果会是教师有意或无意致使的结果，对学生的学习是不利的。学生在课堂上动与静的有序与无序，往往是教师教学安排与教学设计的反映，学生在课堂上动与静的有效与否无不是教师课程力大小的反映。如，我们讲授时学生之所以会乱动，既可以说是学生自己听不懂课，也可以说是教师讲了学生理解不了的内容，或教师使学生乱动。如果教师对学生的前摄知识了解得更清楚，对课堂使"静"和使"动"有更全面的掌握，在课堂上的提问更有意义，学生对教师教学行为的反馈一定会更积极。

课堂中需要教师有强大的课程选择力，能对"动"与"静"牵涉到的课堂进行价值判断与选择。**在静的状态下学生容易获得知识；在动的状态**

下学生容易形成能力。不知人们发现没有，静的学生或者静的班级往往成绩更好，但从培养学生的学习兴趣与学习能力来看，我们又必须让学生积极主动地参与到课堂教学之中，必须让学生的思维能够与教师和其他学生的思维进行互动。当我们把课堂的有效与否定位于学生掌握了多少知识时，静态的学习会更有效；如果把课堂的有效与否定位于学生是否更喜欢学习，定位于学生是否掌握了学习知识的能力时，动态的学习就更为有效了。为此，在课堂教学中，通过使"静"和使"动"的有机调控，让其从有序转向有效将是人们努力的方向。

▲根据学生思维品质做实课堂

课堂不只是学生学习知识的地方，还是放飞理想的平台；课堂不只是面向现在对此刻负责，更需要面向未来对明天负责。课堂中使"静"和使"动"并非整齐划一的要求，并非要求学生完全听从教师的指挥，学生也并非能根据教师要求完全执行，甚至需要教师对力所不能及的学生宽慰与理解。倡导做实课堂，使"静"和使"动"之间能遵循因材施教的原则，能根据学生的个性、身心、年龄、兴趣、家庭环境以及思维品质等做选择，甚至许可特例特行。

根据课堂上的表现，大致可以把学生分为四类：第一类是行动和思维都很敏捷的学生，此类学生虽然好动，但他们很少破坏课堂秩序；第二类学生是行动上比较安静，但思维上比较敏捷的学生，此学生绝对不是课堂秩序的挑战者；第三类学生是行动上比较敏捷但思维上却比较迟钝的学生，此类学生不管是否听懂，在课堂上始终保持活动状态，常常挑战课堂秩序；第四类学生是行动与思维都比较迟钝的学生，此类学生很难引起教师和同学的关注，对课堂秩序没有破坏性。在课堂教学中充分发挥教师的作用，促进每一个学生发展，才是我们教学的目的。不知发现没有，根据学生思维品质做实课堂，课堂教学时教师使"静"和使"动"之中若能真正地关注每一个孩子，得到特别关注的学生学习效率往往高涨于同期。诸如在"静"中允许个别学生特殊地"动"起来，在"动"中要求个别学生特殊地"静"去，只要是真能对特殊的学生带给特别的关爱，其教学往往会更好。

第二节 关于"动"的节奏

课堂生态保护,目的在于对知识的保护,和对人类智慧的保护。两大目的就像人的左右手存在一样,彼此之间相互地协同,并不矛盾,也不会因另一个的存在而产生冲突。现实是,课堂生态因教师课程力低下,因为经常性受到骚动致使其生态受到破坏,结果使得课堂平台作用消失并阻碍"双学目标"达成,难以在学科知识学习的过程中阻止智慧的陨落。其实,课堂教学带有非常强的目的性,加强生态课堂建设,全面提升课程力,教师要做的就是全力课堂生态保护,促进教育目的的实现——教学相长。

解读课堂中关于"动"的节奏,直接反映着对课堂生态体征的理解。聆听课堂的脉动,必须正视如此的症结:当课堂目标下降到只剩下没有目的的实践,教育似乎就已经开始停滞不前,特别是当教师只简单地做教材知识的"传音筒"时,教学已经缺乏智慧,这样的课堂注定因为没有课程(产品)的生成,课程生态受破坏的同时,教师自身存在价值也大打折扣。体悟课堂中关于"动"的节奏,人们应该明白课堂里的第一个任务是传授知识,另一个重要的任务是智慧的传承。即在使"动"中习得知识同时增添智慧,方才是符合当代教育需要的理想课堂。两者的辩证关系正如怀特海所说的:"没有一些基础的知识,你不可能变得聪明;你轻而易举的获取知识,但未必习得智慧。"

紧握课堂上的脉"动",更能感知课堂是否健康。课堂上很多动表面上是指学生动眼、动耳、动脑、动口、动心、动笔,实则直指教师课程力使然,致使师生思维碰撞以及智慧地掌握知识。**在课堂上,通往智慧的途径是真能享有自由,通往知识的途径是得到有效训练。**这涉及知识的处理,确定证明已经存在问题时所需知识和技能的选择,以及运用知识使感知经验的价值。课堂需要通过有效的"动",才能达成课堂目的。不幸的是,人们习得知识的时候却并不能彻底体现智慧,只是简单呈现着"动"的唯一表达方式——训练,虽为人为的设计与把控,但并无关系着智慧的传承和知识与原始观察联系的建构。

课堂生态建设是一个充满理性与感性尝试，强调使"动"是为打破课堂原有沉寂的最佳方式，给学生以自由和浪漫的学习生活，真正让学生内心得到解放。课堂中的"动"除了包含自由，同时承载训练，目的非常明确：训练是自由选择的结果，自由则因为训练而得到有效的学习机会。这必然包括需要教师持续地提供着内驱动力给予支撑，让课堂永远保持着正常的律动。否则，定然会产生更多沮丧和失败。

"动"在需要动时才美

在一堂课中，特别是在教师课程力停滞发展的时候，知识的学习不等于智力的不断发展，课堂的节奏不一定因为动便彰显出自由与训练的要求。让课堂呈现出"动"态之美是非常有讲究的。课堂中何时需要自由，何时需要训练，只有围绕智力发展的需要给予设定才更能体现出教学艺术。在课堂开端往往需要自由成分多于训练，在教学的中间阶段需要精确的训练，最后自由地能将所有知识综合运用。只不过，课堂教学更是讲究学习的认知规律，学习知识的时间往往会根据学习者的年龄特征而设定，通过恰当地设计自由与训练时间的长短以求达到最佳状态。

适合的才是最好的，需要时才是最适合的。构建生态课堂包含着自由与训练的有机整合，教师给予学生充分的信任、有效的期望和及时的激励，扬其所长，避其所短，营造"崇尚自然、展示个性"、无拘无束的课堂气氛，创设一个相对宽松和谐的环境和民主自由的氛围，围绕智慧与知识，师生通过有效的合作，共同进入了发展精神生命的境界，共同经历着心智发展的体验，带给刻骨铭心的学习实践，课堂才会成为成长的乐园。在这样的课堂上，带着"双学目标"去践行，任何人都是自由的，任何人都有着自己的学习目的，任何人都有着自己的理想，敢于证明或质疑，敢于展示自我或否定自我和发现自我，敢于挑战自我和超越自我。

案例6—2

诗意的课堂带给学生诗意的人生
——贾桂霞老师语文《古诗词诵读课》课堂实录片段

师：对你们的表演，我想问个问题好吗？

生：好！

师：刚才表演的时候，你们又是拉手，又是转圈，为什么编排这样的动作啊？

生1：乾隆十一年底，诗人风尘仆仆地回到家中，母亲疼爱地把儿子叫到跟前，左看右看，叹息常年在外为生活奔波的儿子又消瘦了，这样的动作表达了母亲对儿子的怜爱、关心之情。

师：你的意思是说，这首诗写的是母亲对儿子的关爱，"可怜天下父母心"。智利作家米斯特拉尔向我们传达了这样一位母亲的心声："别以为只有我怀着他的时候才跟我骨肉相连。当他将来下地自由走动时，即使远在天边，抽打在他身上的风同样会撕裂我的肉，他的呼喊中有我的声音。唉，我的孩子，我的一颦一笑，其实都是你脸色的反应。"是啊，在我们的生命中，有一种最宝贵的东西叫"母爱"。"谁言寸草心，报得三春晖"，又一次在我们的耳边萦绕。

女声独诵（孟郊的《游子吟》）："慈母手中线，游子身上衣。临行密密缝，意恐迟迟归。谁言寸草心，报得三春晖。"

女生主持：母爱如一股涓涓细流，它平凡，却孕育着一份惊人的伟大。请欣赏相声《慈母心》。

男生1：（背诗状）"天山鸟飞绝，万径人踪灭……"

男生2：（出场）呦，柳楠，今天怎么这么刻苦啊？

男生1：孔子不是说了嘛，"学而时习之，不亦乐乎？"

男生2：话是这么说，可没见你以前这样啊。

男生1：快别说了。这，这都是我妈逼的。我觉得我妈根本就不爱我……

男生2：呵，什么话！古语说："慈母手中线，游子身上衣。"天下哪有父母不疼爱子女的?

男生1：我给你说说，就说上个星期天吧。我想，好不容易挨到周日，早上一定要好好睡个懒觉，可是才6点半，就被妈妈叫了起来，还说什么"三更灯火五更鸡，正是男儿读书时"。唉!

男生2：这有什么不对？古人云："劝君莫惜金缕衣，劝君惜取少年时。"

男生1：唉。起床就起床吧，可一看书就心烦。嘿，干脆就在卫生间待着吧。我一待就是半小时。我妈可又嚷起来了："嘿，干什么呢？古人云：'少壮不努力，老大徒伤悲。'你这样懒散，长大了可怎么得了。"

男生2：阿姨说得没错啊。

男生1：好不容易挨到吃饭的时间了。一个馒头还剩下半个，实在吃不下了，我刚要扔，又被妈妈制止了……

男生2：（抢先接话）"谁知盘中餐，粒粒皆辛苦"是不是？

男生1：（点头）唉，既然是农民伯伯的汗水，我还是吃了吧。整个上午就是学习，看书写字，写字看书，真是"寻寻觅觅，冷冷清清，凄凄惨惨戚戚"。

男生2：有那么严重吗？

男生1：下午妈妈说要带我到峰山公园登山，我一听，兴奋得真是"漫卷诗书喜欲狂"啊。

男生2：怎么样，这下体会到母爱了吧？

男生1：哎，我高兴得太早了，我妈是"醉翁之意不在酒"啊！

男生2：此话怎讲？

男生1：到了公园，我妈一本正经地对我说："柳楠，为了锻炼你的身体，也为了磨炼你的意志，妈陪你用15分钟爬上山顶。"

男生2：那山高吗？

男生1：怎么不高啊！平时我少说也得用半个小时。我不得不向妈妈告饶了："妈，饶了我吧，这也太难了吧。"妈妈说："什么，难？'天下事有难易乎？为之，则难者亦易矣;不为，则易者亦难矣。'你不去做，再小的困难也克服不了。"

男生2：有道理。

男生1：咳，我费了九牛二虎之力，终于爬上了山顶。

男生2：你在山顶看到了什么？

男生1：（得意地）那可是"会当凌绝顶，一览众山小"啊！

男生2：怎么样，品尝到成功的快乐了吧？

男生1：到了晚上，妈妈让我总结总结今天的收获。我说，有什么好总结的。我妈又来了："古人云：'吾日三省吾身。'不善于总结，怎么能提高呢。"

男生2：阿姨说得对呀。说实话，遇上这样的老妈你可真幸福啊！

男生1：可也是，我有今天的成就还多亏了我妈呢！

男生2：那你还不谢谢你妈？

男生1：（向观众，真诚地、夸张地）妈！谢谢你了！

（教室内一片掌声、笑声）

生态课堂建设，必然包括充满浪漫以及人类的心智过程，其间包括一个发现的过程，一个有着奇特想法的过程，一个提问与寻求答案的过程，一个新设计与新体验的过程，一个新的探险活动引起理想效果的过程，这都是人们渴望的节奏。贾桂霞老师的这节《古诗词诵读课》，关注于令人激动的过程的创造，心智活动占主导地位，教师在整个过程中使"动"，努力地打开学习的通道，给予特殊的指引，给予训练的同时，给予浪漫的同时，重点体现出一种自由精神，让孩子自由地行动。

课堂中需要浪漫与自由的律动，用以全面提升学生的理解力。教师能以创造、想象、体验、思考、理解、内化等带领学生学，学习的过程中有更多精准的训练、更多浪漫的冒险，当整个过程得到很好的引导后，自然地就会让课堂出现更多的渴望。贾桂霞老师的这节《古诗词诵读课》，引领学生细细品味诗词的韵律之美，寻觅心灵的相通点，牵扯情感的连接线，捕捉审美的共振带，张扬独特的体验、鲜活的情感和创造的激情，让人在如此的学习过程中感受到对直接经验的独立思考，包括思想和行动的多次探险所创造的浪漫节奏。

什么样的引领才是最有效的呢？"动"在需要动时才美。其实，人在学习的过程中都有着极强的能动性，积极而富有创新精神的思维只有在充分自由的环境下才能产生。诸如案例中，"对你们的表演，我想问个问题好吗？"这一提问很明显成了开启整个课堂的钥匙，而后并非强制地引导学生诵读，而是满足一种对智慧的自然的渴求，自然地将诵读品味引向了动态的高潮，给原始的经验增添价值，不论是声情并茂的朗诵，还是惟妙惟肖的表演，都充满了"动趣"和浪漫，都能让学生"动情"洋溢。关注课堂尽管还有很多影响课程（产品）生成时不确定的因素，但总能让人感受到整个过程中有一种浓浓的浪漫精神的培养，特别是学生的理解能力与浪漫同在，让课堂自由与训练之间保持着一种和谐的智慧。

使"动"课堂崇尚自然与个性

追求生态课堂，追求和谐的节奏，对兴趣的保护才会有智力的发展。兴趣是自由的保障，知识是训练的保底。课堂中追求灵动，兴趣的激发必然少不了浪漫，必须包含着对自然的崇尚和对个性智慧的保护。从无数的课堂中感受到一个现象：谁能对自由的浪漫给予适当的安排，对于知识的训练将会显得更加顺利，学习的过程变成训练将使学习更有效。这也是自我课程力的训练，是在享受自由中获得智慧，整个过程就能愉快地完成工作，教学定能收到预期的明显的效果。

考究课堂中的"动"，往往更能把握课堂的运行状况，更能明显地感知教师是否努力地调动课程力，让学生充满活力与浪漫，能否克服用长时间解释概念而把付诸实践的时间占据这一毛病。其实，这里包括创新精神的体现，包含不断更新教育教学思想，包含自觉运用先进的教学思想、教学艺术、教学方法、教学手段进行扎实而深入地推进课堂。富有教育智慧的老师往往更懂得让浪漫与训练有机结合，懂得怎样让学生真正"动"起来而不缺乏智慧，使其经历明辨是非的求知过程，增长见识、开阔视野、发展思维，而不只停留在一个肤浅"游动"之中。

案例6—3
强调探究过程而不是现成的知识
——董秀萍老师化学课《空气的成分》课堂实录片段

师：我们已经知道空气中含有氧气、二氧化碳和水蒸气等。各种气体的体积又是多少呢？经过漫长的科学探究，科学家们已经解开了这个谜。下面，请同学们尝试解决与之相关的一个问题：前后4人组成一个小组，共同设计一个实验假设，粗略地测定空气中氧气的体积。

（学生4人设计实验假设，并展开讨论。学生"铆"足了劲准备叙说实验假设。）

生1：我们小组设计的实验是：将一根点燃的蜡烛放入集气瓶中，盖上玻璃片，蜡烛熄灭后，用原来的总体积减去后来剩余的体积，即为氧气的体积。

师：好，这个小组抓住了关键——利用物质在空气中燃烧消耗氧气来测定空气中氧气的体积。其他同学对此有何看法？

生2：我觉得刚才这个同学所说的设计方案无法确定出氧气的体积，因为集气瓶上没有刻度，应该在集气瓶上标上刻度。

师：哦，想到了标出体积数。其他同学还有更好的方法吗？

生3：因为氧气和空气都没有颜色，标上刻度也无法读出体积来。我觉得应该连接一个标有刻度的注射器，把注射器拉到顶端，因为集气瓶中的氧气被消耗，瓶内压强减小，大气压会推动注射器移动。通过观察注射器移动的体积，就知道集气瓶中氧气的体积。

师：同学们都来看，这个方案怎么样？

生4：也可以在集气瓶上连接一个导管，并且把导管插到水里，如果集气瓶里的氧气消耗了，里边的压强减小，水会被倒吸入集气瓶，进去多少水，就说明有多少氧气。

师：这两个同学想的都有点巧妙。妙在他们运用物理学中的压强知识，明确地表达出被消耗氧气的体积，从而测出一定体积的空气内所含氧气的体积，很有创意。那么，这个实验还有没有需要改进的地方呢？

(学生议论纷纷，可没有人举手要求解说。)

师：同学们能想到通过测定被消耗的气体的体积求该物质的体积，已经是很不错了，但是同学们忽略了一个问题。选择的燃烧物要具备什么条件呢？

(教师的话还没说完，就有学生举手示意要发言。)

生5：我觉得不能用蜡烛燃烧，因为氧气是消耗了，但是又产生了二氧化碳和水蒸气，这样无法测出消耗的氧气的体积。我们前边学过镁的燃烧，镁燃烧只产生固体不产生气体，我觉得应该把蜡烛换成镁条。

师：能想到镁燃烧不产生其他气体，很好，但是，老师提示一句，同学们还没学过这个知识。就是镁在空气中不仅和氧气反应，还和氮气和二氧化碳反应，这样的物质能用吗？

(很多学生思考后，纷纷摇头。)

师：也就是说选择的燃烧物除了具备不产生气体外，还要考虑，这种物质是不是只和空气中的氧气反应，不和其他气体反应，另外还不污染空气。通过这么一个问题，大家能明白一个什么道理呢？

生5：考虑问题必须要全面、严谨，不能片面地思考问题。另外化学学习还会用到其他学科，如物理或数学等知识，我们必须学会联系，学会渗透，学会理解和分析问题。

……

课堂是生活的缩写版，同时也是课程力的综合呈现。课堂教学生活化，一个让生态课堂焕发生机的有效策略，习得学科知识，需要明确学习的知识范围而不是让学生记住一些不相关的次要的知识，在教师有效地与学生进行信息交流的过程中，成功的秘诀是速度，而速度的秘诀是专注。课堂中，时时刻刻都需要迅速学习知识，而后加以应用。在这过程中，最重要的是想方设法能让学生得心应手地应用知识，才可称牢牢地掌握。以上课例是自由与训练结合的典型代表，成功之处在于打破训练所致的呆板，让学习成为崇尚自然与个性的特殊表达方式，学生自由快乐地学习，全身心进入学习状态，课堂自然地就会进入积极的状态。

建构生态课堂，需要教师能引导学生按自己的方式而不是照书本的样子学习，追求自由与训练时的自然流畅；需要能抓住个体的想法巧妙地唤醒学习意识，引起学习时的冒险精神，实现对学生的激励、唤醒、鼓舞，让学生的创新精神与个性得到张扬。使"动"课堂崇尚自然与个性，人们进行课堂生态的建构时，建议能精心使"动"把握契机，能全面完善使"动"合作学习流程。

▲**精心使"动"把握契机**

加强课程生成建设，教师精心使"动"，引领学会学习非常重要。建议教师适时引领，适时设疑问难，在争论或发现中实现知识重组，在学习的过程中发现问题、分析问题、解决问题。教学时只要把握契机让思维得到激活，往往就会脱离被动的状态，进入到积极主动应用知识与重新建构的自由状态，就会情不自禁地、主动地去思考，逐步弄清知识间的联系，系统把握相关知识，形成有效的知识体系。

精心使"动"的课堂，只要把握住契机，智慧的传承和精准知识的习得比任何时候都活跃。建议能引领多元互动，形成师生互动、生生互动的动态氛围，使课堂在使"动"中充满活力，成为生生、师生、生师互动的多元、多向的信息交流场所。

▲**完善使"动"合作学习流程**

生态课堂产生是有条件的，任何使"动"都不是随心所欲的结果。完善使"动"合作学习流程，做好动态小组的组建是关键。通常使"动"合作学习流程是：实施分组—推选组长—合作学习—有序交流—全面评价。为实现最大限度的"动"可用"逛麻线"的方式，根据思想状况、认知水平、组织能力和性别比例等，将班内学生均衡地分几个小组，配备小组长，每小组4~6人，按综合素质分为1~N号。分组时应促使各小组综合素养接近，特别对组员之间知识和能力"梯度"的拿捏，才更利于学习交流时增加可比性和操作性。

生态课堂使"动"合作学习节奏是有规律可循的，整个流程绝对不是杂乱无章。这其间教师有效调节非常重要，诸如适时实施动态评价。师生能及时对各小组或组内成员的自主学习、合作探究、学习效果等进行客观、公正的评价，根据学生在课堂上"动"的表现，写出激励性评语等，整个合作流程中只要充分体现科学性、系统性和开放性,便能收到满意的效果。

产生"动效"的策略

通常,进行课堂节奏的观察,只是将点定在某一时空,致使得出的结论带有片面性和局限性。促进有效学习,必须遵循认知规律才行。诸如,课堂的律动往往会因为课程(产品)生成的过程中,存在若干较小的波峰与波谷交替的漩涡,方才致使产生有节奏似的循环规律。持续不断地开展有效学习,除非学习过程中能持续不断地被兴趣所激发,不断地获得新技能,不断地为成功所激励,即给予不断的能量的支持,否则事倍功半。探讨课程中通过课程力发挥使"动"作用,主要的目的在于在审视带给的动力是否属于持续能量的部分,能否给习得者心智发展的过程中增添动力,促进自身发展冲动行为的产生,促进智慧与知识在活动中完美地实现。

必须对课程力使"动"形式进行有效调控才行,若不尊崇课程(产品)生产的规律,很多信息源的信息会因为课程力没有形成合力,致使彼此信息干扰形成强烈的对抗性。课程力使"动",必然包括引领学生浪漫而自由地进入学习状态,而后觉醒并相伴训练。对于学生发展而言,教师充当的是外力的作用;对于课堂而言,教师近乎成为了整个课堂律动的力量源泉(往往学生的发现是在教师引领下完成,训练是教师引领下完成,哪怕带有首创习得知识成果也是在教师关照下完成)。进行课堂行为审查,必须看明白教师所发挥的作用:以自我的人格和个性使学生产生共鸣而激发出学习的热情,同时创造出具有更广泛意义的知识,以及更完美学习场域。

▲正视现实课堂存在的问题

教师课程力使"动"的作用,主要在于避免教学中方方面面资源的浪费,其彰显的动力在于对课程价值的认可,让个性和超越自我的东西融合,通过疑惑、好奇、尊敬或崇敬产生强烈的求知欲望,给智慧传承和知识习得增添难以估量的力量。

聆听课堂的节奏,需要教师习惯性正视课堂中存在的问题,通过发挥课程力的作用以解决问题。课程改革实践以来,依然存在很多冲突,诸如对课堂控制意识仍然比较强烈,以"教"为中心的情形仍然突出;教案意识根深蒂固地笼罩着课程;问题提出、验证近乎教师一手操持;新观念有了,没有内化为教学行为;教学设计过分关注知识体系,没有以人的发展为本……这些问题的存在,在很大程度上制约着使"动"方向。人们只有不断地提升课程力,力之所及之处才可能见真知。

▲ 落实"动"效应把好四个"度"

课程力的强大,使"动"并非全是技巧和策略的应用,往往会艺术化地呈现。聆听课堂律动,增添审美情趣,落实"动"效只要把好四个度,更能促使我们对价值有生动的理解。

一是参与度。充分发挥课程力作用,以促全员、全程、主动地参与教学,课堂活动时间不少于二分之一,能让每位学生都得到提高,让每位学生都得到发展,全面实现个性化发展。

二是亲和度。在使"动"中进行平等的情感沟通与智慧交流,放下威严的架子,俯下身来平等地对待每一位学生,尊重、理解、爱护学生的思想、情感和意志。

三是自由度。在使"动"中留下自由发挥的时间和空间,放手让其讨论,放手让其实践,做到放手不放纵,自由不自流。

四是整合度。全面促进课程(产品)生成,注意教学资源的有效整合,注重问题意识培养,注重思维和行为延伸,注重将书本世界和生活世界相沟通。

落实"动"效,绝对不能忽视精神力量,才能让课堂获得高效的"动"感,而不是被热闹的课堂气氛、作秀的双边活动等流于形式的实践所局限。把好四个"度"的同时,需要教师在使"动"中能把主动学习的"时间""空间""工具""提问权""评议权"等还给课堂,促进学生尽情释放内在潜能。

▲ 铺设课程改革通道

全面提升课程力,不妨参与课程改革,不妨破旧立新。"互联网+"时代的到来,主动学习新理念,理解现代信息技术对课堂的影响,大刀阔斧地参与课程建设,真正成为课堂的"主心骨"等,无不是开启课程改革通道促进课程力提升的关键。

　　自我课程力提升与发展，很多通道其实是自己给自己提供的。需要指出的是，很多教师没有自我课程力发展的渴求，甚至愚蠢到了拒绝新知的学习。其实，课程力提升与发展的关键全在于教师自我努力实践与学习，能主动为课程"把脉"和"捉虫"。人们只有积极主动地参与到课程建设中来，全面提升课程组织力、实施能力、评鉴能力、选择能力、设计能力和开发能力，督促自我反思课堂、研究课堂、改进课堂、完善课堂、提升课堂，才不会因为能力不足带来恐惧。

　　建构生态课堂，全面提升课程力，全面打造精品课程，主动权在教师自我。使"动"中加深情感体验，激活多向思维，激起学习激情，形成诗情、师情、生情等多情合一的自由的浪漫的教育生活，方才会通过课堂找到为师价值的真正证明。

第三节　自然而生"静"美

　　让课堂充满自由和训练，让课堂在充满激情时动起来，只要是对原有教育秩序的改变，背后必然需要有强大的使"动"力量作为支撑才可能实现。同样，课堂里不只是需要动起来，依旧需要静下来，实现思维训练与审美熏陶结合的教育，背后必然需要强大的使"静"力量作为支撑才可能实现。只要原有任何秩序（包括课程教学秩序）的改变，背后如果没有让动起来或让静下去的动力系统提供持续的能量，几乎难有任何改变。动与静，课堂中两种自然的表现形式，使"动"或使"静"，课堂中两种人为课程力控制的表现形式，真要达到若艺术般出神入化，必然包括教师课程力提升与发展的完美结合。

　　对于课堂而言，动是静的开始，静是动的延伸，只有带有教师明确的使然，才可能因有课程力的作用而给予教学艺术化的呈现。我们把原本自然的生态无限缩小至课堂，借以生态保护与发展的视角去看待和审视，通过课堂保护达到开发课程的目的，除了包括责任心、好奇心，有着对课堂负责任的激情，能对与课堂系列相关联事件之间采用理智的态度，诸如对破坏性与生产性的关注，对脆弱性与创造性的关注，才能让教育目的与思想和行为达到高度的合目的性。如此的阐释，更是将课堂生态发展提升到科学的层级。若将课堂与教师联系，便会发现生态课堂里除了理想成为其组成部分，还包括智力活动与人的行动，各种感官和思想的互相协调，以及各种自然需要与自然本能相协同等，最终通过综合与合作的方式完成课堂生态的组合，才能演绎出自然的或动态的美或静态的美。

如果一位教师勇于在课堂中追求生态建设与教学艺术的完美，课堂中一定会充满着感性之美和理性之美，更能把自然的本能与思维紧紧联系在一起，转换成教学方法、教学策略、教学设计、教学媒体、教学情境、教学评价等课程产品，促成课堂是自由与训练的结合、是思维与思想的结合、是天赋与发现或被发现的结合。总之，课堂中使"动"或使"静"的呈现方式，只有教师的努力才能让其逻辑联系清晰而有序。

课堂中创生"静美"

课堂中创生需要达到"静美"的效果，无不是课程力作用发挥极致的体现。自基础教育课程改革实施以来，课堂教学中涌动着师生交流、生生互动的潮流，诵读体验、合作探究、碰撞争鸣等，很多努力主要就是让课堂给使"动"起来。稍加分析，就会发现很多变换其形明显大过于神，使"动"多于使"静"，就像一辆车突然跑得太快而失控一样，课堂生态不但没有受到保护反而遭到破坏。事实上，任何骚动只要带给课堂生态不是建设而是破坏，就绝对不是明智的体现。浮躁中缺乏底蕴的行为，并不能让课堂智慧地传承与完成具有首创精神的新知识学习，更不是创新行为。

课程教育新理念的产生往往首要行为就是对原有秩序的更替，将其受到破坏的课堂生态得到恢复。纵观整个课程改革的进程，课程生态总会是在当某方面受到重视得到恢复之后，被忽略的部分又成为新的隐患，当打破新的平衡之后又会出现新的症结。特别是在当下，由于受到"互联网+教育"的影响，传统课堂的秩序近乎受到颠覆，随着新信息不断地涌入带给第一声好之后，很多新问题的涌现又致使课堂出现很多冲突。在人们全面追求动态生成的课改时代，似乎又忽略了课堂生态依旧还需要静态生养。

课堂教学中，所谓静态生成是与动态生成质是一样的，两者相辅相成，彼此并不矛盾。由于静态生成与动态生成之间的逻辑起点的不同，在具体的实践过程中，致使人们容易顾此失彼。动态生成是在师生或生生之间的交往互动中，通过使"动"所产生的课程。逻辑起点在于激发一切有利因素，权衡各种可能性，以达教育目的。静态生成是以动态生存为铺垫，而后通过使"静"所产生的课程。逻辑起点在于新知被首创式地发现，需要通过去浮躁、内化于个体，以达教育目的。动态生成多是以直观行为方式呈现，便于参与，对于教育结果生成而言，多不是重要环节；静态生成不一定具有主导教学的作用，但它往往对整个教学结果产生支撑作用，它的主要价值在于个性鲜明的认知，为深度合作学习交流探讨制造认知冲突的可能性。从这个角度来讲，静态生成和动态生成一样，在课程教学中发挥着独特的不可替代的作用，必须适时调控，方才利于凸显教学的有效性。

只要静心观察，便会发现课程力向性的作用。就像前一小节阐释使"动"创生"动美"一样，使"静"中往往会创生"静美"，值得提示的是两者不能割裂开来，使"动"后使"静"，学生入"动"后入"静"，才能让人感知到收放自如、纵横捭阖，感知到"入静"后的全情投入。这样的课堂"静"中蕴含着"动"，"动"中蕴含着"静"，其间包含着学习能力与素质、正确的学习态度、习惯、方式方法的形成。

案例6—4

释放学生知识、才能、个性的能量

——吴花英老师历史课《评价拿破仑》课堂实录片段

师：拿破仑在历史上可以说是一个伟大的人物，他影响了法国近代史的发展。可有人说他是乱世枭雄；有人说他是恐怖的战争犯、狂热的侵略者；有人说他是出色的政治家、军事家……请同学们根据课外搜集的资料，仔细想想，我们应该怎样评价拿破仑。

（接下来，学生静静地看资料，归纳总结自己的观点，课堂进入了

"静"的状态。可就是这段时间的"静",为后面的"动"蓄足了势。)

师:刚才同学们都静静在思考归纳,下面请大家畅谈自己的看法。

生1:我认为拿破仑是一个伟大人物。他的伟大在于他是一个军事天才。他善于抓住机会,在土伦战役中显示了卓越的军事才能,又发动五月政变夺权,1804年当上法兰西第一帝国的皇帝,颁布《法典》,确立了资本主义社会的立法规范,巩固了资产阶级统治和法国大革命的成果,为法治代替人治、民主代替专制奠定了基础。通过战争,他带领军队沉重地打击了欧洲反法同盟,扫荡了欧洲的封建势力。但他为了自己的野心,疯狂地侵略埃及、俄罗斯,损害了被侵略国国家的利益,所以有人说他又是一个"恐怖的战争犯、狂热的侵略者"。

师:好。既看到了拿破仑抓住机会,顺应时代需要,推动历史前进的一面,又看到了他侵略别国、推行法制却搞个人专制矛盾的一面。能一分为二地评价,有自己的见解。谁再想谈谈自己的"高见"?

生2:我认为拿破仑是具有王者气质的一代枭雄。他生活在乱世,在别人为自己的未来规划时,他已经开始了行动。所以,他能在乱世纷争中为自己闯下一片广阔的天地,虽然最终还是没能敌过欧洲众国的强大势力。但是他对世界的影响不会消失,对法国的贡献不会磨灭。这里我引用一篇文章中的语言:"作为一代枭雄,拿破仑并没有被征服,他比我们所有人都伟大。但上帝之所以惩罚他,是因为他过于相信自己的才智,把他那庞大的战争才智用到了山穷水尽的地步。他对于军事的把握胜过对政治的把握,但他无疑是一位时代的强者。他的《法典》巩固了资本主义的统治,对于整个世界的贡献,是任何人不可否定的;他的才能是任何人不可匹敌的……"我要说:拿破仑是一个当之无愧的英雄。

师:《拿破仑传》中说:拿破仑是当之无愧的英雄,时势造就英雄,英雄影响时势。拿破仑有自己的弱点,他在1815年乘坐巡洋舰"诺森伯伦"号到圣赫勒拿岛上流放时,在逆境中也反思自己的行为:自己是世界历史上最伟大的统帅,没有谁能把他的名声彻底打倒,把他的历史地位抹杀。他生平指挥过60多次战役,超过亚历山大、凯撒、汉尼拔、查理大帝等人指挥战役的总和。他甚至认为一个统帅最好在他生平最后一个大胜仗中被最后一颗子弹打死。他埋怨自己为什么不在莱比锡战役中战死？他自己还认为，在瓦格拉姆战役和滑铁卢战役中，一是他自己手下的元帅表现出无能，不能独当一面；二是对自己无限制的扩张欲望没有人制约而感到遗憾。这些都说明了什么？

生2：这些都证明拿破仑有着清醒的头脑，在逆境中对自己的行为有清醒的认识，希望见好就收。

师：说得好。正因为拿破仑对法国的内外情况有清醒的认识，"机会总是垂青于有准备的人"，拿破仑既抓住了机会，又做好了准备，所以，他创立了伟大的业绩。哪位同学还想评价一下这位颇有争议的人物？

生3：拿破仑，一位在18世纪末19世纪初活跃在欧洲大地上的战争王者，他的一生带有太多的传奇色彩。拿破仑作为一个学习者和创新者，仍有许多东西值得现在的我们思考。我查阅了许多资料证明，拿破仑一生所取得的丰功伟绩很大程度上取决于他少年时的刻苦与勤奋。他9岁进入军校，15岁进入了巴黎皇家军官学校，成为了14名精选出来的非贵族炮兵学员之一。他深知，如果离开了自己的努力，他在这个世界上将一无所有。因此，依托数学方面的天赋和不懈的努力，拿破仑在军校中为将来驰骋沙场打下了良好的理论基础。青年时期的拿破仑不断在战场上展示着自己卓越的领导和军事才能，而且善于对传统战争理论进行创新和变通：他主张将火炮集中使用以及充分发挥骑兵的机动作用，这一创新型的做法被欧洲反法联盟视为洪水猛兽，而拿破仑也被视为"不按套路出牌的疯子"，但是，拿破仑凭借这种战术赢得了土伦战争、三皇战争等著名战役的胜利，为日后加冕称帝铺平了道路。拿破仑曾这样形容自己："事业和前程的大门是向有才华的人敞开的，而不论其出身或财产如何。"我想，这也许是他一生成就的原因。

师：能通过翔实的资料证明自己的观点，这实际上是一种研究方法，即文献资料法。评价一个历史人物或者一个历史事件，就应该通过图书馆（室）、报刊、网络等途径收集资料，占有丰富的资料，对资料进行分析，评价才能比较全面、比较准确。

生4：为了评价拿破仑，我上网搜索过。我想先谈一下他的性格，"性格决定命运"。在网上,网友"孤独小磊"评价拿破仑的性格是"自信坚定,意志坚强;宽宏大量,包容他人;注重实际,追求现实;善于权变,手腕灵活;思维缜密,安排细致。"我同意这个网友的意见,他的评价概括了拿破仑的政治性格,正是这样的性格,使拿破仑从一个科西嘉岛的普通孩子突破历史和现实的重重枷锁成为欧洲之王,更使他带领法国突破了欧洲诸强的封锁围攻,在短短十余年的时间一跃成为雄视欧洲大陆的法兰西第一帝国。纵观拿破仑的一生,是野心铸造了这个英雄,然而同样是野心毁了这个英雄——无休止的战争最终使他的政治生涯在圣赫勒拿岛结束。

……

课堂中,学生若受到理性的约束,思维难以激发;受到感性的约束,思维会处于一个浅层。教师的作用在于对度的把控,在于对学习热情的激发,对价值的发现与认可。如以上的课例,吴花英老师让评价拿破仑,畅谈自己的看法,先使"静"以促静思,让其形成自己的观点,而后使"动",让其"众说纷纭",引导以自己的视角辨析评价,将"静"态的思维感悟用"动"态的语言通过争辩表达出来。试想,如果没有使"静"与使"动"的相得益彰,怎会有如此"像模像样"深度首创学习的高度?很明显,课堂中的教学艺术全在于对自然流畅的"静美"与充满激情的"动美"之间转换的把握。

爱因斯坦曾说,"发展独立思考和独立判断的一般能力应当始终放在首位"。课堂中使"静"创生"静美",只要引领得当并不是难事。纵观课堂生成的主线,整个流程多是"发现问题—思考问题—交流问题—解决问题"四部曲。让课堂使"动"起来若只是形式上的体现,诸多环节涉及概念的理解、论证及推理,都是难以有效解决的。其间往往需要使"动"之后使"静",用于"发现问题"和"思考问题"。诸如,课堂使"动",让学生受客观问题的诱发,而后使"静",让其经过联想、想象和理解等一系列的心智活动,一旦思考有了多样性、广泛性和深入性,其静态生成中便会产生新知首创学习的"静美"奇观。

"静效"为"动效"积累力量

尽管最能反映教学水平和教学机智的主要是课堂动态生成部分，通过教学技能反映教师的教学成就，但更应该清楚一个教师是否在课堂上关注静态的生成，则可以反映出这个教师的教育科学理论素养的深浅！很多时候，课堂中除了使"动"易让人产生现场感，使"静"更易促进训练达到精准的水准，人们只有既注重营造动态之美，又不忽视静态之美，让课堂生态体现出完美与和谐，这样的课堂才会是高效的课堂。在教学技能修炼的过程中，每一位教师应习惯于理解高效课堂需要静效为动效积累力量，并擅长于运用静效。

课堂生态是一个强大的系统工程。课堂教学中，教师在使"静"中把握课程力向性规律，让学生真正成为学习研究主体，自然勃发的知识才能、个性能量才不可估量。其间，动而不杂乱，是引导与调控的艺术；静而生智慧，是沉思与熟虑的表征。人们更应该明白，课堂往往动态生成与静态生成各领风骚，讲解新课尤其是单纯地讲授学科知识的时候，静态课堂更具优势，安静状态下讲解会更清晰，学习也不会被打搅；在学科知识巩固与方法技能形成的过程中，动态课堂更具优势，毕竟知识是学生自己学会的，能力是他们自己在训练中练就的，没有充分参与就谈不上知识的巩固与能力的形成。

全面加强课程建设，让"静效"为"动效"积累力量，培养"静而高效"的意识与能力尤其重要。"静而高效"的课堂哪怕使"动"，都很注重师生互动、生生互动学习，在使"动"中更是讲究使"静"。"静而高效"的课堂互动通常表现在两个方面：学习过程中大量情感投入，学习成了内在动力和需要，同时相伴获得成长体验；擅长于小组合作学习等各种形式的活动教学，其中充满接纳、赞赏、争辩、互助。就广度而言，应促使每一个学生充分地参与到课堂学习各个环节当中去；就深度而言，应促使学生不是被动地应付学习，而是积极主动地探究。促成"静而高效"的课堂效果，只有教师课程力充分发挥作用，在使"动"与使"静"中还学生主体意识，才可能真正地达成教学目的。

达成"静而高效"的课堂，加强学习能力的培养尤其重要。学习能力的培养并非是一蹴而就的，它需要从课堂常规中的点滴做起，在长期的历练当中逐渐培养起来。包括对学生良好的学习态度、学习习惯和学习方法的关注，包括对学生学科学习的认识、思维方式、特点和习惯等关注，才不会致使课堂"静"而不死寂。

"静而高效"的课堂主张使"静"中使"动"，在师生互动生成的过程，通过思维碰撞产生智慧火花，生成新的课程资源。有无新的课程资源生成是衡量课堂价值的关键，是检验课程力大小的重要参数。人们必须明白，演奏好动静结合的乐章是赢得课堂的具体表现，谱写好动静结合的诗篇是赢得课堂的最好证明，前提在于课程力使然，"静效"为"动效"积累力量。

生态课堂的"静效"之策

"静"而高效的学习阶段，对教师而言，核心问题就是要培养学生的创新性思维和新知习得的首创精神。教师不能把学生看作是"我讲你听"的被动接受体，而要清楚地知道学生在经历思想与行动的冒险之后，来自精确知识的启发哪些能为他们所理解，若不经历静态之思，最坏的结果便是所学概念囫囵吞枣且没被内化。

课堂中绝对不能忽视教师自身的引导与把控，绝对不能忽视学生参与的学习方式以及习得知识的认知方式。教师通过有效的设计将学生带到跑道上，而后应放手让其攫取知识和接受智慧的传承，让其发现探究问题时的首创精神存在的价值和意义，关注自己独特的感受、体验和理解，尊重和保护学习内容价值观的多元解读，允许学生根据自己的理解对学习方法与学习方式进行多元选择，以促进学生个性品质的多元发展。

全面建构生态课堂，促课程力充分发挥调控作用，除了前面谈到对"动效"之策把握，把握"静效"之策依然重要。具体地说，建议做好以下二个方面。

▲教学目标全面清晰

建构生态课堂，我们在制定教学目标、设计静态生成环节时，需要事先全面、清晰地分析学情，针对学生的实际状态考虑发展的可行性，让其能静得心安、静而有序。也就是说，教师对学习状态要有较全面的了解，对不同层次学生的差异做细致分析，对已有经验和困难分析准确，对潜在能力分析准确。只有这样才能让课堂双主体在课堂中显得自由与浪漫，确定的教学目标才能得以清晰呈现，最终促成智慧传承和新知习得中体现首创精神。

▲教学内容与现实生成结合

教学时，要能根据教学内容的需要，注重沟通书本与现实生活和学生已有经验的联系。在进行内容设计时，要能调动学生积极参与提高内在认知兴趣，拓展知识面提高思维品质，激发创造性引起深度思考。只有这样，才能真正体现文本世界与生活世界的沟通，体现课堂灵活的结构性，体现学科教育的价值，静下来寻觅其规律，静而出渐思维，静而有所新得。

▲教学设计体现开放性

课堂"动效"与"静效"直接与教师教学设计有关联。教学设计时，建议能多角度、多层面体现开放性。诸如，主体双方交互活动设计，需要体现有弹性，促进多维度交互；问题呈现方式设计时，既面向全体又要关注个体；问题难易设计时，既要把好不同知识点的内在联系，又要能抓好不同知识点之间的递进层次；在时空配置时，能合理利用好现有资源信息，促进资源合理利用；评价设计时，要能面对不同的主体体现针对性，能留有充裕的测评、纠偏和反馈时间。

第四节　演绎理性之美

课程转型，教师必须主动担起"我，我的"责任，才会根据课程（产品）生产的需要，不断提升自我的课程力。生态课堂作为近年课程改革的方向，课堂生态建设包括构成学科基本概念及基础知识建构，基本概念背后的思考范式建构，以及思考方式背后的价值诉求建构等三大要素的组成。想要在整个课程转型的过程有所作为，人们必须全面思考清楚"从什么地方来""要到什么地方去"，人们必须把准生态课堂建构的基本要素，才可能真正找到努力的方向。为此，在整个书稿中，我们全力倡导教师积极参与课程建设，在课堂中实现"我，我的"人生价值，全力主张全面实现"教学相长"，建议通过"双学目标"的达成将其具体化——实现课程力提升与发展，充分发挥课程力的作用掌控课堂。

如果我们以打造生态课堂为目标，只有真正具有强大的内驱动力系统，通过课程力发挥使"动"和使"静"作用，才可能在课堂实践中演绎出华美的篇章。这是一个需要不断修炼并得以提升的过程，包括专业知识的建构，专业技能的修炼，诸如能与课程建构的信息源对话，同一切与课程建构相关联的他者对话，同自己的破坏性与软弱的内心对话等，以及基于不同课程力相互协同开启挑战性学习等一系列修炼。其实，课堂中动静之间有机轮换，师生之间学习共同体建构，以课程为媒介指导学习活动生成过程，促使每一个学生在自己的头脑中琢磨，认识周遭的自然与社会中各种知识与技术，通过在自由浪漫活动学习训练形成与重建自己的判断，在与自身对话形成新思考与新见解，在与他者交流获得新思考与见解，发现不同于自我思考与见解的伙伴与他们形成新关系等，必然包括教育理性精神的重塑，对课程价值、功能、目的、内容、方法、手段等的重新评估。我们只有不忘初心，理性地寻求问题的破解和课程力提升之道，才可能真正促进自我更具理性思维和理性精神。

课程改革的重心永远在课堂，使"动"和使"静"永远是课程力最基本的两种体现方式。追求"动静"协调的课堂，关键在于课堂主体间能否理性地实现协同，能否真正转换思维与行为方式。诸如，打破传统的传递式教学，将传递知识与技能的过程聚焦于认知活动，强调知识策略的掌握，抓住促进学习新知识的首创意识，促进知识内化时的对话，以达到深层的理解等，这种由单边学习转向师生双向学习，只有勇于冷静地面对挑战，我们的教育理想才可能在教育实践的土壤里生根发芽。

师生协同合作为上

建构生态课堂，全面促进"双学目标"的达成，师生必须满足互惠的协同关系，才利于彼此目标的达成。虽然前面已经明确论述教师之学与学生之学的关系，但人们依旧应该看到彼此目标的不同，应该明白不同的学习目标对应不同的角色和使命感，为此能要求自我为他者的学习作出应有的贡献，共退与共进。人们必须清楚，师生协同的过程中，不仅关系着学习方法的掌握、学习知识的建构，更关系着与智慧相关联的过去、现在和未来的学习路径的贯穿。

我们必须时刻保留一份批判思维，全面认识师生协同合作关系，需要在教学使"动"与使"静"的过程中保持着教育教学的理性。诸如，在协同完成教学任务的过程中，师生之间需要积极地面对面，积极地参与交流，理解彼此思考方向和思维方式，理解共同的目标，方才更利于行为目标的达成。虽然在整个教学过程中，教师总是处于主导地位，然则如果没有与学生达成协同合作关系，"双学目标"的达成定然会打折扣。整个教学的推进中，促进师生协同合作是一门学问，人们只有将课堂中每一个参与者的责任落实，并通过一定的合作技巧运用，同时改进集体学习活动的步骤，方能真正地达到动静和谐的效果。

建构生态课堂，成也源于教师课程力（使"动"与使"静"带给的和谐），败也源于教师课程力（使"动"与使"静"带给的不和谐）。追求"动静相益"的课堂生态，达成师生"双学目标"的协同，建议遵循以下基本的原则：

"四为"原则：以师生协同发展为本，以启迪引导学生感悟为动力，以充满自由浪漫的愉快教学为载体，以重塑教育理性精神为目标。

"四可变"原则：学习课次可变，学习方式可变，学习地点可变，评价方式可变。

"四不能变"原则：面向全体学习者（包括教师自己），尊重双主体地位的指导思想不能变；尊重学习者年龄特征以及认知规律不能变；学科的本体内容（非其他学科承载的教学内容）不能变；生态课程建设的目标不能变。

把握好以上几个原则，教师的作用恰恰在于促进协同合作为上，尽可能地通过课程力的作用，激活认知冲突——**师生之间的认知冲突的形成与解决，正是推进课堂教学的原动力**，其价值在于带给持久的帮助。

动静协作的基本流程

实践"双学目标"，共同打造生态课堂，更多地体现于对"我，我的""他，他的"学习权的尊重。包括教师对自我学习权的关注，注重新理念、新技术、新课程等的学习与应用；包括对学生学习权的重视，让学生自由与训练达成理想的效果。实现这些，前提在于必须保障每一个人对学习活动的全身心的投入。即行为、情感和认知的投入，在整个学习场域中形成伙伴关系；保障对话，形成倾听关系；保障分享，通过建构学习共同体，以及共同的话语体系，随时分享收获；保障对学习对象的多样性认知，对课堂中不同人之间差异的认同，促进人们加深理解；保障探究，促进师生在教学过程中产生新的疑问，通过不同的视点让学生在动静转换之间持续获得探究的动力。

营造生态课堂，多元对话，协同教学，动静和谐，不能寻求同一教学模式解决所有问题，也不可能将所有的冲突集中于同一时间段予以解决。强化课程生态建构，有着一些基本的规程应遵循，建议大家按照以下基本流程推进：

▲**基本流程**

构建"动静和谐"的生态课堂，根据课堂教学环节呈现的方式，人可以借鉴其基本流程展开。具体而言，总体可分五步进行：一是情境展示，观察思考；二是分组讨论，畅所欲言；三是全班汇报，引导分析；四是举一反三，探究领悟；五是明理导行，评价总结。

▲**关于几个基本流程的说明**

情境展示，观察思考：课堂教学导入阶段，在教师的带领下创设自由浪漫的时空氛围，引领展开多种形式的学习交互活动，初步感知学习基本目标。

分组讨论，畅所欲言：学生经过观察和思考后心中一定有许多话想说，有自己的体验和感悟想要表达出来。教师充分发挥首席作用，引导学生分组讨论、交流，围绕中心话题让其畅所欲言。教师不必过多去打断学生发言，让学生在和谐的氛围里深度交谈，引发探索新知的欲望。

全班汇报，引导分析：全面提升综合分析能力，在分组讨论的基础上进行综合交流汇报，鼓励大胆阐述、自由表述，倡导相互补充评析。帮助确立正确的是非观、人生观。

举一反三，探索领悟：借助已形成的认知，进一步激发内心求知欲，引领发现新知，强化学习实践练习的精准度，解决学习中的疑难问题。

明理导行，评价总结：强化发展评价功能，创建实践平台，鼓励新知学以致用。同时对行为习惯的养成、知识技能的发展、经验的积累适时点评，促进优良意志行为品质生成。

用课堂之美诠释理想课堂

在建构生态课堂的过程中，如果跟不上现代化的要求，我们就只能是坐而论道，还会因课程力低下而力不从心。这里必然包括课程产品的建设，包括教师专业素养的修炼，否则便会舍本逐末。

促成自我教学风格的形成，是每一个教师应有的追求，是优秀教师教学艺术上趋于成熟的标志。当今的课堂因为更多新元素的渗透，课堂构件无时不经历着更替，在更多变化的因素中定然存在着不变的部分。看课堂，人们必须习惯于对变化因素观察，同时对给予支撑作用的不变因素能有充分理解。正如看课一样，动静带给课堂千变万化，然而因为同一个教师，其特殊人生阅历和独特的专业素养，更是因其带有倾向性的教学观、课程观等，其课堂因为近阶段有着相对稳定的课程力，近乎都有着众多不变的部分。其实，这些不变的部分，多是风格形成时的重要支撑。

学会用课堂之美诠释理想课堂，形成自我教学风格必然少不了"模仿—选择—定向—创新"这一过程，才可能致使教学风格达到炉火纯青的境界。诸如，教学过程中技能技巧运用恰到好处，充满着一种艺术感染力；对教学内容的处理、教学方法的选择和教学过程的组织具有独特性；个人的创造性思维在课堂教学中得到充分发挥和运用。人们更应该明白，积极投身于课堂建设，风格的建构需要带有生命体征的风骨才可能成型。在我们看来，教师"硬功"的修炼源于深厚的"内功"修养，课堂中"动""静"转换与把控实属教师风骨中的核心部分。我们必须积极投身于课堂教学改革与实验，努力探索和实践，丰富和发展自己的教学个性，提升自己的教学智慧和教学能力，通过风骨的锤炼，方可逐步形成自己个性鲜明、感情浓郁的课堂教学风格。

▲典雅型风格

在典雅型风格的课堂上，教师感情充沛，富有激情和感染力，擅长以多种方式唤起学生的情感共鸣，最终达到以情促知，以静带动，静有中思，静中有得。学生在静静的氛围中，能体会到智慧的产生，体会到学习的生成。这种风格的课堂，教师用心感受学生，用情打动学生，用理折服学生，具备"开放的课堂、积极的思维、人文的关怀、唯美的感受"的教学个性，教师善于旁征博引和演绎分析，启发和引导学生积极思维，让学生充分品尝学习的乐趣。

▲情感型风格

情感型风格的课堂，庄重朴实，娴熟老练，严谨不苟，蕴含深远，韵味醇厚。整个教学过程纵横捭阖，或议论时事，或读写结合，或臧否人物，或感情讲发，每个环节都无不透出教师知识的广博和调遣学生的技巧和能力，极具个性特色。这种风格的课堂，教师常常以自己的感情来感染学生，让学生在自己的情感教学之中充分活动起来，在动中激情充溢，动中思维饱满，促使他们学习积极性高涨。

▲幽默型风格

具有幽默型风格的教师，教学语言诙谐幽默，情趣横生，意味深长，总是以愉快的方式使学生获得精神上的快感，使课堂教学进入一种"化境"：既能让学生在自己的影响下深入思考，又能让学生在思考中体味学习的情趣，整个课堂动静结合，情趣别生，让学生开阔眼界，发展智力，张扬个性。

▲理智型风格

理智型风格的课堂，重视知识体系的构建，注重静态之下的学习过程，教学内容交流性强，课堂教学比重大、节奏快，长于理性阐释，善于分析、概括、推理。教师言语表达具有逻辑性，教学态度冷静，教学层次清楚，循循善诱，步步深入，学生能从这种静态聆听和思索之中，体会到思想的成长，体会到知识的收获，体验到能力的提升。

▲直观型风格

具有直观型风格的教师，擅长将复杂的道理通过通俗易懂的动态的方式，深入浅出地进行讲解，并始终以平易近人的语气神态与学生交流对话，教学过程动态毕具，生动形象。学生有被尊重的体验，教学情境民主平等、宽松和谐，能有效地吸引学生学习的注意力，激发学生学习的内驱力。

全面提升课程力，在使"动"和使"静"之间做好拿捏，同时融合自身的专业特长更利于风格的形成。

案例6—5

动态美的课文与动态美的课堂
——山东省威海黄丽丽老师《草原》教学及反思

一、录像、诗句导入新课

师：同学们，上节课我们跟随老舍爷爷访问了内蒙古大草原，那里一碧千里、翠色欲流的草原风光是那样令人神往。（教师播放录像《草原风光图》，学生静静地观看）

反思：用录像的画面展示草原美丽的风光，引人入胜，把学生的注意力集中到课堂的同时，让学生感知草原的美景，营造审美化的课堂教学情景，为后面各环节的教学作好铺垫和衔接。

师：天涯碧草，美如画卷，已经深深地印在了我们心中。这节课，我们将继续围绕诗句"蒙汉情深何忍别，天涯碧草话斜阳"去着重体会动态描写，感受蒙汉情深。

反思：用诗句作为教学的切入点导入新课，明确本课的教学目标，知识点和审美点同时展示，教法新颖、独特。

二、动静结合品味课文

1.体会诗句中的动态描写，感受"蒙汉情深"

师：请轻声读诗句，找出诗句中的动态描写。

生：（静思后齐读）"话斜阳"。

师：读到这儿，你们的眼前会出现一幅什么样的画面呢？

生：（大胆想象画面，进行描绘）（略）

反思：朗读诗句，展现画面，引导学生进行审美联想和审美想象。

2.体会"迎客"中的动态描写,感受"蒙汉情深"

师:从刚才你们描绘的画面中,哪些地方可以体会到"蒙汉情深"?

生:(七嘴八舌)迎客、相见、款待、联欢、话别。

师:让我们随着老舍爷爷的笔触,到内蒙古大草原,去看看蒙古族人民迎接远客的热烈场面。请同学们默读课文第二自然段最后五句话,勾出最能表现蒙古族人民热情好客的句子。(学生静静地思考,动手勾画)

师:下面,我们用上节课学习句子的方法分小组自学这两句话。

课件出示:

忽然,像被一阵风吹来的,远处的小丘上出现了一群马,马上的男女老少穿着各色的衣裳,群马疾驰,襟飘带舞,像一条彩虹向我们飞过来。这是主人来到几十里处欢迎远客。

小黑板出示学习方法:

(1)自读句子。

(2)找出动态描写的词语加点。

(3)理解词意。

(4)有感情地朗读。

个人汇报展示:(学生回答自己体会的动态描写词语,并作初步理解。教师引导理解词意由具体到抽象,知其然并知其所以然。如:你从"群马疾驰"这个词语中仿佛看到了什么?他们为什么会这样?你能把"群马疾驰"这个词语的意思完整地告诉大家吗?请用同样的方法,体会感悟"襟飘带舞""飞过"。)

师:我们从"群马疾驰,襟飘带舞"感受到草原景美、人美、情更美!我们又从"像一条彩虹向我们飞过来"再次感受到草原色美、形美、情更美!

师:(学生齐读课件上的两句话后)老师从你们的朗读中,完全感受到蒙汉人民多么情深意切。刚才你们找的其他句子,也能表达这种感情,我们一起来读。

反思:用重点词切入重点内容,重视学法指导,展示学生学会的过程,在学习语文的同时,通过画面、朗读和重点词句的体会感悟,让学生深切感受草原的色美、形美、情更美，将课文的重点段落和审美的典型材料有机有效结合，优化教学过程，提高教学效果。

3. 抓住"相见、款待、联欢"中的动态描写，感受"蒙汉情深"

师：现在，让我们把目光投向老舍爷爷所描绘的生动画面，去感受在主客相见、款待、联欢中表现出的"蒙汉情深"。（教师播放录像，学生观看）

师：请同学们在3～5自然段中找你最喜欢的动态描写的句子，分析体会、朗读。（接下来是学生思考、勾画、朗读、分析。略）

反思：多层面地理解感受"蒙汉情深"，让审美延伸材料的学习和课文非重点段落的教学融入一体，体现了教学的艺术。

4. 回到诗句，再现画面

师：愉快的相见，盛情的款待，尽情的联欢，让主客忘记了时间，忘记了太阳已经偏西了。他们谁也不肯走，谁也不愿走，真是……（生读诗句）。

师：读到这儿，你的眼前又会浮现出一幅什么样的画面？请用动态描写来描述，注意他们是怎么做的，怎么说的，把眼前的画面讲给同桌听，再讲给大家听。（学生活动略）

反思：各段教学后对课文总结，再次引发学生联想，让文字描绘的情景印入学生头脑，展现成眼前的图画，不仅读懂而且看到，强烈地体会到了"蒙汉情深"。

三、想象说话，揭示文章主题

师：从你们生动的描述中，我们再次感受到蒙汉人民的浓浓真情。同学们想想，假如我们和老舍爷爷一起又来到西藏，受到藏族同胞热情接待，我们会和老舍爷爷一样发出什么样的感叹？

生：藏汉情深何忍别，青藏高原话斜阳。……

师：听了他们的发言，你还想说什么？

生：（你说你的，我说我的，不同的语言，表达着共同的心声，总的意思是"中华民族大团结"）

师：请全体起立，用我们的心，用我们的声音，朗读诗句，感受民族团结互助的深情厚谊。

生：（齐读诗句）

反思：课文内容的拓展与审美视点的延伸相吻合，课堂中，从"蒙汉情深"的课文内容揭示"中华民族团结"的主题。

课堂生态建设中，往往因为教师不断地进行着"动""静"的调控，彰显教师风格。其间，教师自我的艺术性、创造性、适用性和稳定性见长，尽是引导学生从课本中走出来，走进生活实际，遨游世界的特写，尽是实现从"无"到"有"，从"不会"到"会"的过程创生。

《草原》一课，是著名作家老舍先生的一篇文质兼美的散文。作者用清新的笔触不仅描绘了大草原美丽的风光，而且表现了这里的蒙古族同胞热情好客，蒙汉情深的人情美。

观其课堂，不难让人感受到一位优秀教师的教学风格。本课教学有两大特点，一是设计"新"；二是教学"美"。在教学这篇美文时，教师擅长于使"动"和使"静"，借力打破常规的教法，紧紧抓住文章结尾的诗句"蒙汉情深何忍别，天涯碧草话斜阳"来切入教学，围绕重点"蒙汉情深"来展开教学。抓住课文的动态描写，深切体验"蒙汉情深"的人情美，并运用多种手段帮助学生将生动的文字描述变成了更加形象、富有感情的画面，发展了学生的联想和想象，在学习语言文字的同时进行了审美教育。在各教学环节中，动静结合，衔接自然，构思巧妙，体现了教学过程内在的逻辑美，课堂上张弛有度，动静相宜，朗读与联想，学生勾画与学生描述相结合，富有节奏美。新颖的设计，美感的教学，诠释了现代理想的生态课堂的内涵。

"每一个热爱学生和自己生命、生活的教师，都不应轻视作为生命实践组成的课堂教学，要有自觉上好每一节课的自律，使每一节课都能得到生命满足的愿望。"全面提升课程力，加强课程建设对教师而言，是自己生命价值的体现和自身发展的组成。促进教学风格的形成，让自我的课堂中拥有风骨，呵护课堂，需要教师做个有心人，具有"见贤思齐，见不贤而内省"的能力，取人之长补己之短；需要教师认真研读教材，依据学生认知规律、心理特点设计问题，全力做好生态课堂之研究的功课。生态课堂，必定是师生、生师、生生合作共生的课堂，是"双学目标"相生共赢的课堂，是教师课程力提升后的高效课堂。

参考文献

[1] 钟启泉.打造多声对话的课堂世界.[N].北京：中国教育报，2016-09-22.

[2] 马斯洛.自我超越.[M].天津：天津社会科学院出版社，2011.5.

[3] 内尔·诺丁斯.批判性课程.[M].北京：教育科学出版社，2012.8.

[4] 魏忠.教育正悄悄发生一场革命.[M].上海：华东师范大学出版社，2014.11.

[5] 叔本华.作为意志和表象的世界.[M].北京：中国华侨出版社，2012.7.

[6] 谢芝玥，钟发全.卓越教师的专业成长.[M].福州：福建教育出版社，2014.12.

[7] 钟发全，周刘波.为自己的教师.[M].北京：北京时代华文书局，2016.7.

[8] 钟发全，张朝全.教师职后发展性格的形成.[M].北京：北京时代华文书局，2016.7.

[9] 怀特海.教育的目的.[M].上海：文汇出版社，2012.10.

[10] Germaine L. Taggart, Alfred P.Wilson.提高教师反思力50策略.[M].北京：中国轻工业出版社，2008.3.

[11] 吴忠豪.从教课文到教语文.[M].北京：高等教育出版社.2012.3.

[12] 周至禹. 形式基础.[M]. 北京：高等教育出版社，2007.12.

[13] 保罗·利科. 作为一个他者的自身.[M]. 北京：商务印书馆，2013.12.

[14] 伊曼诺尔·康德. 三批判书.[M]. 北京：人民日报出版社，2007.9.

[15] 张磊等. "互联网+教育"：重构教育新生态.[J]. 重庆：今日教育，2016.4:13-25.

[16] 张磊等. 回归教育本真状态.[J]. 重庆：今日教育，2016.7-8:11-36.

[17] 钟发全. 与新教师谈教学基本功的修炼.[M]. 北京：北京时代华文书局，2016.7.

[18] 龚雄飞. 龚雄飞与学本教学.[M]. 北京：北京师范大学出版社，2016.7.

[19] 郑立平. 从优秀教师到卓越：10位全国名师的成长路径.[M]. 北京：开明出版社，2016.4.

[20] 朱成全. 经济学方法论.[M]. 大连：东北财经大学出版社，2014.8.

[21] 欧阳芬，徐斌辉. 微课程的设计原理、制作与评价.[M]. 北京：开明出版社，2015.5.

[22] 雷内·托姆. 结构稳定性与形态发生学.[M]. 大连：东北财经大学出版社，2014.8.

[23] 陈莉. 课程概念泛化现象之省思.[J]. 上海：全球教育展望，2015.12.

[24] 朱超华. 教师核心能力论.[M]. 广州：广东高等教育出版社，2007.

[25] 郑波. 小学教师课程力能力的影响因素分析及发展策略研究.[D]. 广州大学，2013.

[26] 钟雪华. 小学语文教师课程力现状调查与对策研究.[D]. 广州大学，2012.

[27] 方健华. 从教学能力到课程力：基于新课程的教师专业发展理念与策略.[J]. 教育理论与实践，2014，34(13):34-38.

[28] 王会亭. 近十年来我国教师课程力研究评析.[J]. 教育学术月刊，2011.10.

[29] 徐万山. 论教师课程力及其影响.[J]. 中国教育学刊，2011.8.

[30] 吴惠青，刘迎春. 论教师课程力.[J]. 高等师范教育研究，2003.2:

15 (2).

[30] 徐万山.论农村教师课程力的提升策略.[J].河南教育学院学报：哲学社会科学版，2011.3.

[32]刘艳超，于海波.中小学教师课程力培养模式研究.[J].教育理论与实践，2013，33：27-29.

后　记

　　终于完成重庆市教育科学研究院"十三五"规划2016年度重点课题"中小学教师课程力协同提升研究"（课题编号：2016-35-001，课题负责人：钟发全，课题承担单位：石柱县教师进修学校）的前期理念建构，并以一本著述的方式呈现，落笔之际，我总算可以欣慰地说一声："累并快乐着！"

　　在课题研究的过程中，不管是长假，还是双休，我都一直在与书籍、纸笔共舞。阅读查找资料，分析一线教师送上来的资料，翻阅研究中记录下的思考和与主研人员讨论交流的心得，然后再综合这些内容，进一步思考和探究。可以说，前期理念的建构，我一直在与时间赛跑，书稿落地的瞬间，带给我些许的轻松。但此刻行走在大道上，行走在上班的道路上，我感觉大脑浑浑，头重脚轻，哎，又一次透支了。

　　自承担了重庆市教育科学研究院"十三五"规划重点课题"中小学教师课题力协同提升研究"这一课题之后，说实话，我有些恐慌。"课程力"本身就是一块难啃的骨头，真不知如我这样的乡野村夫能否啃得动。至此，要真诚地感谢市教育科学研究院规划办的信任，感谢我的师傅谢芝玥老师的鼓励，我方才敢放开手脚去干。

　　回想起课题申报以来，以及《课程力，成就卓越教师》成书的经过，留在头脑里尽是"教师课程力协同提升"这一核心概念。这又一次印证我经常说的那句话,"一事干半年,半年干一事",让我再次想起了对我影响很深的几个关键词。

艰辛。这是留在头脑中的第一印象。课程是什么?课程力是什么?"教学相长"的具体化——"双学目标"如何落实等,真还不是目前课题理念建构时就能全面印证并落实的。可以说,我们写作完此书,是万里长征才走完第一程,基于课程力协同提升的理念建构之后,还有很长的路要走。

快乐。艰辛诚为艰辛,但投入研究的过程,无不充满着快乐。能成此书,除课题组参与研究人员的大力支持之外,我更是接受了来自全国各地朋友们的大力支持。如重庆万州的张朝全老师、吉林松原的于雅秋老师、重头铜梁的曾玲老师,他们除对此书的完成提出了宝贵的意见和建议,甚至是熬更守夜,全程参与书稿内容的修改与校对。因课题而结缘,因课题而与几位朋友相处的这一段日子,确实是难得的快乐时光。恰如圣人所说的"益者三友",给人带来了生活的情趣,带来了友谊的清风,带来了难以忘却的回忆,带来了于研究中成长的快乐和幸福。

兴奋。正如本人在QQ群中的留言:"书稿的编写过程,是一个提高、学习的过程。"在完成这本书稿的编写中,针对研究课题,我阅读了很多专业性强的书籍。最兴奋的时刻是,当我迷惑于某一概念长期得不到理解(如对"课程""课程力"等概念),但在阅读、思考、探究之后猛然顿悟,得出新解释之后,经常性地让我兴奋得彻夜难寐。

感谢。完成本书稿,离不开课题研究团队的支持,更离不开教育元规则研究团队的支持。在此,特记下部分元规则研究团队朋友的姓名,如王东光、郭力众、尤晓丹、邓凯等,真诚地向你们说一声谢谢,感谢你们的支持。在这本书初稿落笔之际,正是我大娃开启大学之旅,二娃即将出生的高兴时刻。谨以此书送给这个即将诞生的小生命,也送给我的家人,感谢你们。

在本书撰写的过程中,我参考了大量的书籍、资料,由于能力有限,参考文献中未能一一记录,在此一并说声对不起,希望得到原作者真诚的谅解。囿于水平和能力,书中肯定还有着诸多论述不精准不到位,特别是对于课程力提升的论述,很多地方都显得稚嫩,希望能得到各位读者、同行和专家的批评指正。